最后的捕鲸部落

[美] 道格·克拉克——著
罗曼——译

西苑出版社
XIYUAN PUBLISHING HOUSE
金城出版社
GOLD WALL PRESS
中国·北京

图书在版编目（CIP）数据

最后的捕鲸部落 /（美）道格·克拉克著 ; 罗曼译 .
北京 : 西苑出版社有限公司 : 金城出版社有限公司，
2025. 5. -- ISBN 978-7-5151-1047-9

Ⅰ . C912.4

中国国家版本馆 CIP 数据核字第 2025ZH7000 号

最后的捕鲸部落

著　　者 [美] 道格·克拉克
译　　者 罗　曼
责任编辑 许　姗
文字编辑 汪昊宇
责任校对 岳　伟
责任印制 李仕杰
开　　本 880 毫米 ×1230 毫米　1/32
印　　张 10.75
字　　数 269 千字
版　　次 2025 年 5 月第 1 版
印　　次 2025 年 5 月第 1 次印刷
印　　刷 鑫艺佳利（天津）印装有限公司
书　　号 ISBN 978-7-5151-1047-9
定　　价 58.00 元

出版发行 西苑出版社有限公司　金城出版社有限公司
北京市朝阳区利泽东二路 3 号　邮编：100102
发 行 部 （010）84254364
编 辑 部 （010）64214534
总 编 室 （010）88636419
电子邮箱 xiyuanpub@163.com
法律顾问 北京植德律师事务所 17600603461

献给从古至今所有的拉玛莱拉人，

尤其是出现在本书的拉玛莱拉人，

献给BKB，愿你安息。

拉玛莱拉人

哈里奥纳氏族

约哈内斯·“乔恩”·德蒙·哈里奥纳（Yohanes“Jon”Demon Hariona）：一个努力成为鱼叉手的年轻人。鱼叉手，VJO摩托艇的监护人。

弗兰西斯卡·“伊卡”·布里宾·哈里奥纳（Fransiska“Ika”Bribin Hariona）：乔恩的妹妹。

约瑟夫·博科·哈里奥纳（Yosef Boko Hariona）：乔恩的外祖父。

弗兰西斯卡·“外祖母”·布里宾·哈里奥纳（Fransiska “Grandma”Bribin Hariona）：乔恩的外祖母。

露西亚·哈里奥纳（Lusia Hariona）：乔恩的母亲。

玛丽亚·“玛丽”·哈里奥纳（Maria“Mari”Hariona）：乔恩最小的妹妹。

塞兰·布里科洛隆氏族

伊格内修斯·塞兰·布里科洛隆（Ignatius Seran Blikololong）：著名的鱼叉手和造船匠。他试图向儿子们传授自己的看家本领。

特蕾西娅·帕朗·哈里奥纳（Teresea Palang Hariona）：伊格内修斯的妻子。

约瑟夫·图贝·布里科洛隆（Yosef Tubé Blikololong）：伊格内修斯的长子。

威利布罗德斯·“翁杜”·博昂·德蒙·布里科洛隆三世（Willibrodus “Ondu”Boeang Demon Blikololong III）：伊格内修斯的二儿子。

本雅明·“本”·克莱卡·布里科洛隆（Benyamin“Ben”Kleka Blikololong）：伊格内修斯的小儿子。

玛丽亚·“埃拉”·赫尔米纳·伊丽莎白·贝根·布里科洛隆（Maria “Ela”Hermina Elisabeth Began Blikololong）：伊格内修斯的小女儿。

米库兰古·贝迪奥纳氏族

弗兰西斯库斯·“弗兰斯”·波利·贝迪奥纳（Fransiskus“Frans”Boli Bediona）：贝迪奥纳氏族米库兰古旁系的首领，萨满，凯纳普卡号的船长。

玛丽亚·克莱卡·布里科洛隆（Maria Kleka Blikololong）：弗兰西斯库斯的妻子，伊格内修斯·塞兰·布里科洛隆的妹妹。

伯纳黛特·“贝纳”·贝迪奥纳（Bernadette“Bena”Bediona）：弗兰西斯库斯最小的孩子。

安德鲁斯·“安索”·索格·贝迪奥纳（Andreus “Anso”Soge Bediona）：弗兰西斯库斯的年轻亲属和乔恩·哈里奥纳的捕鱼伙伴。

乌戎氏族

西普里安努斯·“西普里”·拉贾·乌戎（Siprianus“Sipri”Raja Wujon）：乌戎氏族的首领，“大地之主”。

马西亚努斯·杜阿·乌戎（Marsianus Dua Wujon）：西普里安努斯的儿子，也是一位“大地之主”。

其他拉玛莱拉人

约瑟夫·“奥特”·克拉克·巴托纳（Yosef“Ote”Klake Bataona）：乔恩·哈里奥纳的朋友，有时担任凯纳普卡号和VJO的鱼叉手。

弗兰西斯库斯·贡萨雷斯·“萨雷斯”·乌塞·巴陶纳（Fransiskus Gonsalés“Salés”Usé Bataona）：乔恩·哈里奥纳的赞助人，VJO的所有者，商人，拉玛莱拉市的前市长。

阿洛伊修斯·恩加·“阿洛”·克罗法（Aloysius Enga“Alo”Kĕrofa）：伊卡·哈里奥纳的男友。

拉玛莱拉海滩。

说明

这是一个真实的故事，其中的许多事件都是我亲眼所见，而那些我没有看到的场景是根据对参与者的采访和现存的历史记录重建的。如果有关细节出现了不同说法，特别是像捕鲸这样错综复杂的事件，我采用的就是那些能描述出整个事件经过的人的说法；如果出现重大分歧，我会在文中明确指出。关于资料来源的说明可以在本书末尾找到。我会凭借参与者的证词去描述那些思想、情感或精神体验，如拉玛莱拉人与祖先的交流。直接引用的对话通常是我亲耳听到的，也有部分是参与者转述的，剩下的言论都是我用自己的话转述的。这本书是整个村庄共同创作的作品，就像猎杀抹香鲸一样。

序

学徒的教训

2014年6月27日

乔恩

Baleo！Baleo！——“狩猎开始了！”呼喊声响彻整个村子。一分钟前，一艘摩托艇冲进海湾，艇上的船员们向海滩上的人发出信号，看到的人都开始大声呼喊。现在，每个听到呼喊声的男人、女人和孩子都加入了声浪的接力，直到摇摇欲坠的房屋和周围丛林中的一千五百个人齐声表示，他们看到了抹香鲸。

约哈内斯·“乔恩”·德蒙·哈里奥纳（Yohanes “Jon” Demon Hariona）与外祖父母和妹妹们共同居住在拉玛莱拉（Lamalera）岛屿悬崖上方的一座破旧房子里。喧闹声传入乔恩耳中后，他立马抓起一顶帽檐磨损出线头的棒球帽、一个破旧的塑料水壶，以及一个装满烟草纸屑和干棕榈叶卷纸的药瓶，冲下石头雕刻而成的台阶，一边走，一边推开在大声呼喊的孩子。

海滩上，乔恩的部落成员已经在拖着他们的木制捕鲸船（Téna）穿过沙滩，将其推入海中。出海前，船长们向船员们大声训话。波利沙邦这条船属于它的氏族哈里奥纳，乔恩用肩膀抵住波利沙邦的划手座，并与其他十几个人一起竭力使船下水。直到水足以托起船体重量，他就跳上了船。

船上一共有八支纤细的普通桨，此前，乔恩一直在船中央使用普通桨，但他看到有着巨大圆形面的大船桨无人认领，就抢在其他人之前抓住了这支桨。二十二岁的乔恩刚订婚，他觉得自己有着超越实际年龄的成熟。当船员们划过暗潮时，他开始划动大船桨，向长辈们炫耀他的力量。但他认领大船桨还有另一个原因：大船桨位于鱼叉手平台的正后方，因此两名大船桨桨手有时会被要求帮助鱼叉手。乔恩一直都想成为一名鱼叉手。对一个拉玛莱拉人来说，这是至高的荣誉。

在将近三小时的时间里，拉玛莱拉船队的十四条木制捕鲸船在萨武海（Savu Sea）追逐着三头年轻雄鲸喷出的水柱，反复逼近，结果迎接他们的只有雄鲸潜水时露出的尾鳍。最后，乔恩那条船的鱼叉手翁杜·布里科洛隆（Ondu Blikololong）大叫起来，Nuro menaluf！——“饥饿桨！”或者，通俗地说，“用你饥肠辘辘时扒饭那样快的速度来划桨！”不过最准确的说法应该是，“用你想养家糊口那样强烈的决心来划桨！”

十支手工雕刻的船桨专业整齐地划过海面。三十英尺*长的抹香鲸在船员们眼前跃出水面，海水从它的侧面倾泻而下。虽然这个庞然大物的长度与木制捕鲸船差不多，但它至少比他们的船重二十吨。

“用你想养家糊口那样强烈的决心来划桨！”翁杜嘶哑地喊道，在船的前部努力保持着平衡。

抹香鲸呼气时，鼻音回荡。与海洋中冷冷的水花不同，鲸鱼呼出的水汽滴洒在这些捕猎者身上，又黏又暖，就好像鲸鱼对着他们

---

* 1英尺约等于0.305米。——译者注

的脸擤鼻子一样。船上的每个人都知道，这头动物正在吸入大量气体来填满它巨大的肺，准备进行潜水，这一潜可能就是半小时。他们的时间很紧迫。

翁杜像走钢丝的人那样，张开双手，水平地握着他十六英尺长的竹鱼叉，为的是在船突然颠簸、摇晃或偏航时还能保持平衡。现在他把武器竖起来，将矛头直接向下瞄准。“用你想养家糊口那样强烈的决心来划桨！”他再次大喊。

乔恩双脚抵住船体，用力划着桨，突然一阵疼痛向他的头部和胸口袭来。因为大船桨桨手面向船尾，而其他桨手面向船头，所以他不得不频频回头确认鲸鱼的方向。

翁杜蹲在竹制平台的前端，平台从船头向外突出五英尺。他努力将鱼叉举过头顶，三头肌颤抖起来。平台慢慢地向前移动，离猎物越来越近，最后他的影子遮住了照在鲸鱼闪烁着海水光泽的背上的阳光。船头几乎要触碰到这头逃跑的动物，翁杜几乎一动不动，不知道什么时候才会跳下去。突然，他像神风特攻队员一样从容地从平台上一跃而下，双手握住鱼叉，用他整个身体的重量将武器撞向猎物。鱼叉的杆身颤抖着，弯曲又伸直，但翁杜继续前进，他从鲸鱼的侧面弹回海中，他的胳膊和腿在摆动。鱼叉仍然插在鲸鱼身上，颤抖着。

抹香鲸用它的尾鳍拍打着大海。波利沙邦的船头被海浪淹没。鱼叉绳在栏杆上拉得太快，甚至开始冒烟，一个桨手往绳子上浇了海水，以防起火。鱼叉绳一端系着鱼叉的头部，另一端系着捕鲸船的尾部。鲸鱼露出水面时，整条船都晃了起来，乔恩差点儿从他的船上摔下来。锚链变细了，水从伸长的线中吐出，锚链震动时发出嗡嗡声。抹香鲸像一匹拉着雪橇的马一样拖着船，船向前倾斜，一路破浪前行。

乔恩冲上去收起他的桨，并帮助第二位鱼叉手，也是他的远房叔叔弗兰西斯库斯·博科·哈里奥纳（Fransiskus Boko Hariona）设置了两条安全绳，以防鱼叉绳乱跑。海洋深处的抹香鲸改变了方向，将鱼叉绳拉向左侧的安全绳，使其向内弯曲，鱼叉绳发出吱吱的声音。当船急转弯时，船员们不由得大喊大叫。鲸鱼正在努力往下潜，进入可以将其带向自由的深水流中。

博科大吼一声，抓起两根安全绳，绳子像被踩在地上的蛇一样扭动着，左侧三指粗的安全绳断成了两截。博科急忙将断了的两截绳子绑在一起，围住失控的鱼叉绳。

混乱之中，右边的安全绳也松开了。乔恩跨过鱼叉绳，伸手去抓绳子。他的右小腿突然像是被什么东西压住了一样，一阵疼痛袭来。鱼叉绳磨开了博科临时打的绳结，向船的左侧摆动，把乔恩的腿压在船体上，乔恩整个人伏在栏杆上，像是正扒着船边呕吐。他扭动着，试图更好地抓住绳子，但它就像一根铁棍，被另一端三十吨的庞然大物拉得紧紧的。

鱼叉绳划开了乔恩的小腿后侧，撕裂了他的皮肤，但他一声不吭地承受着这一切。他希望自己能在长辈注意到这件事之前摆脱困境。痛苦使每一秒都变得漫长。他忘记了时间。那些跛着腿在村子里蹒跚而行的老人，一直是他青少年时期的笑料罢了，但他突然意识到自己可能会加入这些老人的行列，成为被嘲笑的对象。一把剥皮刀就放在触手可及的地方。他可以割断绳子，保住自己的腿。但如果鲸鱼逃跑了，他的族人可能会几个月都没有肉吃，他的长辈会指责他看重自己的生命而轻视部落的利益。不，他只能指望鲸鱼把绳索扯断。

波利沙邦现在正在颤动。左边的栏杆逐渐向大海倾斜。尽管海面很平静，但船摇晃着，好像被五英尺高的海浪包围了一样，每次颠簸都会使船更加向左倾斜。船员们聚集到船的右侧使之平衡，但他们十一个人像是坐在跷跷板上一样，高高翘起，起不到任何平衡的作用。只有乔恩留在左边，抬头无助地看着他的族人。当船几乎与海面垂直时，船员们跳入海中。乔恩一个人留在船上，抓着绳子尖叫着。船倾覆了。

眼前一片黑暗。出现了一个泡沫旋涡。鱼叉、绳索、刀具、棕榈叶香烟、磨刀石、竹帽、破旧的T恤和人字拖……各种碎屑随乔恩一起沉没。海面上呈现出模糊的人影，他们踢开漂浮物，离已经翻倒在水下的捕鲸船越来越远。无论乔恩如何拼命地游向水面，他还是在不断下沉。腿上一阵剧痛，脚踝仿佛被扭断了一般。他在黑暗中往下瞥了一眼：鱼叉绳像符号“&”一样缠绕在他的脚上，将他拴在潜入深渊的鲸鱼身上。他猛拉了一下，但绳索僵硬无比，连一点摆动的意思都没有。

起初，乔恩一点儿也不怕，他确信自己心中没有罪孽，部落祭拜祖先的灵魂，祖先一定会保佑他得到解救。但他很快就记起哈里奥纳族人冒犯了祖先，需要用牺牲来换取原谅。他能感觉到那些从海底坟墓中升起的鬼魂聚集在他周围。他向他们和老天祈祷绳子能松开，鲸鱼会浮出水面。

他已经失去了他的父母，他有责任照顾身体虚弱的外祖父母和妹妹们，不久还要照顾他的未婚妻。如果没有他，谁会带鲸鱼肉回家？气泡在他头顶摇晃。他意识到气体正从他的肺里逸出。只有想办法超过鲸鱼，绳索才能足够松弛，从他的脚上解开。当他的大脑因缺氧而嗞嗞作响时，他倒转身子，游进了海洋深处。

目录

第一部分
1994年至2014年

第二部分
2015年

第三部分
2016年

第一部分

1994年至2014年

第一章

拉玛莱拉人的艰辛旅程

1994年3月10日至1994年4月

弗兰斯—伊格内修斯—约瑟夫·博科—弗兰西斯库斯

大约五个世纪前，在西太平洋的遥远一角，一场海啸摧毁了一群狩猎采集者的村庄。一番艰辛的旅程之后，幸存者在印度尼西亚的拉姆巴塔岛（Lembata）上建立了新的家园。如今，这群狩猎采集者及其后代被称为拉玛莱拉人，这座远离尘嚣、与世隔绝的岛屿被印尼其他地方的人称为“被遗忘的土地”。拉玛莱拉湾岸边乱石堆积，土地干裂，无法种植庄稼。但这些新来的幸存者很快发现，近海处有一群抹香鲸，即使只是捕猎其中一头，它的肉也足以养活所有人数周。为了在恶劣的环境中生存和应对危险的捕鲸活动，拉玛莱拉人发展出一种独特的文化，被人类学家评为世界上最乐于合作、最慷慨的文化之一。要想协调数十名男子击败巨鲸然后公平分享猎物，就必须得“合作”和“慷慨”。

现存的依然停留在狩猎采集社会形态的部落不多，且数量在不断减少，拉玛莱拉是其一，也是唯一一个靠捕鲸生存的部落。尽管拉玛莱拉人会用鱼叉捕猎任意海洋生物，从鼠海豚到逆戟鲸，不一而足，但他们的主要猎物还是抹香鲸——现存牙齿最大的食肉动物。部落的三百名猎人平均每年出海捕鲸二十次，带回来的猎物足以让他们部落的一千五百人储存肉干，提前为季风期的到来做好准备。因为季风期的狂风骤雨使船只难以下水，人们只能靠肉干度日。虽然有几个因纽特人部落仍在捕鲸，但这些北极海员越来越多地依赖进口的包装食品和机械化捕鱼方法，因此，拉玛莱拉人成了世界上最后一个真正依靠捕鲸来维持生计的群体。印度尼西亚没有签署《国际捕鲸管制公约》，但即使签署了，该协议仍然允许拉玛莱拉人这样的原住民进行自给狩猎。此外，数十万头抹香鲸在野外生存，这意味着该部落对抹香鲸的全球种群影响不大。

数百年来，捕鲸一直是拉玛莱拉人的营养来源和文化基础。即使邻近部落已经放弃了古老的狩猎采集行为，转而从事现代化的工作，拉玛莱拉人也始终保留了自己独特的维持生计的方法。他们限制外来影响，崇拜祖先并捍卫祖先的生活方式（一套代代相传的捕鲸和宗教习俗）。虽然外部思想，例如耶稣会传教士传播的天主教已经在拉玛莱拉部落中扎根，但古老的信仰依然强大，捕鲸者仍然信奉萨满教。

但在过去的二十年里，信息、商品和技术的自由流通甚至改变了地球最偏远的角落。与其他许多土著民族一样，拉玛莱拉人也因此承受着越来越大的现代化压力。如今，该部落受到多重威胁：年轻人放弃捕鲸，投入现代生活的怀抱；工业拖网渔船在其水域过度捕捞；商人和外国活动家试图改变该部落人们的生活方式；部落内部对如何应对现代化所带来的难题也是争吵不断。除非拉玛莱拉人能够弄清楚如何在保持真我身份的同时解决这些不断增加的麻烦，否则他们将走向终结。

在这场斗争中，他们并不孤单。自16世纪欧洲人开始殖民其他大陆以来，文化消亡的浪潮加速席卷全球，全世界的文化种类因此减少了一半，仅在20世纪就有数千种文化消失，预计未来几十年还会有数千种文化消失。2009年，联合国报告称，在全球三亿七千万原住民中，许多人正承受着拉玛莱拉人所面临的同样的威胁，因为尽管拉玛莱拉人几乎是仅存的捕鲸群体，但仍有许多群体以牧民、轮耕农业者和狩猎采集者的身份生存。

因此，拉玛莱拉人的经历不仅展现了地球上的原住民所面临的危险，还揭示了人类正在遭受文化灭绝这一事实。在农业发明之前，每个人都是觅食者。人类从第一个身份转变为现代身份的过程，其实就是本性发生变化的过程，可能变好，也可能变坏。随着人类生存方式的减少，所有人，无论是生活在工业化社会还是生活在传统社会，都必须问自己几个问题：随着原始生活方式的消亡，我们丢失了什么？我们现在是谁？我们将成为谁？

就在不久前的1994年，外界对拉玛莱拉人造成的大部分威胁还遥不可及，远非时人所能预见。每天早晨，猎人们一边扬起棕榈叶帆，一边向祖先祈祷。冬季风肆虐的时候，大部分捕鲸活动都停止了。次年3月初，狂风渐渐停息，灰色的云像一块大幕布似的遮着天空，随后旱季到来，捕鲸活动重新开始。

1994年3月10日，拉玛莱拉人正在将石板堆到村里的土路上，这些土路在前三个月雨水的浸润中变得泥泞不堪。这时有人看见一头抹香鲸的身体正猛烈拍打着萨武海的海面。“Baleo!Baleo!Baleo!”的呼声在村子里此起彼伏地响了起来，大家丢下铁锹，冲向海滩。但是当时人们基本都在上下山的路上干活，听见呼声的人不是很多，部落有二十条木制捕鲸船，只凑够人开动其中的六条。

伊格内修斯·布里科洛隆（Ignatius Blikololong）是翁杜·布里

科洛隆的父亲，尽管他身材瘦弱，年仅四十四岁，却是部落中最著名的鱼叉手之一。伊格内修斯匆匆告别他的妻子特蕾西娅·哈里奥纳（Teresea Hariona）。她随时都可能生下他们的孩子，但一名鱼叉手不仅仅要负责养活他的家人，整个部落的人都依靠他捕到的猎物存活。他觉得自己不能卸下这一重任，尤其是考虑到部落的食物储备在季风期间几乎耗尽，正在等待再次捕鲸的机会，他更不能临阵脱逃了。部落里的其他夫妇都是低调地告别后就分开了，相比之下，他们的离别显得格外激动，因为他们经历了一段史诗般的浪漫爱情，家族间的不和使他们的感情之路充满坎坷，挺过来之后感情便一直十分深厚。他只够时间向他七岁的儿子本点头示意，然后就走向了特蒂赫里号（Teti Heri）船的竹制平台。

约瑟夫·博科·哈里奥纳（Yosef Boko Hariona）和他两岁的外孙乔恩告别，每到离别之际，乔恩就会号啕大哭，因为他的父亲在上次告别后就抛弃了他和他的母亲。约瑟夫·博科即将步入花甲之年，但他仍然出海捕鲸，因为没有其他男人可以养活他的妻子、被丈夫抛弃的女儿及她的孩子。他加入伊格内修斯的队伍并抓住了特蒂赫里号船的舵桨，尽管他不再能像年轻人那样有力地划桨，但他能熟练地掌舵。

萨满*弗兰西斯库斯·“弗兰斯”·波利·贝迪奥纳（Fransiskus “Frans” Boli Bediona）三十六岁，矮矮胖胖，蓄着浓密的胡须，留着茂密的头发，他不耐烦地与妻子（伊格内修斯的妹妹）以及三个年幼的孩子告别，只停下来亲吻了最小的孩子——他的小女儿伯纳黛特，他叫她贝纳。他怀着一种近乎宗教信仰的热情去捕猎。与他

* 据说是能和善恶神灵沟通、能治病的人。——译者注

帮助执行的动物祭祀和其他仪式一样，捕鲸也将他与祖先联系在一起。他在凯鲁斯号（Kelulus）捕鲸船上担任后备鱼叉手。

抹香鲸喷出的白色水柱与深色的波浪和黑压压的天空形成鲜明对比，临时召唤而来的六条捕鲸船上的全体船员一边追逐鲸鱼，一边放声歌唱。那时还是歌谣时代，还没有声音大到能掩盖这些捕猎者的舷外发动机。每个人都加入其中。他们一边划船，一边合唱：

许多寡妇和孤儿哭泣
请求风助我们一臂之力
祈祷鱼儿游到我们怀里

在海洋上，每种猎物都对应着不同的歌曲，还有庆祝捕猎成功的歌曲和哀叹空手回家的歌曲。在陆地上，砍树、造船、将米磨成面粉、织布裙、摇婴儿入睡、讲述祖先故事等生活的方方面面都有特定歌曲。拉玛莱拉人用高鼻音唱歌，经常用怪异的延伸音和呼号声来作为连接副歌的片段。

这些歌曲不只是音乐，亦是祷告。拉玛莱拉人信仰一种与天主教混合的万物有灵论，并加入了祖先崇拜的内容。对他们来说，从猎物到太阳，万物皆有精神，必须受到尊重。祖先虽已逝去，但他们的灵魂依然陪伴着他们的后代。因此，拉玛莱拉人的歌曲旨在影响精神世界和物质世界，祈求风起，祈求祖先保护他们，祈求鲸鱼的到来。对他们而言，他们追逐捕猎的抹香鲸不仅是一种动物，更是祖先奖励他们遵循祖先之道、为了帮助他们维持生活而送来的礼物。与万物的精神维持紧密的联系是成功生活的关键。

当木制捕鲸船接近猎物时，伊格内修斯像走钢丝一样走到竹制平台的前端。在舵柄处，约瑟夫·博科喊出节奏，他的伙伴们一起划桨，配合得天衣无缝。整个捕鱼船队像合作狩猎的狼群一样汇聚在一起，困住了愚笨的抹香鲸群，这是祖先的礼物。为了打败它们，整个部落必须团结起来。

伊格内修斯的船与最近一条鲸鱼的距离很近，足以让他读到铭刻在鲸鱼灰色皮上的胜利史——它的鼻子上出现了椭圆形的O字凹痕，这是被它吞噬的巨型乌贼的吸盘所压出的痕迹。他熟练地跳到鲸鱼的背上，将他的鱼叉准确地刺入背脊下方两英尺的柔软肉体，然后游回捕鲸船。

拉玛莱拉人的策略是尽可能多地刺入鱼叉，很快其他捕鲸船也加入了这场战斗。现在，多条船的重量累积在一起，拖着它们的鲸鱼就会筋疲力尽，捕猎者可以从四面八方围捕它。虽然一条捕鲸船肯定会被鲸鱼击败，但一个船队是可以将它制服的。

起初，这场战斗离海岸很近，捕鲸者的妻子们都在观战，好像海岬是看台、大海是体育场一般。虽然约瑟夫·博科的妻子弗兰西斯卡·哈里奥纳（Fransiska Hariona）平常是一个暴躁不安的人，但鲸鱼拍打击起的巨大泡沫水花并没有引起她的担心，她的关注点更多还是在蹒跚学步的乔恩身上。捕鲸总是有风险的，会有人受伤，有时甚至会有人丧命，但人们已对这些风险习以为常，他们的危险感已经变得迟钝。此外，拉玛莱拉的妇女有自己的工作，从剥米、腌制鲸鱼排，到与山区的部落进行物物交换，再到用丛林棉织布围裙，碾碎丛林棉的根部来给布围裙染色，事情多起来的时候，她们也顾不上担心捕鲸的危险。

两条捕鲸船很快制服了一头三十吨的雌鲸和一头十英尺长的无牙鲸鱼幼崽，这可能是逃跑的某一头鲸鱼的孩子。这两条船合力将它们赶到岸边，船员们怀着感激的心情唱起歌，纪念这来自祖先的礼物。但是特蒂赫里号、凯鲁斯号以及另外两条捕鲸船被一对不同的鲸鱼拖得越来越远。

妻子们回去继续工作，但还是留意着大海那边的动静。下午晚些时候，海上没有出现捕鲸船的船帆，反而出现了风暴锋面。尽管祖先禁止部落在捕猎鲸鱼时使用发动机，但部落确实有两艘小艇是配备了舷外发动机的，他们派出这两艘小艇去寻找失踪的捕猎者。但冰雹像子弹般砸在小艇上，搜索队只得回来。

傍晚时分，大雨倾盆而下，部落在海滩上点燃了信号火。然而，雨水很快就把它们浇灭了。弗兰西斯卡和其他船员的妻子试图在船棚的遮阳篷下悬挂燃气灯，但暴雨遮住了燃气灯的光芒。恶劣的天气使她们紧张起来，但捕猎通常会持续数小时，而且每年会有一到两次是要在海上过夜的。这个时候还没有理由感到非常担心。

只有伊格内修斯的妻子、约瑟夫·博科的近亲特蕾西娅·哈里奥纳非常担心。她蹲在竹屋里，抱着孕肚。她最小的儿子本睡在附近的床垫上，床垫是用旧稻袋缝制的，里面塞满了玉米壳。他想通宵等候父亲归来并安慰紧张不安的母亲，但最终累到不行，便放弃了这一念头。每隔一段时间，特蕾西娅就会站起来，透过暴风雨凝视着门外汹涌澎湃的大海，想知道是婴儿先降生还是伊格内修斯先到家。

这对鲸鱼拖着伊格内修斯、弗兰斯和约瑟夫·博科一路向东，每头鲸鱼身上都挂着两条捕鲸船，而捕猎者们已经休息五小时了，他们相信猎物会因捕鲸船的海锚和失血而筋疲力尽。尽管他们离岸边越来越远，拉玛莱拉村庄后面的拉巴莱康（Labalekang）火山看起来从几英里*那么高的山峰变成了一个小黑点，但是拖着他们的鲸鱼从未动摇，没有停下来过。下午晚些时候，暴风雨席卷海平线，拉玛莱拉人意识到他们必须快点杀死鲸鱼，不然就得直面风暴了。

弗兰斯和他的鱼叉手设法再次用鱼叉刺向鲸鱼，但作为回应，这头鲸鱼用尾巴勾住了凯鲁斯号的船头。鲸鱼用它的尾鳍残暴地攻击船的前半部分时，船员们逃到了船的后面。他们疯狂地反向划船，放出绳索，这样他们就可以一直依附在鲸鱼身上。一旦安全了，他们就把纱笼**塞进曲折穿过船体的两条裂缝，但海水仍不断涌入。

特蒂赫里号上的伊格内修斯和另一条捕鲸船凯纳普卡号（Kéna Pukã）的鱼叉手一直在刺杀的鲸鱼挣断了他们的鱼叉绳并潜入水中。只剩一次将猎物带回拉玛莱拉的机会了，两条捕鲸船转身去追那头刚刚弄破了凯鲁斯号的鲸鱼。船员们用鱼叉绳将它固定在船队的旗舰船——凯鲁斯号和凯巴科普卡号（Kebako Pukã）上，以防它逃跑。

当伊格内修斯用鱼叉刺向鲸鱼时，他从战斗激起的泡沫中瞥见一头怪诞的野兽：它的头部和腹部都带有白色条纹，好像身体的部分地方患了白化病一样，它的下颚在很久以前的一场战斗中被折成两半。作为对这根新鱼叉的回应，鲸鱼开始用尾鳍拍打水面——它将自己倒置，尾巴伸出水面，鼻子指向海底，然后猛地将尾鳍插入海浪中。伊格内修斯下令撤退，拉出绳索。

为了掩护特蒂赫里号的逃离行动，凯巴科普卡号向鲸鱼刺下了第十根鱼叉，但作为报复，鲸鱼撞坏了船头板。一半的船员脱光衣

---

* 1 英里约等于 1.609 千米。——译者注

** 马来西亚人和印度尼西亚人裹在腰或胸以下的长条布，男女均穿。——译者注

服，用他们的衬衫堵住破洞，其余的人则往外舀水并向后划桨。

受阻的船队让他们的对手拉了几百英尺的绳子，这些船并排在一起开会。有些人说，他们第一次袭击时曾看到一头鲸鱼幼崽正在吸奶，那头鲸鱼幼崽被另一条捕鲸船杀死了。他们猜测，复仇欲望在鲸鱼母亲的心中熊熊燃烧，使其更加强大。伊格内修斯担心这头母鲸已经不能用动物来形容了，而是邪恶的怪物。虽然它只有大约四十五英尺长，但它对船队造成的伤害已经超过了比它长二十英尺的雄鲸。

落日的余晖渐渐消失在西边的海平线上，最后一丝光芒被越来越厚的云层遮住。鲸鱼将船队拉向汹涌的风暴，伊格内修斯这时才意识到鲸鱼并没有被他们困住，是他们被鲸鱼困住了。他在捕鲸船的竹制平台上挥舞着一把两英尺长的剥皮刀，对他的伙伴们说："是时候割断鱼叉绳回家了！"

但捕鲸者们回答说："不要放过它！我们明天就能把它拿下！"因此，他们决定继续前进。

夜幕降临，男人们用磨刀石把弹簧板反复敲紧，用绳子固定好破碎的板条，然后把木楔塞进船的裂缝。更深邃的黑色侵袭了整片夜空，熄灭了星星。闪电划破天际，雷声隆隆作响，雨水像珠子一样噼里啪啦地砸向拉玛莱拉人。海浪向捕鲸船袭来，男人们用劈成两半的椰子壳从船内往外舀水，个个筋疲力尽，不得不轮班工作。伊格内修斯坚忍地工作，并没有休息。他努力忽略自己对妻子的强烈思念、对孩子是否已经出生的担忧，以及自己没有陪在他们身旁的内疚。

午夜时分，风暴平息了。弗兰斯从他打结的胡须和浓密的头发中拧出水到嘴里。这次船队突然冲进战场，几乎没有携带食物和饮水。尽管弗兰斯想念孩子和妻子，但他仍然对这次捕鲸行动充满热情：他确信祖先是在考验后代的勇气，他要通过这一挑战。和其他许多人一样，他所在氏族储存的鲸鱼肉干也快要耗尽了。

男人们躺在相互缠绕的绳索和卷起的船帆上。约瑟夫·博科收起他的舵桨，在鲸鱼压倒性的力量面前，舵桨毫无用处。但约瑟夫仍然保持清醒，通过鱼叉绳感知追踪鲸鱼的动作。引导船员们回家是他的工作，即使不能把他们带到安全的地方，他仍然觉得自己有责任照看他们。但他也因为这头鲸鱼会打败他们的预感而颤抖起来。当伊格内修斯提出要割断绳子时，他默默地在心中催促他继续前进。如果他迷路了，谁来照顾他的妻子和孙子，包括乔恩？

黎明破晓之际，这头断了下颚的鲸鱼正拖着他们穿过海面，他们已看不到陆地。它没有任何疲惫的迹象。

伊格内修斯召集各捕鲸船并宣布："我们昨天一定是得罪了祖先，鲸鱼才会如此凶猛。我们的嘴巴都必须放干净点，这样老天才会把这头鲸鱼托付给我们，村里人才有得吃。"捕猎者们开始祈祷。

不久之后，鲸鱼的力量终于开始减弱。它不再在水面疾驰，而是疲倦地沿着水面划着。它喷出的不是水柱，而是一股淡淡的雾气，仿佛换气过度一般。伊格内修斯相信它已经变得虚弱，没有选择用鱼叉攻击它，而是将一个生锈的船钩绑在一根竹竿上，命令船员们悄悄向前划。他把钩子滑进鲸鱼的气孔，然后猛地往回拉。鲸鱼巨大的脑袋转过来，一只巨大的眼睛审视着他。

鲸鱼断断续续地跳动着，鱼钩脱落了，然后它将头用力地撞向特蒂赫里号，木楔从木板之间弹出，萨武海的海水开始涌入船中。

伊格内修斯的脑海突然闪过了一个可怕的可能性：也许这头

鲸鱼刚刚是在装死，试图吸引船队前来。它的喷口并没有被鲜血染红，这意味着十来次鱼叉攻击都未能穿透它的要害部位。它只不过是受了点皮外伤。

鲸鱼用尾巴猛击特蒂赫里号，直到这条倾斜的捕鲸船撤退。接下来，它打破了凯巴科普卡号的竹制平台，而已经摇摇晃晃的凯鲁斯号在试图掩护逃跑的其他船时，船头被撞开了。

但是，包括弗兰斯在内的许多人仍然想继续战斗并拿下这头鲸鱼，它可以在两个月后的捕鲸季开始之前养活部落。凯巴科普卡号是唯一一条完好无损的船，四条船的鱼叉手都聚集在凯巴科普卡号的船头上，组成一个方阵。鱼叉手挥舞着由一臂长的剥皮刀制成的长矛，绑在鱼叉竿上。凯巴科普卡号垂直攻击鲸鱼，熟练而巧妙地避开鲸鱼的尾鳍。但无论它那被撕裂的兽皮中涌出多少红色的鲜血，它的喷口都是纯净的。

伊格内修斯正在用磨刀石打磨他的剥皮刀，这时船体在他的脚下跳动，几乎将他弹射出去，而鲸鱼的尾鳍劈开了凯巴科普卡号的船头，因此船的两半像蛤壳一样于龙骨处连接在一起。

男人们逃离凯巴科普卡号的残骸，游到了特蒂赫里号，这是剩下的唯一一条适航的捕鲸船。鲸鱼用尾鳍拍打水面，好像在挑战拉玛莱拉人返回战场。伊格内修斯、约瑟夫·博科和其他许多人这回确信他们的对手不是真的鲸鱼，而是一个“类似魔鬼”的恶灵。捕猎者们最终同意割断与这头魔鲸绑在一起的绳索。

但捕鲸船的鱼叉绳不是工厂制造的一次性绳索：它们是粗绳*，是捕鲸船的灵魂绳索，与每个氏族的“灵魂之家”的灵魂结成一

* 每条捕鲸船实际上都携带两种类型的绳索：一种是用于捕鲸鱼和蝠鲼的粗绳，另一种是用于捕较小的猎物的细绳。——译者注

对，绳索的力量就来源于“灵魂之家”。这种绳索是用丛林棉、马来西亚棕榈树和木槿树的树皮编织而成的，所以实际上，它们是部落辛勤劳作数周的结晶，不能被随意丢弃。大家决定派一个人在血腥的海洋中躲开掠过的鲨鱼鳍，割断鱼叉头附近的绳，尽可能多地保留鱼叉绳。

弗兰斯主动接下了这项任务。他一只手拉着鱼叉绳，另一只手抓着一把剥皮刀。他不惧怕身下朦胧的血色海洋中悄然游动的锤头鲨、白鳍鲨和虎鲨。当一些鲨鱼快速游到他身旁，像狗一样嗅他时，他踢了踢它们鼻子上的神经束。拉玛莱拉人相信鲨鱼不会伤害心地纯洁的人，弗兰斯知道自己是正直善良的人，虽然在捕猎时，他经常用粗暴的方式将鲨鱼拽入捕鲸船并用刀将它们切开。（一位在20世纪80年代与该部落一起生活的人类学家称，他看到拉玛莱拉的男人进入拉玛莱拉湾，拽着虎鲨的尾巴将它们拖到岸上，然后用棍棒将它们打死。）当弗兰斯靠近缓慢游动的鲸鱼时，鲨鱼纷纷散开，避开鲸鱼的尾鳍。他慢慢靠近离鲸鱼尾鳍只有几英尺远的地方，然后砍断了四根还未断掉的鱼叉绳——至少还有六根鱼叉绳被撕裂了。绳子被卷了进去，他抓住了最后一根绳子。

鲸鱼在背鳍的遮挡下悄然离去。然后它喷出水柱，翘起尾鳍——要么是在威胁，要么是准备离开的姿态——然后它向下潜，没有再浮出海面。

拉玛莱拉人开始临时修理他们能修理的东西。凯纳普卡号的船员们用绳索绞住船头，将板子挤得紧紧的，防止更多的水涌入。它现在可以装下骨干船员。但是，即使凯巴科普卡号和凯鲁斯号同样也被打捞上来，它们也只能承载弗兰斯和少数几个人，他们一起从船内往外舀水。这些船只的大部分船员都转移到了凯纳普卡号，不过有一个人加入了特蒂赫里号。然后，捕鲸者们将这些船排成一条线，紧随凯纳普卡号的是特蒂赫里号，两条船都拖着沉没的凯鲁斯号和凯巴科普卡号。船队从来没有想过放弃损坏的捕鲸船，因为拉玛莱拉人相信捕鲸船和人类一样有灵魂。弗兰斯经常在凯鲁斯号和凯纳普卡号上捕猎，他认为这两条船在试练中让他得到了成长，“就像母鸡保护自己的小鸡一样”，他也必须保护这些船。

乌云遮住了太阳，陆地慢慢消失在海平线上，拉玛莱拉人无法判断何处是北方。他们上船后就没有吃东西，只喝了雨水。为保存逐渐衰弱的体力，他们决定赌一把，让风自由地将他们吹往任意地方。特蒂赫里号的船员们竖起了一根二十英尺长的竹制两脚架桅杆。他们在桅杆上展开了一张船帆，看起来像一张巨大的莎草纸。船帆由几十个八英寸乘十英寸*大的方形组成，这些正方形是用干燥的棕榈叶条编织而成的，缝在一张绳子网格上。拉玛莱拉之外的地方很少有这样的船帆，尽管曾经有整批船队使用它们航行于太平洋。船员们绕着桅杆旋转帆来对抗微风，捕鲸船在海浪中滑行。

午后，被棕榈树环绕的山丘像云堤一样在东南地平线上方若隐若现。那是塞毛岛（Semau Island）。尽管船员们找到了自己的位置，但是他们并不因这一发现而感到愉快：塞毛岛离家有一百多英里。

傍晚时分，又一场台风大摇大摆地向他们袭来。那时，很明显受损更严重的船只正在减慢速度，特蒂赫里号的人让伊格内修斯要求其他船的船员们允许他们先走。伊格内修斯绷紧喉咙，好让大家能在呼啸的狂风中听到自己的声音，“我们可以先走吗？风很大。

* 1 英寸约等于 2.54 厘米。这里约合五百平方厘米。——译者注

我们会告诉村里发生了什么事以及你们在哪儿。”

弗兰斯被激怒了。他无法想象特蒂赫里号的船员们居然会考虑丢下他们：这不是拉玛莱拉人的精神。祖先之道最重要的指示是部落团结至上，正如所有父亲都教导他们儿子的那句谚语所表达的那样：Talé tou，kemui tou，onã tou，mata tou（同一个家庭，同一颗心，同一个行动，同一个目标）。

“我们同生同死！”受损的捕鲸船中的船员们回答道，“你们不能先走！”

波浪变大，形成白浪。特蒂赫里号的船员们敦促伊格内修斯再试一次。

矛盾的情绪搅动着伊格内修斯的心：他永远不会抛弃他的部落成员，但如果特蒂赫里号先冲回去寻求帮助，他们不是都有更大的生存机会吗？如果与他的部落成员团结一致，就意味着他的孩子，包括他未出生的婴儿，都将失去父亲，那么这样的团结是没有用的。最终，他也不能要求其他船员答应。即使想留在船队中，他也无法更改船员们的决定。

“我们可以先走吗？让村里的人知道我们还没有死，派人来帮忙。”伊格内修斯喊道。

再一次，他被拒绝了。只是这一次，当他朝他的兄弟们大喊时，船员们解开了连接船之间的绳索。没有负担的特蒂赫里号在暴风雨推动的湍流中向前冲刺。剩下的捕鲸船离他们越来越远，逐渐变成了三张低垂的船帆。再然后，它们消失在低垂的天穹之下。

伊格内修斯无法控制自己的眼泪，感觉好像自己被迫抛弃了祖先和部落成员。而且他知道，鬼魂总是因为这样的事展开报复，既报复个人，也报复整个部落。

夜色渐浓，大风可能会以船帆为杠杆来掀翻特蒂赫里号。伊格内修斯和另外两个船员一起努力才成功拆除了桅杆，而这通常一个人就可以做到。雨点像子弹一样扫向他们。暴风雨使黑夜加倍黑暗，随意地旋转着特蒂赫里号，将海浪掀在舷外托架上。桨手坐在船板上，手忙脚乱地往外舀水。那些累到无法工作的船员在船帆下爬行。伊格内修斯召集船员们，带领他们祈祷，直到积水迫使他们不得不继续从船内往外舀水，如此反复了五次。

“我们都是兄弟，”伊格内修斯想，“如果我们一同死去就更好了。老天啊，至少把我们带到岸边，这样我们的家人就可以找到我们的尸体，并为我们举行体面的葬礼，然后我们就可以和祖先相见了。”

那个星期五的晚上，当风暴席卷大海时，伊格内修斯和特蕾西娅的第八个孩子哭着降临了这个世界。尽管是个女孩，但她被取名为小伊格内修斯·塞兰·布里科洛隆（Ignatius Seran Blikololong Jr.），因为家人确信她的父亲已经死了。施洗礼时给她取父亲的名字，是将父亲迷失的灵魂召唤回家的方式。

星期六早上，朝阳在潮湿的云层后面透出淡淡的光芒，就像一盏鲸油灯的火焰在编织而成的竹灯罩后面绽放光彩。睡在海滩上照看信号火的外祖母弗兰西斯卡醒来时，头发上沾满了沙子。意识到约瑟夫·博科这次失踪的严重性后，她前一天就开始拒绝进食，并且忽略了她的外孙乔恩，乔恩哭着挥舞着小手寻求她的关注也无济于事。在附近，弗兰斯的妻子、伊格内修斯的妹妹玛丽亚·克莱卡·布里科洛隆（Maria Kleka Blikololong）也在通宵等候亲人归来，将蹒跚学步的孩子们留给亲戚照看。

近五十个船员的妻子满怀悲痛，又带有一点期望，看着剩下的船队，也许总共有十七条船，向罗盘上的每一个方向分散出发，寻找他们失踪的丈夫。搜索船队带上了新鲜的椰子、水和用蕉叶包裹的米饭。部落二十一个氏族中的几个男性，现在已经浮现在地平线上。

捕鲸者们出发未归的第一个晚上，大家还能控制住自己的焦虑情绪，但到第二天也没有看到捕鲸船归来的身影就非常不安了。萨武海并不辽阔——在晴朗的早晨，从拉玛莱拉的悬崖可以瞥见对岸帝汶岛（Timor Island）的山峰。即使捕鲸船被鲸鱼一路向南从萨武海拖入了印度洋，船员们也应该能够导航回搜索艇可以发现其船帆的地方。

第三天也即将过去，每个人都知道船员们安全返回的可能性正在迅速减小。两次野蛮的风暴席卷了大海，即使迷路的船员们在风暴中以及与鲸鱼的战斗中幸存下来，他们走的时候没有带任何食物，也难以维持生命。令人心碎的是，捕鲸者死亡并不是稀奇事：该镇的天主教神父在每个狩猎季节开始前宣读上个世纪在海上失踪的数十名男子的名字，从而为每个狩猎季节揭开序幕。

部落的长者们聚集在村庄广场的榕树下，他们认为部落成员一定是犯了什么罪行，祖先才如此惩罚他们，大家要查明并纠正这一罪行。他们派出一人跑步前往该岛的首府，他得在山区跑上三十英里，让人通过广播无线电信息来提醒路过的船只。当太阳在拉巴莱康火山身后落下时，部落聚集在海滩上，由牧师带领进行礼拜。

不久之后，仿佛是上天的旨意，有人看到了装饰着海平线的钻石帆。一艘摩托艇被派去给捕鲸船运送补给品。一个拿着双筒望远镜的人向聚集的人群宣布，特蒂赫里号正在被搜索艇拖走。谣言四处流传，说船上有一具尸体。毕竟，捕鲸者们在海上已经几乎三天没有喝水了。外祖母弗兰西斯卡哭了，因为她知道约瑟夫·博科是特蒂赫里号的船员。玛丽亚想知道：其他船和她的丈夫在哪里？

人们将捕鲸船拖上岸，挖掘出一群晒伤脱水、骨瘦如柴的船员，但他们还活着，这时太阳的最后一丝光芒都要消失了。他们胸部和大腿上的皮肤已经剥落了，因为他们用衬衫和裤子塞住了船上的洞。他们的嘴唇鼓起、起泡、皲裂，布满血丝的眼睛闪闪发光。即使两边都有人扶着，这些归来的船员也几乎走不了路。

部落成员不得不劝约瑟夫·博科放开舵桨，然后才能把他带下船：他整个行程几乎都没有睡觉，因为他认为自己只要握着舵桨，就有责任照看手下的船员们。外祖母弗兰西斯卡几乎和禁食期时一样消瘦。这对憔悴的夫妇紧紧地抱在一起，啜泣着，尽管他们通常都为自己的矜持而自豪。约瑟夫·博科的女儿、乔恩的母亲露西亚·哈里奥纳（Lusia Hariona）将他扶上悬崖，而蹒跚学步的乔恩跟在他们身后哭泣。到家后，约瑟夫·博科洗掉了身上的咸水，狼吞虎咽地吃光了一盘白米饭，然后睡了将近一整天。

当其他船员被家人包围时，伊格内修斯独自在海滩上游荡。恐惧使他失去了控制。他的妻子在哪里？是不是孕期出了什么问题？一位女性亲戚上前拍了拍他的肩膀。她哭着问："我的丈夫在哪儿？我的丈夫在哪儿？"

他的喉咙干痛得不能说话，因为他无法食用摩托艇船员给他的水和香蕉泥。再者，他又该怎么解释他们丢下了她的丈夫呢？

但随后他的大女儿从人群中挤了出来，拥抱了他。"你多了一个女儿！"她说，"我们本来要给她取你的名字，即使她是个女孩。但现在你回来了！"

伊格内修斯用嘶哑的声音为妻子生产时自己的不在场而道歉，

但他的女儿笑了，“重要的是你回来了！”

在小屋里，伊格内修斯第一次抱起他的新生儿，他怀中的这个婴儿如此纯粹，甚至还没有名字。他在决定如何称呼她的时候几乎要哭了，因为他的女儿不再需要使用他的男性名字了。同时，他的儿子本牢牢地抓住了他的腿，好像永远不会放开那样。

幸福的一家人回到家后，只剩下凄凉的妻子们在岬角上燃起希望的篝火。玛丽亚把枯木扔进火堆，仿佛这是一种祭品，仿佛绝望的光芒可以召回她迷路的丈夫。她很感激自己的哥哥伊格内修斯被带了回来，但有这么多男人得救，却没有弗兰斯，愈发凸显了她的悲痛。她确信自己成了寡妇——每个拉玛莱拉的妇女都害怕这一身份，不仅因为这意味着她们失去了亲人，还因为她们信仰的天主教不允许她们再婚。如果弗兰斯回不来，她和她的三个孩子将不得不依靠慈善救济为生。

每隔几分钟，黑暗中就会传来诡异的喇叭声。在特蒂赫里号的船长承认放弃了船队的其余捕鲸船后，摩托艇携带海螺壳出发搜寻剩下的船。在每段信号音之间，玛丽亚和其他妻子都满怀渴望，期待听到迷失的捕鲸船的答复。午夜时分，摩托艇独自归来，女人们的哭声惊醒了整个村庄。

尽管如此，在之后的几天里，玛丽亚一直在海滩上等待没有归来的捕鲸船。最终，当希望破灭时，氏族派出潜水员去取回鹦鹉螺壳，这些骨头弯曲成永恒的形状，他们将其埋在尸体的位置。

星期五下午，当特蒂赫里号离开时，弗兰斯觉得背叛者花了很长时间才抛下了其余所有船。每当远处的捕鲸船沉入海浪之间的低谷，仿佛终于消失了一般，片刻之后，当船被卷浪托起时，它的帆尖又会再次出现。

弗兰斯看着姐夫抛弃自己时，想起了他的三个孩子，尤其是只有九个月大、带有甜甜笑容的贝纳。祖先几乎没有给他任何时间去了解她。他尽量不去想孩子们在没有父亲保护的情况下会承受怎样的艰辛。他希望伊格内修斯会替他保护他的孩子们，因为本可以代替弗兰斯养活孩子们的米库兰古·贝迪奥纳（Mikulangu Bediona）氏族的男性亲属，几乎全都和他一起，正紧紧抓住三条捕鲸船的残骸。如果他们回不去，氏族就会消亡。

最终，特蒂赫里号的船帆没有再次升起。

弗兰斯和他的船员们处于绝望的境地。他们已经吃完了船上仅有的几根香蕉，喝光了陶罐里的水。弗兰斯用他的衬衫堵住了凯鲁斯号的一个缺口，只穿着短裤。他的胸膛和肩膀已经因为晒伤而灼热刺痛。凯纳普卡号通常只能容纳十四个人，而现在挤进了三十四个人，把船身压得很低，以至海浪不断拍打在栏杆上，水流到船里。

但不管怎样，弗兰斯都不会选择和特蒂赫里号一起离开。凯纳普卡号是他们贝迪奥纳氏族的旁系米库兰古的捕鲸船，而凯鲁斯号则属于另一个旁系。就像他不会在战场上抛下受伤的堂兄一样，他也不会抛弃本氏族的捕鲸船。每个氏族都有一条捕鲸船，它被认为是有生命的，它的灵魂与氏族血脉的“灵魂之家”相连。正是因为赋予了捕鲸船灵魂，部落才会一直严格按照古老的方法建造船只，它们是世界上最后的绑扎式凸耳帆船，尽管曾经东南亚乃至欧洲的海域满是这种船。建造捕鲸船的过程中禁止使用螺丝、钉子或其他现代工具，所有材料均来自丛林，每条船都遵循了祖先的原始捕鲸船凯巴科普卡号的设计，祖先正是坐着这条船来到拉玛莱拉的。船只逐渐沉没，船员们本可以丢弃船上设备来减轻负荷，但他们认为帆是船的纱笼，没有它们，船就会光秃秃的。

大风一路将他们吹向东边，直到他们瞥见了拉巴莱康火山弯曲的尖端。这座几英里高的火山在他们的岛上孤峰突起，从远处看却只是一座蚁丘，但大家心中还是燃起了小小的希望。他们开始无力地划桨，划了几下就得休息。黑云迅速翻滚而来，聚集在他们背后。不久，拉巴莱康火山消失在夜幕中，然后暴风雨袭来。尽管汹涌的海浪使得大家不得不疯狂地往外舀水，但弗兰斯还是感谢这场风暴将他从毒辣的烈日中解救出来。雨水也是一种恩赐：弗兰斯将鬈曲浓密的头发中的水挤到嘴里，而其他人则把像漏斗一样的船帆聚集的水倒入干燥的喉咙。

天空呈现出清澈的蓝色，没有雾气。但拉巴莱康火山已经消失了。夜间，当暴风雨将他们吹得团团转时，船员们已经失去了所有的方位感。大家一点力气都没有了，连船桨都拿不动，所以他们只好随风而行。每隔几个小时，这些人就会一起祈祷，希望能得到救助。

阳光照射到海面上，一部分被海面反射，另一部分折射到水中。弗兰斯说话时喉咙会痛。他的嘴唇干燥到裂开。他的同伴们说话含糊不清，几乎无法理解。他估计现在只有百分之二十五的机会可以活下来。一想到家人，他的眼眶便噙满泪水，但他告诉自己不能哭，他需要保留水分。

傍晚时分，就在伊格内修斯和特蒂赫里号的船员们回到家前不久，这群捕鲸者在东面发现了一对煤渣锥状火山——但这并没有让弗兰斯感到安慰，而是让他心碎：那是弗洛雷斯（Flores），拉姆巴塔岛西面的两座岛。第二场风暴将他们席卷至距离家乡七十五英里的地方，在拉玛莱拉的船只可以搜索到他们的区域之外。他们试图向北和向东移动，但风并不成全他们，反而使他们离萨武海更远了，进入了辽阔的印度洋。一些人将自己绑在船上，这样捕鲸船被发现时，他们的尸体也能被送回拉玛莱拉。弗兰斯还没有准备好这样做，但他决定第二天就把自己绑在船上。他知道已无力自救，便向天祈祷。

那天晚上，一场慈悲的雨降临了，并且没有引起风暴。男人们从衬衫、胡须和船帆上吸水。补水后，有些人开始咀嚼自己的衣服。一个瘦弱的船员甚至狼吞虎咽地吃起了他们用来堵住木板之间漏洞的木楔。除了从海里采来的几根紫菜，他们什么都没吃。由于人太多，船体无法容纳所有人，他们要么瘫倒在横梁上，要么趴在竹制平台上，身上绑着绳索，以免从船上掉下来。

弗兰斯发烧了，他梦到了上帝、天堂、地狱和他的家人。不知不觉间，云层短暂地散开，露出了满天星斗。南十字星座出现在地平线上。弗兰斯是因为“指针”这个名字而熟知这一星座的，因为从萨武海看，这一星座总是对准拉玛莱拉，等了一会儿，回家的路就显露出来了。如果他们能按照这条路线走，他可能会幸存下来，那他就可以再次将贝纳顶在头顶上，举起双手保护她的安全，在她尖声大笑并抓着他头发的时候，惊叹于她是多么轻巧和脆弱，却又充满活力。但随后乌云又回来了，他甚至不知道他的妻子和孩子在哪个方向。

到了早上，虽然凯纳普卡号和凯鲁斯号仍然适航，但凯巴科普卡号已经开始进水，因为大家都没有力气了，无法一直往外舀水。他们将不得不抛弃这条原始木制捕鲸船。凯巴科普卡号属于巴陶纳氏族奥拉朗古旁系，就连船长、旁系首领弗兰西斯库斯·“西苏”·巴陶纳（Fransiskus“Sisu”Bataona）也同意这一决定。他主动表示要乘船下沉，但其他人说服他这没有必要。

西苏爬上在水线上方突出来的竹制平台。他喉咙干涩，筋疲力尽，感觉自己就像是旱季结束之际的一片叶子，准备枯萎凋零。他谈到了捕鲸船的精神。“我们现在没有更多力气了。最好是你们比我们先走，在岸上等我们。”他正在援引一种仪式性的告别语，有时用来告别死者。

在他身后，其他拉玛莱拉人哭了。他们知道如果放弃神圣的捕鲸船，这笔账会算在每个人头上。失望的祖先会找他们复仇。

西苏爬上凯纳普卡号之时，水流已经开始冲走凯巴科普卡号。它旋转着，竹制平台掠过它两个同伴的竹制平台，仿佛在告别。海浪已经冲上了船头。很快，大海吞没了它。拉玛莱拉人发出嘶哑的哀号。

他们扬起了凯纳普卡号的船帆。不久之后，弗兰斯和他的部落成员产生了幻觉，他们可以看到拉玛莱拉就在几英里之外的地方，尽管是大白天，但他们却看见了在晚上才燃烧的信号火。他们用仅剩的一点力气划着船，但划了一整天，他们的家还是那么遥不可及。

傍晚时分，这些景象消失了，船员们像尸体一样躺在船上。弗兰斯认为他的一些同伴已经死了。尽管如此，他并没有将自己捆在坐板上。他还能忍受一下。如果黎明破晓之际他还看不到希望，他就会把自己绑在船上。这将是上帝的旨意。他梦见妻子抱着刚出生的孩子。

午夜前，弗兰斯从神游中惊醒，听到一个同伴嘶哑的声音。这个同伴在黑暗中用手指着某处。然后他看到一排被卤素灯点亮的窗户漂浮在萨武海的上空，映衬着衣着华丽、皮肤苍白的男女。当一束粗大的光束划过海浪，落在捕鲸船上时，他暂时失去了视觉。他忽然明白了，为什么祖先用他们家园的幻象来戏弄捕鲸者：祖先一直在鼓励他们再坚持几个小时。

一艘比捕鲸船长三倍、船体上绘有“香料群岛”（Spice Islander）字样的金属船向拉玛莱拉人驶来。弗兰斯在捕鲸时曾见过现代船只，但很少如此近距离地观察过。当一只金属手臂将一艘快艇放入水中时，他认为自己是精神错乱了。快艇向他们飞驰而来，将捕鲸船绑在自己身上，然后将捕鲸者拖到香料群岛号上。他们向这些捕鲸者承诺，金属船上有食物和水，诱使捕鲸者解开将自己绑在凯纳普卡号上的绳索，并卷起船帆。

当拉玛莱拉人踏上从船首降下来的金属楼梯时，约四十个外国人排在栏杆旁，用奇怪的金属盒子对着他们，盒子发出的白色闪光亮得令人睁不开眼。虚弱无力的捕鲸者靠在印尼水手身上。白皮肤的男男女女和他们握手，递给他们塑料水瓶，他们怎么也打不开，直到有人教他们如何拧开瓶盖。游客们让他们摆姿势，再次举起金属盒子。弗兰斯太累了，也非常感激他们，所以没有在乎这个细节。

然后这艘金属船的船长塞巴斯蒂安努斯·罗萨里（Sebastianus Rosari）带他们来到食堂。在那里，他们享用加了炼乳的咖啡，还配有松脆的白蛋糕片，不过弗兰斯觉得吃起来很苦，塞巴斯蒂安努斯告诉他们这个叫作面包。塞巴斯蒂安努斯来自索洛群岛（Solor Archipelago）最大的城市拉兰图卡（Larantuka），并在那里遇到了供应补给的拉玛莱拉人。他的东印度口音和对拉玛莱拉文化的熟悉程度让船员们放松下来。他解释说，香料群岛号从传说中龙的故乡科莫多群岛（Komodo Islands）出发，目的地是帝汶岛，游客们将从帝汶岛飞回家，巡航途中他听到了关于丢失船只的无线电公告。他的海上雷达探测到了两条在正常航道外漂流的身份不明的船只，于是他着手进行调查。

用餐结束后，塞巴斯蒂安努斯道歉说，他们不得不让这两条幸存的捕鲸船沉没。弗兰斯和其他拉玛莱拉人请求他拯救捕鲸船，并解释说这些船有像人类一样的灵魂。他同意试一试。船员们使用船上的起重机将凯纳普卡号绞到甲板上，被毁坏的船体裸露在外，所有人都可以看到。但是当他们试图抬起凯鲁斯号时，受损的船开始解体。

拉玛莱拉人恳求塞巴斯蒂安努斯将捕鲸船拖到最近的岛上，他们可以将残骸藏在那里，之后再返回岛上带走。但塞巴斯蒂安努斯解释说，这将偏离他们的原定路线七十五英里，而他必须在第二天将游客们送到古邦（Kupang）乘坐飞机。“海洋法要我们救人，不是救船。”

在那之前，一个拉玛莱拉人一直留在凯鲁斯号上舀水，在那里吃喝，但该船员被召回到香料群岛号上。他把粗绳带回来了，但将船帆和鱼叉留给了祖先，祖先将在水底世界划走这条船。

香料群岛号的泛光灯照亮了凯鲁斯号。因为没有人从船内往外舀水了，凯鲁斯号正在下沉。

“你先走，在岸上等我们，”凯鲁斯号的主人对着捕鲸船喊道，“很快我们就会来陪你了！”

凯鲁斯号和香料群岛号之间的绳索被解开了。一名捕鲸者表示：“我最好和我的捕鲸船一起走！”他试图翻过栏杆，但其他人拦住了他。

许多拉玛莱拉人开始歇斯底里地哭泣。其他人捂着眼睛，不忍心看到他们在一次捕鲸行动中失去的第二条船沉没。弗兰斯试图面无表情地看着捕鲸船沉没，但他心中涌起一阵悲伤，仿佛在看着亲人溺水一般。

每条捕鲸船的船体两侧都画有一只眼睛。香料群岛号开走了，它的尾流拍打着凯鲁斯号，使其直视离开它的拉玛莱拉人。两条船分开时，凯鲁斯号一直没有中断这种眼神交流。弗兰斯确信它的灵魂正在向他告别。最后，他哭了。多年后，向拉玛莱拉青年们讲述这个故事的时候，他仍然会泪流满面。

游客们拍下了这个场景。

那天晚上，这些拉玛莱拉人睡在观景台堆放的毯子和枕头上。许多游客都捐赠了衣服给他们。弗兰斯拿了一件长袖正装衬衫作睡衣，袖口遮住了他的双手，衬衣下摆到了膝盖部位。大多数拉玛莱拉人都同样觉得好笑，因为在小只且瘦弱的捕鲸者眼中，西方人看起来大只且肥胖。

弗兰斯筋疲力尽，忍不住睡着了，但他却不断地被不安的思绪惊醒。如果当初香料群岛号没有发现他们，事情将会如何发展？祖先又将如何审判他们抛弃捕鲸船的行为？

第二天早上，弗兰斯对游轮感到既兴奋又不安。他以前从来没有坐过不会随海浪摇摆的船只。他对空调感到困惑。从浴室天花板倾泻而下清洗他全身的微型瀑布也让他感到惊讶。游客们坐在椅子上方便对他而言也很好笑——拉玛莱拉人使用的是蹲厕。当他瞥见其中一间游客房舱的大床和天花板的灯时，他不禁若有所思地将其与自家塞满玉米壳的床垫和没有电的小砖房做比较。

塞巴斯蒂安努斯提前发出了无线电通知，一群政府官员、记者和移居国外的拉玛莱拉人挤满了古邦港的码头。在他们身后，阳光照在成千上万的波纹铁皮屋顶、电视天线和无线电天线上，闪闪发光。

弗兰斯以前从未到过帝汶岛，只去过邻近拉姆巴塔岛的乡村岛屿捕鱼。他的第一反应是躲起来，但他别无选择，只能勇敢直面这个新世界。在接下来的一周里，当他和其他拉玛莱拉人等待着渡轮将他们带回拉姆巴塔岛时，他在古邦尘土飞扬的小路上漫步。与印度尼西亚其他地区相比，拉姆巴塔岛的首府就像是世外桃源一样，人们在周日仍然穿着传统的手工编织纱笼去教堂，还有一些人骑马，但眼前的景象足以向弗兰斯揭示即将到来的未来：多层混凝土建筑林立；电视上喋喋不休地谈论印度尼西亚总统，收音机播放着爱斯基地（Ace of Base）组合的歌曲；几辆摩托车在新建的柏油路上疾驰而过；超过十万人忘记他们的祖先。

凯纳普卡号被装进渡轮像洞穴一样的金属货舱，拉玛莱拉人护送它回家。弗兰斯和其他捕猎者还不能马上重新进入村庄，他们不得不在邻近的城镇停留几天，部落则挖出埋葬的鹦鹉螺壳并举行萨满仪式来反转葬礼。之后，弗兰斯帮忙带领举行了一个单独的仪式，将沉没的捕鲸船的灵魂召回他们氏族的“灵魂之家”。

但即使船队重建，弗兰斯也担心一切都不再是从前的样子了。特蒂赫里号的船员们背叛了祖先所规定的团结统一的精神，这件事还未完全解决，因其前所未有，拉玛莱拉人甚至还没有一个专门的仪式可以治愈其带来的伤害。甚至几十年后，伊格内修斯、弗兰斯和约瑟夫·博科都发现这件事情很难讨论。当弗兰斯凝视着西方的地平线时，他想起了远处的异世界，他不知道新时代什么时候会到来。

第二章

在鲸鱼的墓地玩耍

1992年2月10日至2013年8月

乔恩

弗兰斯的预言被证明是正确的：外部世界确实在不断地蚕食拉玛莱拉。20世纪90年代，外部影响拉玛莱拉的进展非常缓慢，以至看起来拉玛莱拉人似乎仍然可以避开外界影响。但到了21世纪初，全球化显然已经变得无法抗拒。舷外发动机、电力、手机、好莱坞和政府监管挑战着祖先之道。到了2013年，人们已经无法确定捕鲸者独特的生活方式能否继续存在。部落的青年观望着两个不同的世界。究竟是遵循还是放弃祖先之道？他们的决定奠定了拉玛莱拉的未来。

8月的一个晚上，乔恩（后来他的腿被失控的鱼叉绳压断）在午夜时刻醒来，他的心因渴望成为一名鱼叉手而燃烧。他的口袋里装着一部手机，脑子里播放着印尼流行歌曲。当他到达海滩时，天空仍然布满星星，他将鱼叉放在舢板的前头。然后，他和比他年长十岁的族人兼导师约哈内斯·纳雷克·哈里奥纳（Yohanes Narek Hariona）将布有刺网的双人小船推入月光下的海浪中。这条十英尺长的船塞满了装备，以至他们在乘风破浪时，不得不坐在堆积如山的渔网上。越过拉玛莱拉湾的悬崖后，他们扬起用印度尼西亚一个国会候选人的竞选旗帜缝制的船帆，当拉巴莱康火山吹来的风鼓起船帆并将他们推向大海时，这个大胡须政治家的微笑舒展开来。

天体的齿轮旋转着，城市居民已经忘记了这些原始的星座。当黎明的天空泛起鱼肚白时，他们已经开始进行当天的第一次收线。

乔恩二十一岁，尽管他渴望成为一名鱼叉手，但他还没有叉到过任何猎物。一个人如果想升到鱼叉手的位置，他必须曾被船长召唤来挥舞鱼叉。每次捕鲸船出海时，乔恩都希望船长能够选择他。但最近，他意识到自己的等待是徒劳的：如果他没有叉到过任何猎物，谁会敬重他？然而，如果他从来没有得到过机会，他又怎么能叉到任何猎物呢？这个悖论让他很沮丧。

捕鲸季开始之前，他曾在拉姆巴塔岛的首府莱沃勒巴（Lewoleba）做建筑工人，虽然首府距离拉玛莱拉不到十五英里，但它是一个不同的世界。拉玛莱拉位于拉姆巴塔岛人口稀少的南部海岸的一角，这里的部落基本保留了原始的生活方式。然而，在四千五百英尺高的丛林山脉的另一边——同样居住着传统部落的北部海岸，有三万左右的现代化印度尼西亚公民在那里生活。这是一个有着电视机和摩托车的圣地，坐自卸卡车只要半天就到了，部落青年很难不分心。最近，乔恩已经失去了耐心，想再次回到莱沃勒巴砌砖，甚至想去印度尼西亚的首都雅加达的工厂打工，雅加达是一座拥有约三千万居民的现代化大都市。但当他撒开尼龙线刺网时，他一直盯着舢板前头的鱼叉。

黎明的微光越来越亮，到了八点钟，已经和探照灯一样耀眼，在灿烂的阳光照射之下，所有的阴影逐渐退却。一小时后，炽热的太阳灯泡在波光粼粼的海面闪烁。整个早上，飞鱼成群结队地扑进渔网，乔恩和纳雷克迅速收网，以防海豚用针齿撕碎塑料织带并偷走网中的鱼。当他们从紧密的编织网中拉出捕获的猎物时，闪闪发光的鳞片飞到空中，仿佛一场彩虹雪落下，贴在他们的皮肤上。到下午早些时候，他们已经装满了三个桶，里面装满了大约二百五十条飞鱼。

他们正展开印有国会候选人头像的船帆，准备航行回家，突然，纳雷克从舢板后面喊道："库氏蝠鲼（Bōu）！"

"在哪里？在哪里？"乔恩答道，仔细观察海浪。

"在前面！"

已经是鱼叉手的纳雷克，在他那双老练的眼睛瞥到一只金褐色双翼的尖端掠过波浪的那一刻，就知道那是一条短鳍蝠鲼。而乔恩甚至都难以看到这只动物。纳雷克要求比他年轻的乔恩离开船头。乔恩回答说，如果他们花时间转换位置，可能会错过这条蝠鲼，尽管他真正想的当然是自己挥舞鱼叉。

"你现在看到它了吗？"纳雷克问道。

"是的。"

"好，那我划船。"

乔恩将插进竹筒的鱼叉头拧得更紧了，纳雷克则将船划得更靠近水面下掠过的那道影子。乔恩把前脚撑在舢板的前端，后脚靠在一块坐板上，就像一个短跑运动员蹬在起跑器上做出起跑姿势那样，举起了鱼叉。

库氏蝠鲼在他们前面盘旋。那是一条成熟的蝠鲼，重达一百磅*，五英尺的双翼如帝王般展开。乔恩紧张起来，舢板也随之摇

---

* 1 磅约等于 0.45 千克。——译者注

晃。蝠鲼朝他的方向盘旋而来，它的双翼呈波状起伏，而不是像鸟一样僵硬地拍打着。

乔恩跳下舢板，冲向他的猎物，像投掷标枪一样投掷鱼叉。它比用于捕猎鲸鱼的弩弓和弩箭更轻、更长，而且因为有箭头，飞得更快。蝠鲼加速，扭曲身子直接向下瞄准，露出了它下腹部的白色部分。

在武器离开乔恩手中的那一刻，一切都已成定局。物理学和命运正在破解鱼叉和蝠鲼速度的方程，就算答案仍是未知，也早已确定。在乔恩童年时代所听的一次演讲中，拉玛莱拉的长辈曾经告诉他，人类就像祖先或上天投掷的鱼叉：他们一生都在朝着一个未知的目标前进，直到实现的那一刻才知道这个目标是什么。乔恩一生都以成为鱼叉手为目标，但他是否会实现这个目标仍是未知。

乔恩儿时喜欢在拉玛莱拉海滩的鲸鱼墓地里玩耍，他是在那里长大的。他在抹香鲸的骨架堆之间爬上爬下，就好像这里是丛林健身房一样。他将巨大的椎骨像积木一样堆叠起来，并将高大的肋骨锤入黑色的火山沙中，作为他们踢球的目标。

乔恩四岁的时候，有几个下午，他借了外祖父的砍刀，在丛林中砍一根竹竿，用刀刃削尖其中一端。然后他把这根临时制作的鱼叉带到了海滩，巨大的鲸鱼头骨在那里等待着他。它们的下巴被剥去，头骨现在只剩下前额，巨大的骨头盾牌已经失去了守护的意义。他举起简陋的竹鱼叉，想象自己站在捕鲸船的竹制平台上，然后反复刺向目标，直到他的武器尖端裂开，直到他累倒在沙滩上，汗流浃背，肚子随着每一次喘息而鼓胀。鲸鱼的头骨甚至没有凹痕，越过他望着试图将它带走的海浪。

乔恩五岁的时候，他就知道即使是最强壮的鱼叉手也无法用

拉玛莱拉的孩子们在一头被杀死的鲸鱼身上玩耍。

铁矛刺穿抹香鲸的鲸须头盔。他和其他孩子不再攻击鲸鱼头骨，而是在停靠好的捕鲸船旁边用沙子雕刻出他们的猎物，确保其从尾鳍到气孔都完美无缺、符合解剖学结构。当大人们不注意时，他们从武器架上偷走了真正的鱼叉，在捕鲸船竹制平台不稳定的木板上保持平衡，然后朝着搁浅的“鲸鱼”的背鳍下方刺去。最好玩的是，清理完花园后，一棵香蕉树的树干漂进了拉玛莱拉湾。水流将它冲到东部岬角下方，树干迅速上下摆动。然后孩子们从石壁上跳下来，刺穿树干，直到它像一颗巨大的洋葱一样散开，层层木片纷纷下沉。

1998年时，乔恩六岁，每天下午他都会看着他外祖父、叔叔和堂兄弟的船队航行回家，但没有他父亲——他从未见过自己的父亲。当太阳从高耸于村庄的拉巴莱康火山背后徐徐滚动时，他追寻着棕榈叶帆的踪迹，它们最开始时是一颗颗微小的黑色钻石，后来慢慢膨胀为一张张在午后金色阳光下发光的床单。当捕鲸船离得足够近时，他可以听到划船者的歌声，他眯起眼睛想知道他们带回家的是什么奖品：下垂在把手上的双翼预示着带回家的是一条蝠鲼，而在坐板上方探出的鱼鳍则预示着带回家的是一头鲨鱼。最棒的奖品是被绑在捕鲸船旁边的抹香鲸，使船相形见绌，抹香鲸过于沉重，船体往它所在的一边倾斜。

孩子们玩猎物尸体直到天黑。乔恩喜欢鲸鱼之王游戏，这是一场毫无限制的混战，最后一个站在鲸鱼喷水孔顶部的孩子为胜出者。乔恩的体型比同龄人小，但这并不重要；他的平衡力和速度很不错，足以帮助他在鲸鱼有弹性的、光滑的皮肤上站稳。从鲸鱼的头顶开始跑步也几乎同样有趣，孩子们面朝下跳到鲸鱼的背部斜坡上，然后从它光滑的身体上快速往下滑。

如果是乔恩的氏族哈里奥纳带走了这头鲸鱼，他就会假装在竹垫上睡着了，直到他的外祖母打鼾。然后他会偷偷溜到海滩上，他的外祖父约瑟夫·博科（在那次灾难性的魔鲸捕杀行动中，约瑟夫负责驾驶特蒂赫里号）和他的族人围在火堆旁，喝着棕榈酒。终于，他的外祖父注意到蹲在阴影中的他，叫道："有一只小壁虎躲在夜里吗？"接着乔恩把头靠在外祖父的腿上，听男人们像体育解说员一样重述捕猎过程，分析鱼叉手的每一次刺杀动作和鲸鱼尾鳍的每一次打击。很快，这些人在沙滩上睡着了，但每隔几个小时，他们就会醒来，将因涨潮而浮起的鲸鱼拖到更高处，并检查用于钓食鲨鱼的渔线。

黎明的曙光出现，乔恩在嘈杂的磨刀声中醒来。拉玛莱拉人准备用剥皮刀割断一英尺厚的鲸脂，所以正在巨石上磨刀。约瑟夫·博科给乔恩分配简单的任务，比如剥下内脏的橡胶状外膜，或者挖掘鲸鱼腐烂的胃袋，从成千上万的鱿鱼喙和偶尔夹杂的鲨鱼骨头中，找出贵重的龙涎香。

但很快，乔恩就跑去观看一百人像拔河一样拉动鲸鱼尸体的场面。尸体正面的肉都被剔了下来，人们努力将尸体翻转，露出底部残留的肉。有时他也会跑到那些用大锅煮着蟒蛇内脏的妇女面前，品尝辛辣、厚实、黄色的炖菜。经常有大一点的孩子拿着巨大的被切断的鲸鱼阴茎，就像挥舞棒球棒一样，追逐着自己的朋友。乔恩和其他孩子赤身裸体地爬进鲸鱼的胸腔，涉过高达脚踝的血液，探索这个奇妙的洞穴，最后带着笑声，鲜血淋漓地出来。约瑟夫·博科会恼怒地提醒乔恩，说他应该帮忙。约瑟夫·博科很少打他，但拉玛莱拉的父亲们经常打自己不听话的儿子。一些父亲甚至将刺魟的断尾戴在手腕上，方便抽打自己的儿子。由于尾鞭的倒钩中含有毒素，这种惩罚更为痛苦。

将成吨的肉分给数十名捕猎者后，乔恩和外祖父将他们那份巨大的深红色的鲸鱼肉装进海龟壳里。然后他们像顶盘子一样把海龟壳顶在头上，艰难地爬上山，血从骨头那致命一击的刺孔中滴下来。在位于悬崖上的家中，他们将鲸鱼肉切成条状，挂在竹架上，肉在热带阳光的炙烤下和干燥的空气中变成肉干。在他们捕捉下一头鲸鱼之前，或者直到他们可以用肉干来换取邻近山区部落种植的蔬菜时——这些部落以种植而不是捕鱼为生，这些鲸鱼肉干将支撑他们度过数周或数月。乔恩的外祖母弗兰西斯卡则将鲸鱼柔软的器官塞进椰子壳，在这个纯天然的碗中撒上鲸鱼血、涨潮时收获的海藻和从果园采摘的酸橙叶，然后放在火上烤，直到混合物变成炖肉状。最后，乔恩在咸酸的肉汤温热得足以刺激味蕾时将其大口咽下。

世纪之交的两年前，即弗兰斯与游轮相遇的四年后，乔恩和他的家人仍然像他们的祖先一样生活，通过捕猎维持生计，用棕榈叶条编织船帆，并与邻近的山区部落进行物物交换。这些部落与拉玛莱拉人一样，很少使用印尼现金。即使当年东南亚金融危机肆虐，破坏了该地区的经济，在六个月内使印尼盾贬值百分之八十以上，拉玛莱拉人也几乎没有注意到这一点。他们为什么要注意到？毕竟，六英寸长的抹香鲸肉干的价格没有变化，这是拉玛莱拉物物交换中的标准货币单位，可以兑换一打香蕉或一千克来自山区农业种植部落的糙米。

拉玛莱拉位于印度尼西亚群岛的最东端，距离亚洲大陆两千英里，距离澳大利亚西北部六百英里，这样的地理位置将其与世界动荡隔绝开来。茂密的群山包围着拉玛莱拉，几个世纪以来，盘旋在附近海峡的危险洋流使外部船只一直远离该岛。部落遵循祖先之道，意味着他们满足于生活在自给自足的世界中，而不是寻求加入外部世界。

对大多数像约瑟夫·博科这样的拉玛莱拉的长者而言，拉玛莱拉似乎永远不会改变。每一波浪潮看起来都和上一波一模一样，因为它们冲击的是被它们侵蚀了数千年的同一片海岸。明天就是昨天的翻版。但是，尤其是在弗兰斯游览古邦以及在海外工作多年的部落成员回归家乡之后，最有先见之明的拉玛莱拉人可以瞥见即将发生的动荡，这些动荡早已在全球范围内摧毁其他原住民社会。事实上，乔恩的出生就是这些最初变化的产物。

1998年7月20日，乔恩在拉玛莱拉的小学就读一年级时，除了印度尼西亚的效忠誓言，他得知的第一件事就是他的父亲从未娶过他的母亲。其他孩子甚至取笑乔恩，因为他的两个妹妹同母异父，而他的母亲也没有嫁给第二个妹妹的父亲，这种情况在拉玛莱拉社会几乎闻所未闻。他忍受着嘲笑，大家说他不是一个真正的拉玛莱拉人，而是一个山里人（Kefela），因为他的父亲来自高地部落。他的同学们嘲笑他长大后必须留在岸上和女人一起照料猪，因为他不是天生的海员。他理所当然永远不会成为鱼叉手，因为部落法律为拉玛莱拉的孩子们保留这个职位，尽管偶尔会为拥有惊人天赋的捕鲸者破例。

乔恩试图冷静地解释，他的父亲确实想照顾他，但他的外祖父讨厌他的父亲，不允许他的父亲留下。他声明自己并不是私生子，因为他和他的母亲都知道他的父亲是谁。但不可避免地，嘲讽者仍然会一把推开乔恩，他的膝盖会破皮，头发会被扯断。

乔恩的母亲露西亚·哈里奥纳一直很坦诚地告诉乔恩，他的父亲是一艘大艇的驾驶员，这艘大艇每两周出一次海，从距海岸七英里的集市村乌兰多尼（Wulandoni）出发到莱沃勒巴，花一整天时间环游拉巴莱康火山和明加尔火山（Mingar），并到达岛的另一边。当她前往莱沃勒巴的市场，购买拉玛莱拉人无法利用从丛林或海洋中获取的材料制造出来的商品如肥皂或钢罐时，他们坠入了爱河。大艇装满了烛坚果、腰果、鲸鱼肉干和山羊，乘客们经常不得不腿贴腿拥挤地坐下。每次乘船时，乔恩的母亲都在船尾靠近乔恩父亲的地方，懒洋洋地坐着。

当乔恩的父亲爬上石砌楼梯到悬崖上的最后一所房子，请求约瑟夫·博科将女儿嫁给他时，露西亚已经怀上了乔恩。山区居民居然向拉玛莱拉妇女求婚，这本身就是时代变化的标志，拉姆巴塔岛的青年越来越多地跨越了分裂不同部落的文化界限，并试图自己择偶。几个世纪以来，拉玛莱拉人的婚姻都是按照祖先规定的一个复杂的三角系统来安排的。其中，构成拉玛莱拉部落的二十一个氏族被分为三组，每组只接受来自剩下两组的其中一组的新娘，而不接受另一组的新娘，即A组接受B组，B组接受C组，C组接受A组。约瑟夫·博科拒绝了乔恩父亲的请求。他觉得根据祖先之道，这一婚事甚至不会被考虑，露西亚就是不结婚，也总比被束缚在一个来自山里的船夫身旁要好。

乔恩出生于1992年2月10日，几乎出生后就立刻病倒了。乔恩的父亲不断爬上摇摇欲坠的楼梯，乞求看看他生病的孩子，有时他能听到门后的乔恩在哭，但每次他都被约瑟夫·博科拒绝了。一个月来，他不知疲倦地出现在乔恩家门口。然后他出现的次数开始变少了。最终，他完全不再出现了。有传言说，他搬到拉兰图卡开始了新的生活，这是该地区唯一真正的城市，距离拉玛莱拉三个岛屿开外。在乔恩的整个青年时代，他的母亲都会告诉他："记住，你不是拉玛莱拉人。你是波托（Botoh）人。"波托是他父亲所在的山区村庄。"如果爸爸妈妈结婚了，那我们就可以搬到拉兰图卡去了。"乔恩上小学后，他会陪母亲去莱沃勒巴，和她一起挤进邮局的电话亭，看着母亲和父亲说话时的神情。

在课堂上，乔恩的突出之处主要在于他无法静坐并服从老师的命令。他总是无法完成功课，因为他经常不是缺纸就是缺笔，这些都是他的家人买不起的东西。由于好斗，有很多个早晨，他都被惩罚从半英里外的一口井里打水来填满校舍后面的混凝土水池。他讨厌搬运活儿。他心想："我来学校是学习如何搬东西的吗？"他出了名的爱与其他孩子打架、爱与成年人争吵，这在拉玛莱拉严格的年龄等级制度中是禁忌。他时而上一秒还依偎着母亲，下一秒就与她争吵。他和外祖父母在一起的时候也是这样令人困惑，时而撒娇恳求，时而发怒使性子。

随着乔恩的童年变得更加混乱不堪，世界似乎也开始分崩离析。1998年5月21日，统治印尼三十一年的独裁者苏哈托宣布辞职。

在苏哈托的军事统治下，拉玛莱拉人的政府事务参与权受到限制，但在他下台一年后，拉玛莱拉人用倒下的树苗和毯子在广场上建造了投票站，几个世纪以来，他们在这个广场上就村庄问题争论不休。在印度尼西亚四十年来首次真正的民主选举中，约瑟夫·博科、弗兰西斯卡和露西亚用钉子在纸质选票上戳洞，投出自己的一票。他们喜爱的候选人当选为印度尼西亚总统，他的首批举措之一就是权力下放，在全国范围内重新调整了边界和等级制度，拉姆巴塔岛也因此形成了自己的行政区。莱沃勒巴成为该岛的首府，在拉玛莱拉土生土长的佩特鲁斯·克拉夫（Petrus Keraf）被选为总督。

2000年，美国航天飞机开启了问世以来的第一百次太空之旅，乔治·沃克·布什当选为美国第43任总统。佩特鲁斯的首批主要公共工程包括修建一条通往拉玛莱拉的道路，这是拉玛莱拉人几十年来一直渴望的项目。当时，一条殖民时期修建的鹅卵石路从莱沃勒巴一直延伸到岛的内部，但它在通往拉巴莱康火山的上坡路段断裂了，偶尔驶过的车辆不得不越野穿过一条地狱般的土路。要到达莱沃勒巴，大多数拉玛莱拉人得绕着海岸航行或穿过群山。但在5月6日，一台反铲挖掘机在丛林中挖出了一条通往村庄的道路，叮叮当当地进入了拉玛莱拉村庄。为了保护挖掘机生锈的金属胎面，它一路行驶在一块由劈成两半的旧摩托车轮胎组成的地毯上。一群工人不断地将被碾过的轮胎放在挖掘机前面，以便它们被再次压扁。这台重型机器的最后一项任务是在悬崖上开辟一条小路，连接以海滩为中心的拉玛莱拉低地地区和大部分部落居住的拉玛莱拉高原地区。

当这个金属庞然大物完成任务返回莱沃勒巴时，外部世界终于侵入了拉玛莱拉。这条路算不上是真正的路，没有铺砌好，在旱季几乎无法通行，而一旦雨季到来，它就变成了泥潭。但是现在人们可以乘坐巴士到莱沃勒巴，再乘船到拉兰图卡，然后前往地区首府毛墨勒（Maumere）或古邦，从那里渡船一千多英里到雅加达，最后从首都飞到地球上的任意一个地方。道路完工后不久，一辆由自卸卡车改装成的公共汽车（Auto）出现了，它比拉玛莱拉到莱沃勒巴的渡轮服务快半天，渡轮因此停业，对乔恩而言，拉玛莱拉有关其父亲的最后记忆消失了。一年之内，乔恩就看到自卸卡车后部装着许多令人惊叹的商品运抵拉玛莱拉，包括钢斧、舷外发动机、镇上的发电机等。但对他来说最重要的是，大约在2001年，他九岁的时候，他的母亲露西亚通过这条路走向了外部世界，将孩子们抛在了身后。

乔恩后来讲述了两个版本的故事：一个是母亲流着泪提前告诉他自己要离开了；另一个是母亲离开几周后，他的外祖父母不得不告诉他，母亲不是出门去换物品了，而是已经永远离开了。不管怎样，乔恩的母亲在拉玛莱拉都背上了屈辱的红字，无论是和乔恩父亲还是她女儿的父亲，在这两段关系中，她一直背负着“不检点”的耻辱称号。她决定搬到该省的省会古邦（香料群岛号在发现弗兰斯和其他捕鲸者后，就是将他们带到了这座城市），与在那里担任木匠的哥哥一起生活。

虽然大多数拉玛莱拉人一生都是在部落拥有的几平方英里海岸上度过的，但也有相当一部分人在其他地方寻求财富。从20世纪20年代开始，当传教士改变该部落的信仰时，一些拉玛莱拉人就离开当地，去参加神学院或为印度尼西亚其他地方的教堂工作，在他们聚集的地方形成了微型社区。在20世纪70年代，利用这些已建立的侨民网络，少数拉玛莱拉人开始出于非宗教原因在国外定居。有人是因为与家人发生过冲突，露西亚的哥哥就是如此，他与专横的约瑟夫·博科发生过冲突，然后就搬走了；有人是违反了社会规范，比如露西亚；但也有人是因为听信了在国外能赚更多钱的谣言，因为部落领土可以容纳的人口已经到达了极限。到了20世纪90年代后期，拉玛莱拉几乎每一寸平坦的土地上都建好了房子，而且无处可建新房。几十年来，随着越来越多的拉玛莱拉人定居在国外，外部世界的魅力更加闪耀，人口外流的速度变快了，并在21世纪初开始迅速增长。

露西亚本来应该找到工作并寄钱支付孩子学费的，这是拉玛莱拉易货经济之外存在的为数不多的开支之一，很多家庭经常给不出现金交学费。但露西亚一走便音讯全无，乔恩等了两年多才在她的一封来信中得知她的现状。由于外祖父母是文盲，就由乔恩的妹妹弗兰西斯卡·“伊卡”·哈里奥纳（Fransiska “Ika” Hariona）来大声朗读信件，这时全家人才知道乔恩的叔叔在盖房子时从屋顶坠落身亡了。信中透露的另一件事是：到达古邦后不久，露西亚接受了护士培训，打算用津贴来支付孩子的学费。当她走过一片稻田时，一位年长她二十岁的稻农向她打了招呼。他们聊了一个下午，他在傍晚前向她求婚了。乔恩和他的妹妹们现在多了两个同父异母的兄弟姐妹。

在告知家人哥哥的死讯后，露西亚又长达四年没有再联系他们。在接下来的十五年里，她只回到拉玛莱拉两次。乔恩从未去过古邦，也从未见过他新的兄弟姐妹。母亲的那封来信说明他的家庭已经缩小到只剩下他的外祖父母，以及两个妹妹伊卡和玛丽亚·“玛丽”·哈里奥纳（Maria “Mari” Hariona）了。即使只有九岁，他也知道自己将来会成为一家之主。乔恩在四年级之前一直拥有学校正式注册的学籍，但他不再上课。约瑟夫·博科自己就没有读完小学，乔恩受到他的鼓舞开始旷课，尝试为家人挣钱。他用手线在岬角钓鱼，在退潮时从岩石上撬出巨大的藤壶，用由数十根橡皮筋编织而成的弹弓偷偷接近丛林鸟类，并用鱼叉捕鱼——这是他最喜欢的活动。现在，对乔恩而言，成为鱼叉手的梦想比证明自己是拉玛莱拉人更重要，因为鱼叉手可以得到额外的鲸鱼肉作为奖励，可以与家人分享。

乔恩承诺旷课是去谋食，正如一位年长的拉玛莱拉人后来所说的那样，他变得“像一条主人已经离世的狗一样狂野”。在捕猎成功之后，他的老朋友纳雷克有时会买一个装满棕榈酒的竹筒，他们喝得烂醉如泥，甚至呕吐。以前的同学嘲笑他没有学问，他经常会和他们吵架。最终，比他年长的族人放弃了对他的管教，说他需要一个父亲来管教他。十岁时，他接受了他的第一次圣餐仪式，如果他死了，他的灵魂还是安全的。然后他出海了。

如果乔恩早五年出生，他会在他氏族的波利沙邦号捕鲸船上当学徒，学习如何舀水、盘绕鱼叉绳、掌控牵引棕榈叶帆的许多绳索，最终获得自己的船桨。但他是在费拉纳号（Felana）上当学徒的，这是一种拉玛莱拉人在20世纪90年代开始建造的新型船，大约只有捕鲸船的一半大小，由十五马力的舷外发动机提供动力。这些船的名字来自部落遇到的第一批此类发动机——美国制造的约翰逊（Johnson）发动机，在拉玛莱拉语中，这个名称被改编为乔森（Jonson）。事实证明，这种新型船在年轻的部落成员中很受欢迎，因为有了它们，捕猎者就可以追捕像海豚和剑鱼这样的猎物，这些猎物以前对他们而言过于敏捷，难以追捕。虽然许多年长的捕鲸者不信任摩托艇，并强制执行只有捕鲸船才能捕猎抹香鲸的规则，但由于乔森效率高，自由派捕鲸者迅速转而使用这种新型艇。21世纪初期，有了一项政府贷款项目的资金和侨居村外的拉玛莱拉人的捐款，越来越多的氏族可以购买舷外发动机，很快捕鲸船和乔森每天早上都出海。乔恩的二叔格雷戈里厄斯·登格凯·克罗法（Gregorious Dengekae Kĕrofa）是最早使用乔森的人之一，乔恩被招募为他的船员。

乔恩出海捕猎的第一天，一场风暴席卷了大海。他没能证明自己是天生的鱼叉手。那天，以及在接下来的几周里，他经常晕船，这对拉玛莱拉人来说是最大的耻辱。为了治好晕船症，格雷戈里厄斯在他每次呕吐后都让他喝海水。说他是山里人的嘲讽愈演愈烈。好几个月以来，由于乔恩被禁止触摸绳索或鱼叉，他只能舀水，以及为年长的男人们卷烟，最后他的手指都被烟草染黄。这个时候他也开始抽烟了。最终，他可以开始准备鱼叉了，根据猎物的种类，将七个鱼叉头、六根竹竿和六根绳子按照不同的组合排列，然后交给鱼叉手。他掌握了几十种打结的方法。他学会了很好地观察海面，甚至可以看出蝠鲼在海面下游动时产生的尾流，这种水流经常与自然的海浪方向相反。并且他不再晕船呕吐了。

乔恩是在乔森而不是在捕鲸船上接受的早期训练，这开始看起来像是一种幸运了。2004年，乔恩十二岁时，第二十一艘乔森加入了拉玛莱拉船队。就在几年前，拉玛莱拉只有六艘乔森，但现在乔森的数量超过了捕鲸船的数量，后者已经下降到大约十四条，因为氏族发现很难再组建一支完整的捕鲸船船员队伍了，许多年轻人更喜欢摩托艇。顽固的老前辈仍然在每天黎明时分划船，但在捕鲸船仍试图划离沿海洋流的时候，费拉纳号已经刺向它的第一条蝠鲼了。部落的年轻人迷恋发动机，因为他们无须费力地划桨就可以快速行驶很远的距离，但他们的长辈开始担心这些机器会导致传统知识的流失，比如唱捕鲸歌和扬帆，它们正在被摒弃。他们还担心舷外发动机会破坏船员和部落的团结，因为捕猎者不再需要协调划桨和航行，而只需在一名男子操作发动机时休息放松。

一些长者甚至争辩说，从长远来看，乔森实际上导致部落带回家的鲸鱼肉减少了，因为摩托艇无法像捕鲸船那样捕获并处理巨大的逆戟鲸或抹香鲸，而这些鱼肉能喂饱所有人数月。在这一点上，他们并没有错，因为人类学家估计，从长远来看，在捕鲸船进行集体狩猎的拉玛莱拉人，比使用小船或乔森捕鱼的人能获得更多鱼肉，尽管捕鲸船的船员们在每次捕获猎物之间需要等待的时间更长。然而，激励年轻人的是短期回报，即使是传统的长者也不得不承认，乔森在任何时候都比捕鲸船更有可能把小型猎物带回家。更重要的是，由于捕鲸船由氏族中的每个人共同拥有，捕鲸船捕获的猎物必须被共享。而乔森通常由小型私人团体运营，这意味着它们的船员可以为自己保留更多的肉，这吸引了年轻的捕猎者。

随着千禧年的临近，几个年轻的拉玛莱拉人想出了一种革命性的技术，可以利用乔森来猎杀抹香鲸，而在此之前，摩托艇一直远离这样的庞然大物，因为它们的引擎太贵，船体太小，不能冒险战斗。具体猎杀方法是先用绳索将乔森与捕鲸船相连，然后利用乔森将捕鲸船拖到距鲸鱼几百英尺的范围内，再分开两船。创新者声称，他们的方法可以在不改变捕猎的基本性质或冒犯祖先的情况下，提高捕猎效率，因为到最后，在鲸鱼后面开展捕杀行动的还是传统捕鲸船，就像往常一样。2001年，在拉玛莱拉历史上的一个重要时刻，海滩理事会（Council on the Beach）将所有捕猎者聚在一起开展制定规则的年度会议，一群保守的长者试图在会议上禁止创新者的做法。然而，理事会最终批准了这种方法，因为温和的长者和自由派青年的呼声盖过了保守派。接近2010年的时候，乔森的地位进一步上升：大多数拉玛莱拉人每天开着摩托艇出海捕猎，如果看到抹香鲸，就会冲回岸边，把捕鲸船拖进海里。只有少数氏族仍然在每天黎明时分坐捕鲸船出海。

与此同时，村庄也在发生变化。20世纪80年代，拉玛莱拉最后的茅草竹屋消失，取而代之的是具有波纹铁皮屋顶的砖瓦房，不过许多人在他们的院子里保留了巧妙排列的鲸鱼骨头。2005年，印度尼西亚政府在拉巴莱康火山的山坡上安装了一台柴油发电机，从每天晚上六点到第二天早上六点通电。部落的鲸油灯开始生锈。2007年，也就是乔恩十五岁时，拉玛莱拉开设了一所技术高中，这是拉姆巴塔岛南部的第一所技术高中，除了化学和印尼历史，还教授学生如何保存鱼类和农场木薯。但乔恩从未想过回到教室学习：没有哪个学位能让他有资格成为一名鱼叉手。他离开费拉纳号，去了另一艘名叫VJO的乔森，VJO的主人教他如何使用雅马哈Enduro舷外发动机，并委托乔恩在他长途出差时照顾这艘船。VJO不出海的日子里，乔恩担任整支船队的驾驶员。有时，在鱼叉手刺下第一根鱼叉后，乔恩有机会尝试添加一个鱼叉倒钩，确保猎物不会逃走。当波利沙邦号下水时，他可以划动自己的桨。

到现在，这个身材矮小的孩子已经拥有了体操运动员那般优雅轻盈、比例均匀的肌肉。但即使在普遍不高的拉玛莱拉人当中，他也算是很矮的，身高不超过五英尺，大多数拉玛莱拉人比他高几英寸。他的体重只有一百磅左右。他很早就长出了胡须，一圈打结的黑色须发与头顶上乱糟糟的一团头发互相映衬。他的五官很大——有噘起的嘴唇、宽大的鼻子和公牛般的鼻孔，还有一双女性化的大眼睛，睫毛又密又长，仿佛涂了睫毛膏一般。这样的五官似乎是为了和他过分外露的情绪匹配，他经常过于敏感和冲动，无法隐藏自己的情绪。他相信自己是拉玛莱拉人。

后来一个特别事件的发生巩固了他这种感觉，那就是惩罚他的山里人父亲的出现。两年前，在他十三岁的时候，大约十英里外的地方建起了一座手机信号塔。拉玛莱拉人可以通过爬山到村外的足球场来获取信号。村里的几部手机是公用的，白天时，一个孩子在尘土飞扬的田野里守在手机旁。一天，当乔恩试图进球时，观赛者告诉他有人打电话找他。他想可能是他的母亲，但实际上是他的父亲。他大吃一惊，却又紧紧压制住心中如潮水般翻涌的激动情绪，接电话的时候装作一副无所谓的样子说："先生，请问有什么事吗？"

乔恩的父亲，就像大多数迁就一个陌生男孩的成年人一样，问他一些平淡无奇的常见问题：他最喜欢的消遣活动是什么，最喜欢的足球队是哪支等。最后，当乔恩的父亲看出乔恩只会给他一个字的答案时，他拼命地向乔恩解释说，他想娶露西亚，但约瑟夫·博科不让。"你不是拉玛莱拉人，乔恩，你是山里人。"他宣称。

乔恩一生都期待自己能与父亲交谈，但现在乔恩对他只感到愤怒。在这通电话里，他的父亲不知不觉地对他进行了自记事以来一直试图逃避的嘲讽。乔恩挂了电话。每隔几天，他的父亲就不停地打电话过来，但乔恩拒绝接听。最终，他的父亲不再打电话了。乔恩终于消除了对父亲挥之不去的渴望，他觉得自己终于把山里人这段过去抛在了身后。

自千禧年以来的每一年，在黎明破晓、天空染上红晕之际，越来越少的人聚集在海滩上推捕鲸船下海。2000年，每天早上大约有二十条捕鲸船出海，但随着千禧年第一个十年即将结束，乔森从拉玛莱拉人身边飞驰而过，只有少数人乘捕鲸船下海了。2009年，捕鲸船上的普通船员（Matero）向祖先祈求一路顺风或满载猎物而归的歌声也大多归于沉寂。马达的机械轰鸣声在海面上回荡。当捕鲸船展开船帆追逐抹香鲸时，船员们发现棕榈叶上沾满了霉菌。

随着捕猎者平日不再使用捕鲸船，约瑟夫·博科也不再在星光逐渐隐退时到海滩去了，但他在过去至少五十年里都是这么做的。没有人知道他的确切年龄，但大家确定他是在第二次世界大战之前出生的。白内障蒙上他的双眼，他的胡须已经脱落，下巴上只剩下寥寥几根发须，他手臂上曾经发达的肌肉已经枯萎，变成从骨头上垂下来的松松垮垮的“袖子”。到达大多数拉玛莱拉男人退休的年纪后，约瑟夫·博科还继续工作了好多年，目的是尽力减轻外孙一个人养家糊口的负担。但是，十七岁的乔恩（尽管他告诉所有人他十九岁）相信自己是一个熟练的捕猎者，有足够的能力养家糊口，并鼓励约瑟夫·博科退休。此外，乔恩还担心其他拉玛莱拉人私底下八卦说是他无法独自养活家人们，才强迫他外祖父工作的。

与乔恩一起照顾家人的是比他小两岁的妹妹伊卡。几年前，外祖母弗兰西斯卡在带着肉穿过丛林，与山地部落进行易货交易时摔断了她的股骨。六年级的伊卡辍学，承担起她的职责：照看房子，做饭，用乔恩钓到的鱼换取大米和玉米。在伊卡的坚持下，玛丽留在了学校，因为她不希望她的小妹妹这辈子只能烧柴做饭。

尽管乔恩出于对家人的责任而不得不从事捕猎，尽管他仍然梦想成为一名鱼叉手，但到了二十岁时，他已经对部落之外的生活着迷了。电视自1983年左右开始出现在拉玛莱拉，当时是政府向市长捐赠的这台附有便携式柴油发电机的机器。但直到2010年左右，许多家庭才开始拥有电视，通常是住在岛外的亲戚为他们购买的。在一个朋友架起卫星天线后，乔恩开始熬夜观看有关雅加达和美国的节目，然后整个白天都在睡觉。此前，乔恩被誉为不知疲倦的工人，现在这一名声受到了影响。尽管乔恩极度信赖部分传统，比如将蝠鲼干燥的翼尖钉在他的舢板上就可以带来好运，但他也开始认为祖先的一些传统过时了，比如在下水之前在船上洒上圣水。

另一个诱惑他走向外面世界的是金钱。虽然易货经济继续主导着拉姆巴塔岛的南部，但拉玛莱拉人开始渴望药品、电视和刺网等现代工具，这些工具只能通过像纸一样的印尼卢比纸币和廉价铝合金切割而成的可弯曲的硬币才能获得。随着岁月的流逝，越来越多的人在每年捕鲸船不能出海的季风期离开部落，前往遥远的城镇劳作，以赚取他们在拉玛莱拉无法获得的现金。乔恩的邻居在山对面的村庄洛昂（Loang）带领一个施工队，乔恩同意2012年雨季时去那里帮忙建造一所小学。起初，乔恩非常失望：洛昂也是一个落后的村庄，比拉玛莱拉现代化不到哪里去。作为最年轻的船员，他不得不为其他男人做“妻子干的活儿”，比如早起煮咖啡、在当天砌完砖之后做晚饭。他每个月的收入只有大约一百美元，其中大部分都必须花在肥皂和香烟等必需品上，所以他存的钱很少。

但很快，他探索外面世界的愿望实现了：从洛昂坐皮卡车到莱沃勒巴，不一会儿就到了。在那里，他遇到了来自印度尼西亚遥远的现代化岛屿的人，见识到他只听说过的电脑和智能手机等设备。长辈此前一直警告他，岛上存在暴力冲突，但发现这似乎是为了让他留在家里的恐吓策略后，他松了一口气。他用大部分工资买了一部五手的诺基亚全键盘手机，这下他有机会与洛昂的女孩们调情了。她们会到正在修建的小学给手机充电，因为在这个没有电线的小镇上，只有政府大楼才有电。他让女孩们向他展示如何发短信、播放歌曲以及使用没有图片的简化版脸谱网（Facebook）。大约在那个时候，印度尼西亚手机公司Telkomsel在拉玛莱拉上方的悬崖上竖立起一座红白条纹的塔楼。

乔恩在洛昂待了六个月。看到莱沃勒巴后，他幻想着加入生活在雅加达的拉玛莱拉小社区。但他担心自己走后，谁来照顾他的外祖父母和妹妹，也担心让祖先失望，被以狡猾出名的城市居民利用。而成为鱼叉手的旧梦，依然让他心头一紧。

地球上原住民的数量超过三亿，大多数原住民都面临着与乔恩一样的困境：要么采用现代化的生活方式，要么忠于他们的传统，但这样会在当代世界中处于不利地位。对某些人群而言，全球化大幅改善了他们的健康、教育和财富状况。但是加入现代世界后，原住民此前与其生态系统相协调的生活方式发生了转变，新的生活方式会破坏生态系统，部落的专属神话也开始变成不那么接地气的好莱坞、宝莱坞或诺莱坞传奇故事，关系紧密的部落身份转变为疏离的国民身份，这通常是为了淡化部落纽带的重要性，以便他们融入更广泛的人群。

是采用现代化的生活方式还是忠于传统？这个具有挑战性的选择是乔恩和他的拉玛莱拉同胞每天都在挣扎的事情。做捕鲸者还是建筑工人？选择易货经济还是货币经济？相信祖先的故事还是电视上讲述的故事？他们和其他部落原住民的决定，将最终决定人类是能够维持其无数的身份，还是人类不同的生活方式将被消灭，人类将成为一个同质化的群体，所有文化都被稀释成单一的工业文化。

在2013年5月的捕鲸季开始之前，乔恩决定返回拉玛莱拉。他被现代世界所吸引，但是目前，祖先之道的魅力更大。捕鲸时，他会站在乔森或捕鲸船的坐板上，观察海平面上是否出现了抹香鲸的喷口和肚皮扑腾的蝠鲼，这体现了拉玛莱拉的一句谚语：最重要的不是鱼叉手手臂的力量，而是身体和精神平衡的力量。即使当风浪高涨，连船上的鱼叉手都坐下时，乔恩也能很好地适应汹涌的大海，甚至不会露出他苍白的脚底——如果没保持好平衡，他的脚底肯定会被太阳晒黑。这一切都是为了让船员们想象他站在竹制平台上的样子。

幸运的是，现代化意味着乔恩的目标是可以实现的：由于太多鱼叉手继承人出国上学，鱼叉手的位置已经变成了择优制，此前父传子的传统已经被逐步淘汰，只有少数特殊家庭仍保留该传统，比如伊格内修斯·布里科洛隆的家庭。这一年，乔恩向自己承诺，他要成为一名鱼叉手。这是加入现代世界无法实现的愿望之一。

乔恩从舢板跳下并将鱼叉向蝠鲼的方向掷去，随后便顺着蝠鲼的轨迹落向水面，但在他下手之际，他确信自己没插中。泡沫遮住了他的视线，他回到水面，看到鱼叉绳滑过栏杆，在摩擦木头时削出碎屑。

纳雷克奋力扭动线圈，冲他大喊：“进来！”

乔恩用鱼叉捕到了他的第一个猎物。

他用力且缓慢地挪动到船上，抓住滑行的绳索，双脚支撑在船体上，用他的整个身体作为收卷绳索的定盘。尽管如此，尼龙线还是刮掉了他手掌上的老茧。在乔森或捕鲸船上，通常需要五六个人才能处理这种大小的猎物，而不是只有两个人。但最终，高速运动的绳索放慢了速度。它向右、向左、向上、向下猛拉，而不是直接滑出。然后它的速度变缓了——不是突然断线的软弱无力，也不是鱼叉头向前猛拉的缘故，而是因为蝠鲼下垂转而游向小船以减轻疼痛。乔恩和纳雷克把绳子收了进去，每当蝠鲼下潜时就放出绳子，以免鱼叉凸缘被扯断或鱼叉绳被折断，然后每当蝠鲼靠近时又偷偷地往回收绳子。太阳火辣辣的。船帆在风中拍打着，上面印着的国会议员的微笑。绳子把乔恩的手掌刮成了一团肉饼。他的手指、前臂和肩膀都在抽筋，支撑在船体上的双脚疼痛到麻木。但他知道蝠鲼更痛：血丝漂到水面上，闪闪发光。

“是祖先派你来的，”乔恩祈祷，“把你自己交给我吧。”他请求祖先阻止任何鲨鱼从他的鱼叉绳上偷走蝠鲼。

很快，蝠鲼离他足够近了，他可以看到嵌在它苍白腹部的鱼叉竿周围喷出一片鲜血。它朝水面作螺旋式转动，看起来就像一个反向死亡螺旋。捕猎者甚至不必再与它搏斗，但纳雷克将一个鱼叉头拧入竹筒，乔恩则收起了绳子的松弛部分。很快，蝠鲼的翼尖几乎擦过船，乔恩可以看到一条鲫鱼靠在它的腹部。纳雷克在船头后面站稳，这样影子就不会落在水面上，然后用双手刺下鱼叉。蝠鲼的双翼拍打着船体。它的动作缓和之后，纳雷克在它喘着粗气的吸盘嘴里嵌入了一个鱼钩，把它的头拖到水面上。他们不想再次刺伤进而破坏鱼身，所以乔恩拿剥皮刀钻进鱼的头骨，打开了一个洞。然后他把三根手指伸进洞里，一直深入到指关节部分。里面很潮湿，像洞穴一样。他搅动着鱼儿光滑的大脑，直到它变成块状。鱼脑灰质像冰凉的油脂一样粘在他的指甲下。

他凭肾上腺素的刺激完成了整场战斗，但当舢板在烈日下摇晃和风声呼啸时，他意识到自己已经获得了作为捕猎者的第一份奖赏。他开始得意扬扬地想象自己将如何在家人和氏族之间分配蝠鲼肉。

就在两个人准备把猎物拖上船时，一艘乔森向他们冲了过来。

船员们从远处看到了这场战斗，前来搜查附近是否有更多的库氏蝠鲼。乔恩的外祖父也在船上，因为在他觉得自己有足够的力气可以做些像舀水这类轻松活儿的日子里，他仍然偶尔出海。约瑟夫·博科喊道："纳雷克，你已经杀死你的猎物了吗？还有其他蝠鲼吗？"

"是乔恩杀的！"纳雷克回答。

"我不信！"约瑟夫·博科大喊着，眯着眼睛，试图通过他患有白内障的双眼来搜寻证据。乔恩还没来得及回答，乔森的司机就重新启动了引擎，驾驶着快艇飞向远处海豚拍起的浪花。

乔恩和纳雷克将蝠鲼拖到了渔网堆顶上，当他们驶入拉玛莱拉湾时，人们都能清楚地看到这条蝠鲼。由于增加了一条蝠鲼的重量，舢板的吃水线要比之前低得多。乔恩拿起一个塑料容器，里面还装着他吃剩的早餐。早餐是他外祖母做的，她用两块石头夹住爆米花把它压扁，把蝠鲼的大脑舀进去。拉玛莱拉人都知道乔恩很喜欢吃蝠鲼的大脑，对这种美食不那么感兴趣的朋友就把他们捕猎到的蝠鲼的大脑灰质都给乔恩。当他们航行回家时，乔恩将海水洒在肉上以防其过热。拉巴莱康火山像一头巨大的抹香鲸一样在他们面前升起，在准备下潜时石化了，从海面到山顶，它的圆形侧面高近一英里，最高处是背部呈驼峰状的锥形顶端。另外五座遥远的成层火山破坏了地平线，连接着组成印度尼西亚的一万三千多个岛屿。但与看似无边无际的萨武海相比，群山就是蚁丘。

很快，乔恩就可以辨认出在拉巴莱康火山的陡峭山脊上保持平衡的一棵棵树木，山脊上布满了水槽和峡谷。火山的上半部分覆盖着古老的丛林，下半部分则点缀着腰果园、木薯园和玉米田。那是8月，旱季刚刚过半，一个月前还呈现出明亮绿色的叶子已经干枯。

海岸是水手的噩梦：熔岩冷凝后形成的岬角饱经风霜，海浪猛烈地拍在上面，激起一朵朵浪花。从海洋来看，拉玛莱拉的位置似乎是唯一的选择，它位于数英里内唯一的海滩之上。这些房屋堆叠在与火山陡峭的斜坡相平衡的石膏板露台上，童话般的楼梯凿入连接楼梯平台的悬崖中。房屋的油漆，无论一开始是绿色、蓝色还是紫色，都被太阳晒成了均匀的白色。午后的阳光下，除了在裂开的混凝土墙上扭来扭去的壁虎，这座小镇看起来似乎毫无生气。尽管许多波纹铁皮屋顶都生锈了，但阳光从金属上反射出来，使得村庄似乎笼罩着一层光环。

当乔恩在成堆的珊瑚和凹陷的鲸鱼肋骨上滑行时，他嗅到了正在竹架上晒干的海豚肉和蝠鲼翼的浓郁腥味，以及数百条在被阳光加热的屋顶上烘烤的飞鱼的味道。他和纳雷克在涌起的海浪边缘向后划，等待海面归于平静，然后在黑沙滩上冲浪，沙滩上面散落着巨大的废弃的猎物肋骨和椎骨。鲸鱼和鼠海豚的头骨排列在沙滩两端的巨石上。三个光着脚的男人急忙穿过灼热的沙滩，帮助他们把满载的舢板拖到船棚里。

由于拉玛莱拉湾只是海岸线的一角，几乎不能防浪，因此拉玛莱拉人不会将他们的船只停泊在那里，而是将它们存放在海滩后面的船棚中。在棕榈叶的遮蔽下，船棚凉爽如海边的森林，五个人靠在用未刨光的树干做成的柱子上卷烟。

一个人注视着这条蝠鲼，问纳雷克："你是用鱼叉还是用渔网捕到它的？"

"是乔恩捕到的。"纳雷克回答。

男人看了看乔恩："不可能！"

"你认为我是山里人？"乔恩说，"所以觉得我不能用鱼叉叉蝠鲼？我是拉玛莱拉人，那条蝠鲼就是我叉到的。”

与此同时，孩子们在翻查装着猎物的桶。他们用未修剪过的长指甲从鱼的眼窝里挖出眼球，啜到嘴里，在口腔里咬碎食物，品尝着带有阵阵咸甜的液体。之后，他们只吐出那些难以消化的棉絮状晶状体，就像吐掉没味的口香糖一样。乔恩装出一副暴躁的样子把孩子们赶走，虽然他内心真的很高兴，因为他记得他曾经多么喜欢这些小点心。他甚至偷偷带了几条整鱼给他认识的家庭特别贫困的孩子。

纳雷克负责分鱼肉，乔恩负责处理蝠鲼。由于乔恩以前从未宰过蝠鲼，他请来苏劳纳氏族的首领文森特·“森提”·苏劳纳（Vinsent“Senti”Sulaona）教他。根据祖先之道，划分猎物是很重要的。首先，最大的部分是留给乔恩的，因为猎物是他捕获的；其次，剩下的肉被分成三份，每份大约是乔恩所得份额一半的大小，一份给纳雷克，一份给舢板的主人，一份给森提，感谢他帮忙宰鱼和教乔恩宰鱼。每个人都会将自己得到的肉分一些给家人或氏族中处境艰难的人，如寡妇。（对于较大型的猎物，比如鲸鱼，乔恩得到的份额会是鱼叉手份额的三分之一，然后他应该把肉都分给家人，自己不能吃，否则有可能会受到诅咒而变得虚弱。）当然，请森提过来还有另一个理由。乔恩盘算着，森提有一天可能需要新的鱼叉手去他的乔森或捕鲸船上捕猎，请他过来，他会看到鱼叉刺得有多深，以及蝠鲼胸膛的伤口多么完美地聚在中心。这种荣誉的积累能让一个人有机会站在竹制平台前面。

森提正在把蝠鲼翼切成均匀的条状，这时乔恩听到一声刺耳的笑声——是他的妹妹伊卡。“乔恩！你抓到了这条蝠鲼！”她之前从位于悬崖上的家中看到他坐在船上驶入海湾。乔恩喜欢伊卡的笑声，声音沙哑到仿佛她十八年来一直是一个重度吸烟者，虽然她

乔恩和伊卡的家。

从未碰过一支烟。无论是多么微不足道的快乐，她都会无法控制地放声大笑。她现在紧紧抓着自己的身体，仿佛有无形的手在挠她一般，为蝠鲼的庞大而咯咯笑。乔恩试图在森提面前装出一副很酷的样子，但当伊卡惊呼“我怎么扛得动？这么大一份！”时，他还是忍不住咧嘴笑了。

乔恩和伊卡在海里把肉上的沙砾洗掉，然后把厚厚的肉块堆放在一个塑料桶里。伊卡用毛巾裹住头顶，接着蹲下来，乔恩把塑料桶放在毛巾上。因为太重，乔恩扶着伊卡站起来。乔恩则提起两个装满数百条飞鱼的桶。当他们爬上悬崖上的石梯时，伊卡用她的烟嗓唱着赞歌，感谢意想不到的恩赐。她被誉为拉玛莱拉合唱团中最好的独唱者之一。

人们此前一直从火山的斜坡上撬出地盘盖房子，后来火山变得过于陡峭，乔恩和伊卡的房子是最后一座在火山上建成的房子。远处的丛林开始骚动。这座房子坐落在一个四十英尺高的四层干栈露台上，扎根在栈台底部的古老罗望子树的树枝轻敲着房子的屋顶。

即使以拉玛莱拉人的标准来看，乔恩的房子也是一所简陋的住宅，它的纸板墙腐烂，黄色油漆从墙上剥落。屋顶上堆放了岩石，以防波纹铁皮随着劲风飘荡，铁锈已经将铁皮边缘腐蚀成了花边。房子的三个房间占地约二百五十平方英尺。但它拥有豪宅的视野：打理过的棕榈树、海滩、海湾、一望无际的萨武海、能看到日落的海平线。岩石院子里堆满了用来栽种荆棘花的破渔船和挂着正在晒干的肉条的竹架。

乔恩放下他的水桶时，外祖母弗兰西斯卡出现在门口，一条被绑在横梁上的鲨鱼悬在她的头上，鲨鱼已经干燥的口腔张开，露出了牙齿。她递给乔恩一杯咖啡时，手都在颤抖。她的皮肤萎缩，紧紧贴在骨头上，头发灰白，关节因关节炎而长了好些疙瘩，背部像问号一样弓着。她微笑时露出了仅剩的三颗牙齿。

乔恩尝出了炼乳的甜味，咖啡因其而变甜，一定是外祖母为了庆祝这一时刻而特意添加的。

约瑟夫·博科徐徐走出屋子，他的眼睛像裂开的弹珠，双手像木乃伊一样伸出。他所在的乔森开着引擎将乔恩乘坐的舢板带回了家。他并没有完全朝着祖孙的方向说话。“你是用鱼叉还是渔网捕到蝠鲼的？”他问。

“鱼叉。”乔恩答道。

“很好，”约瑟夫·博科说，“你在海上说这话的时候，我不确定自己有没有听错。”

“你也觉得我是山里人？”

“我不是说你在撒谎。只是我的眼睛看不太清远处的东西，而你确实喜欢编故事。但我为你感到骄傲。”约瑟夫·博科还说，乔恩未来可以成为一名鱼叉手。

乔恩啜了一口咖啡，感激之情弥漫心间。他挥手赶走围着鱼肉转的苍蝇，这些肉至少够吃两个星期，这样他们就不必只吃大米和碎玉米了。甚至还有多余的肉可以让伊卡卖到部落外，赚一点玛丽的学费，因为他们希望明年送她去莱沃勒巴上高中。

那时，家里几乎没什么资产：大约能吃一周的新鲜飞鱼和两倍数量的飞鱼干；二十磅蝠鲼肉，其中一半的肉会被伊卡拿去换四袋来自山区部落的玉米；应急的抹香鲸肉干和为了防止象鼻虫进入而与灰混合的大米；用渔线绑在厨房桌子上的几只母鸡，以防它们和小鸡进入丛林并被野猫吃掉；两只成年猪和在后面打滚的小猪；十几个鱼钩和诱饵；村里锻造的两把刀；部落捕鲸船猎物的十三分之一份额，这是乔恩作为桨手工作的回报；他们随身携带的几元印尼盾；摇摇欲坠的房子本身。

此外，乔恩还拥有一些私人资产：两条仿李维斯的牛仔裤，但对他来说太长了，所以他剪掉了裤脚；几件工厂生产的纱笼；一件珍贵的皇家马德里仿制球衣；一部手机，其中一些缺失的按键被贴上去的橡胶标签所取代，而且通常没有足够的话费余额来打电话；一张贾斯汀·比伯（Justin Bieber）的海报，伊卡用钢笔在这位万人迷的脖子上“文”了自己的名字；一些他小心翼翼从杂志上撕下的韩国超模广告；一个改装后的药瓶，里面塞满了烟草屑和棕榈叶卷纸；几个几乎没有液体的打火机；一双他自己用渔线缝起来的凉鞋，虽然他平时都是光着脚走路的。

但今天，乔恩觉得自己很富有。

他踢了一脚装着蝠鲼肉的桶，把苍蝇吓跑，然后打开他的早餐盒，炫耀里面装着的流质食物——爆米花泥。伊卡咯咯笑着，外祖母弗兰西斯卡轻轻拍了拍手，以免加重关节炎，约瑟夫·博科困惑地眯起眼睛，直到他闻到一股刺鼻的气味，然后也笑了起来。

乔恩有一个烹饪蝠鲼脑的仪式。首先，他会拿出一根在专门开展这个仪式的房间旁边存放的竹杖，小心地靠在露台的边缘，从树最上面的树枝上敲下一个罗望子果实。然后，他会在一个满是煤烟的厨房棚屋里用柴火在锅里煮果实，煮到天鹅绒般的果皮外壳吐出里面光滑的鹅卵石状种子为止。一旦种子把水染成栗色，他就会把蝠鲼脑倒入其中。蝠鲼脑是灰色的，上面布满了蓝色和紫色的纹理，但它很快就会在高温下变白，然后呈现出罗望子的微红色调。当它被煮熟时，它的油会渗入水中。每隔三十秒，乔恩就会用勺子戳戳蝠鲼脑。当它们不再像果冻一样有弹性，而是保持坚硬时，他会添加一丁点鸟眼椒——只有三个，因为它们很贵，且必须从莱沃勒巴购买。一旦水在蝠鲼脑下面嗞嗞作响，他就会撒下从后面的岩石山上拔出来的小葱。最后，他会直接用勺子舀一片脑叶放入嘴里，品尝咸辣交织、带有柠檬酸甜气息的鱼肉味。

但是那天下午，太阳已经被拉巴莱康火山遮住了，乔恩切飞鱼的速度比伊卡更快，所以他让她煮鱼脑。很快，她拿出四个上面堆满热气腾腾的鱼脑灰质的盘子，肉汁积聚在一堆混有碾磨玉米的大米上。一家人聚集在铺满鱼内脏的竹台旁的木凳上。乔恩感谢上帝和祖先，然后祝福他的家人和食物。他感觉自己是一个真正的拉玛莱拉人。没过多久，他对岛外世界的执着必然会卷土重来，但在这种时候，他相信没有比祖先之道更好的生活方式了。

第三章
吃孩子的鳗鱼和黑山羊的诅咒

远古时代至2014年5月1日

西普里—弗兰斯

拉玛莱拉流传着这样的祖先故事：在过去成为历史之前，在时间被写成日历之前，就在记忆开始的那一刻，一场台风席卷了拉姆巴塔岛和拉巴莱康火山。当风暴终于平息时，一个赤身裸体骑在山峰上的男性神灵显露了出来，他是西普里·拉贾·里莫（Sipri Raja Rimo）。从这个有利位置，他观察着不规则的丛林，没有脚印的海滩，还看到了一个女性神灵——佳娃·乐邦·伊娜（Jawa Lepang Ina），雨滴从松树枝上滴落，伴随着这一轻柔音乐，她从山洞里爬了出来。他们生了七个儿子，并逐渐发展为乌戎氏族，即“大地之主”（Lords of the Land）。

多年后，一种新的生物来到了他们的领域。乌戎氏族从森林里窥探到了它。它看起和他们很像，但与乌戎氏族不同，它不能飞行或与其他神灵交流。乌戎氏族用树皮织衣服，吃生的蛴螬，而这些新来者用丛林棉纺织衣服，用苏木雕刻鱼钩和鱼叉，从铁红色的土地上收庄稼。新来者就是人类——塔波纳氏族（Tapoonã）。

有一天，当乌戎氏族跟踪一群伐木工人时，人类的狗吠叫，跳进灌木丛，嗅出了这些“间谍”。当人类看到“大地之主”时，他们立刻意识到在自己面前的是山上原住民的神灵。他们向乌戎氏族致敬，并承诺如果乌戎氏族允许他们留下，就教乌戎氏族人类的生活工艺。多年过去了，乌戎氏族与塔波纳氏族相处的时间越长，他们就越像人，开始用植物根和墨汁给棉布布裙染色，剪掉他们的长发绺，种木薯，在沿海的珊瑚礁捕鱼——不过乌戎氏族和塔波纳氏族都不敢与附近海中的鲸鱼一较高下。

后来，一条船头上刻着眼睛、棕榈叶帆卷起来的木船驶上了他们的海滩。十二个男人把他们的桨换成了砍刀，然后跳了出来。这些是拉玛莱拉人。尽管他们外表凶猛，但他们只是逃到印度尼西亚群岛角落的难民，在一个悲剧发生后寻找新家。

尽管拉玛莱拉人当时不可能知道这一点，但他们到达后来成为家园的地方之际，欧洲也在对亚洲进行殖民征服，这预示着全球化的开始，大量的人、思想和商品将在全球范围内流动，并且永远改变人类的生活。拉玛莱拉人那时还没有日历，但他们到达拉姆巴塔岛的日期可能是在1522年1月之后不久，当时葡萄牙探险家费迪南·麦哲伦在第一次环球航行时经过了该部落的原始家园勒班巴丹岛（Lepan Batan）。该岛位于拉姆巴塔岛东海岸，麦哲伦注意到该岛有人居住。然而，再过几年它就会变得荒凉。

几个世纪以来，拉玛莱拉人在勒班巴丹岛过着富足的生活，他们用苏木心材制成的鱼叉头捕猎蝠鲼和鲸鱼。但是一天下午，在采集贝类时，一个没有孩子的老太婆发现了一条鳗鱼并将它带回家。她把这条鳗鱼养到像蟒蛇那么大，然后它消失了。她绕着村子转了一圈，哭泣着喊它的名字，就好像它是一条迷路的狗一样。第二天，当男人们捕鱼回来，女人们从花园里回来时，大家发现一个孩子不见了。第二天又消失了一个孩子。幸存的孩子们说，大人们一离开，就有一只怪异的野兽在阴影中滑行。

拉玛莱拉人追踪鳗鱼到丛林中的一棵空心树前，鳗鱼从树干内向他们发出咝咝声。这些人在火上加热了一根铁棒，直到它发亮。老太婆恳求他们放过她的鳗鱼，并警告说如果他们杀了鳗鱼，就会受到诅咒，因为鳗鱼是海洋的宠儿，但他们还是把武器塞进了树上的一个洞里。

一股腐臭的绿色烟雾喷涌而出。一声怒吼在丛林中回荡。拉玛莱拉人赶回家时正好遇到海啸。海浪拍岸而起形成的一堵水墙将他们吞没，将他们的船和竹屋撕碎，大部分人都淹死了。洪水退去后，他们的领袖塔纳·克罗法（Tana Kĕrofa）决定必须找到一个新家。幸存者如此之少，他们的财产如此微薄，以至所有人和物都装进了唯一剩余的捕鲸船——凯巴科普卡号。当他们扬起风帆时，他们只留下了一个人——那个老太婆。

拉玛莱拉人的艰辛旅程就此开始。在接下来的几年里，他们穿越了阿洛海峡（Alor Strait），沿着拉姆巴塔岛的东海岸下行。一路上，他们遭遇了风暴的毒打，经受住强大的领土神灵的暴怒，还与其他部落发生了冲突。拉玛莱拉人并没有立即在如今的拉玛莱拉定居，而是在附近天堂般的海湾上方的山丘定居。他们教那里的当地人制作陶器，让当地人教他们锻造铁制鱼叉头。

然而，塔纳·克罗法的一个儿子与当地酋长的未婚女儿发生了关系，这打破了他们的恬静生活。塔纳·克罗法随后被一个名叫克罗哈玛（Korohama）的拉玛莱拉人罢免，他着手为拉玛莱拉人寻找新家，以避免与这位被冒犯的父亲发生战争。在捕猎时，克罗哈玛注意到风和海流经常将捕鲸船推到一个被陡峭悬崖包围的浅海湾。

当时的黑沙滩是无人居住的，因为乌戎氏族和塔波纳氏族像大多数岛上的居民一样，生活在黑沙滩上面的火山脊上，目的是保护自己免受奴隶主的突袭和躲避猎首，当时大多数部落（包括拉玛莱拉人）都流行猎首。

当克罗哈玛爬上海湾上方的悬崖时，乌戎氏族出来与他对峙。他马上认出他们是当地的神灵。他问乌戎氏族，拉玛莱拉人是否可以在当地定居并向他们进贡。起初，西普里·拉贾的继承人盖西·拉贾（Gési Raja）拒绝了他。但是每天早上，克罗哈玛都会回来，增加贡品分量：首先承诺会给五个黄铜手镯，然后又加了一条金链，后来答应再给一条一个Dpa长度的象牙，这是拉玛莱拉的测量单位，即从一个人的胸部中心到他伸出的手臂的指尖那么长。直到克罗哈玛同意将每头被杀死的鲸鱼的眼睛、部分头部肉和头骨交给乌戎人时，盖西才同意他们留下，“带上你们的妻子和孩子！你们可以住在这里，我们就是你们的哥哥”。

“哥哥”的叫法在有着严格家庭等级制度的文化中具有非常特殊的含义：弟弟妹妹服从哥哥姐姐，因此拉玛莱拉人承诺追随乌戎人。在位于如今的拉玛莱拉高原地区的榕树下，在乌戎人权力所在的圣石努巴奈拉（Nuba Nara）面前，乌戎人接受了拉玛莱拉人的誓言。

拉玛莱拉人搬迁到如今的拉玛莱拉高原地区，打造了一支捕鲸船船队，并在他们的船库中竖起树干支柱。他们把祖先的头骨堆在那些棚屋的后面，用椰子油擦头骨，喂它们鸡血。他们建造了木屋，尖尖的茅草屋顶像水牛角，并在村庄周围种植仙人掌，形成天然的“铁”围栏。随着岁月的流逝，乌戎人将抹香鲸的头骨堆放在海滩的中心，所以这个地方很快就被称为伊卡科塔（Ikã Kotã）——

鱼头所在的地方。

克罗哈玛变老了。当他觉得自己快要去见祖先时，他召集了三个儿子。他让大儿子负责维护神圣仪式和村庄的寺庙，由他产生布里科洛隆旁系。他给二儿子一把神奇的克里斯匕首，并命令他守卫部落，由他产生巴陶纳氏族及其各种旁系分支，包括贝迪奥纳氏族。他最小的儿子则负责管理村庄，他的后裔是勒夫图康（Lefõ Tukang）氏族。这三个氏族一起被称为“三巨头”（Lika Telo），是指在炉火上支撑饭锅的三块炉石。他们是拉玛莱拉的贵族，至今对村庄事务的影响仍比其他氏族更大。

乌戎氏族从未失去他们在拉玛莱拉社会中的独特地位，但最终他们的威望还是下降了。这些“大地之主”神灵在拉玛莱拉人身边度过的时间越多，他们的生活方式就越接近。他们成为部落的一部分，与拉玛莱拉人通婚并加入他们的日常生活，最终甚至在他们的捕鲸船上捕猎，但他们始终保持冷漠。随着时间的流逝，他们失去了许多力量，如飞行的能力，然而他们仍继续练习可以诅咒敌人或召唤祖先的萨满仪式。他们最重要的仪式是鲸鱼召唤仪式（Ige Gerek），每年四月的最后一天，当雨季结束，由饥饿季转向公海捕猎季（Léfa）时，他们就会举行该仪式来召唤猎物。

但在“大地之主”举行鲸鱼召唤仪式之前，“三巨头”氏族必须爬上悬崖向他们致敬，就像克罗哈玛必须向盖西·拉贾致敬一样。

2014年4月28日，紧张的气氛在拉玛莱拉弥漫：男人们在沙滩上窃窃私语，女人们到彼此的厨房交谈，当年不会举行鲸鱼召唤仪式的消息四处流传。乌戎氏族被冒犯了，因为“三巨头”氏族没有携带贡品（包括一只非常重要的祭祀鸡）进行年度朝觐。以前，乌戎氏族偶尔会取消鲸鱼召唤仪式，通常是因为拉玛莱拉人没有正确地把他们当作“哥哥”来尊敬，激怒了乌戎氏族。乌戎人的自尊心很强，从违反祖先之道的个人到不向他们进贡的氏族，都会激怒他们。他们要求氏族将捕获的抹香鲸的眼睛进贡，萨满教徒喜欢将其晒干，直到球体爆裂像烂葫芦，然后再用来煮汤。激怒乌戎人的后果往往是饥荒，或者更糟。

两年前的捕猎季清楚地提醒人们，乌戎人不高兴会有什么后果。2012年4月末，当现任部落首领西普里亚努斯·“西普里”·拉贾·乌戎（Siprianus “Sipri” Raja Wujon）下到海滩完成鲸鱼召唤仪式时，一群坐在罗望子树下的年轻人醉醺醺地向他挥舞着棕榈酒罐头，大喊：“Baleo! Baleo! ”虽然大多数老一辈人都崇敬“大地之主”，但年轻人却持怀疑态度。

此后，在那个捕鲸季节，拉玛莱拉人一直徒劳无获，直到几个月后，一个名叫格雷戈里厄斯·克拉克·苏拉纳（Gregorious Klake Sulaona）的鱼叉手终于用鱼叉叉到了一头巨大的七十英尺长的抹香鲸。但是，这头雄鲸并不像祖先送来的礼物那样束手就擒，而是转向他们，一路猛烈攻击船队，以至许多船只能在接下来的几周内停在船坞修理。格雷戈里厄斯又找到机会向鲸鱼叉了一支鱼叉，他勇敢地留在甲板上，其他船员则挤在坐板下面。但格雷戈里厄斯没有看到从他身后扫过的尾鳍，被拍进了海里。另一条捕鲸船把他拖上船，迅速把他送回岸上，而他的同伴们留下来报复这头鲸鱼。

然而，格雷戈里厄斯永远尝不到它的肉了。他只坚持了两天，其间呕吐和尿血。他以祖先之道为生，因祖先之道而死，拒绝去医院，把希望寄托在用姜黄和烛果树叶制成的敷布以及萨满洒下的圣水上。

并不是说现代医学就可以解决折磨他的病痛，但许多拉玛莱拉人认为，格雷戈里厄斯是因整个部落的罪孽而受到惩罚，因为他们激怒了“大地之主”。（一些部落成员还在私底下说他的结局是来自祖先的报应：传闻他一直在殴打他的妻子，所以鲸鱼打了他。）在2012年剩下的时间里，拉玛莱拉人没有捕到一头鲸鱼，格雷戈里厄斯他们之前捕获的这头雄鲸虽然帮助整个部落熬过了几个月，但也无法替代往年捕到的十九头鲸鱼，很快许多人吃光了他们的肉干，不得不翻山越岭找活干，送食物回来给他们的家人。

2014年，拉玛莱拉的造谣者特别指责一个人，认为惹怒“大地之主”的是他——巴陶纳氏族的首领格雷戈里厄斯·“库帕”·巴陶纳（Gregorious“Kupa”Bataona），他不相信祖先，认为一些义务是屈辱的，并曾前往附近的一个小岛躲避这些义务。许多年轻的拉玛莱拉人公开指出，有时当乌戎人喊出他们的诅咒时，鲸鱼还是会送上门来，但让一个毫无信仰的人担任如此重要的职位是一场前所未有的危机。

库帕大部分时间都在国外度过，做裁缝和管理椰子种植园，直到他哥哥去世才回来看守氏族的“灵魂之家”。在他离开的时间里，他的观念已经变得现代化。当一个罕见的访客来到他的走廊时，他会抱怨部落仍然以物易物，并提议政府建造一个冷冻室，这样他们就可以冷冻捕获的猎物，以便出口换取现金。其余时间，他一个人坐着，踩着脚踏式缝纫机，碎布吹过村庄广场，母亲派孩子们来捡拾这些边角料。他的祖先用来召集部落成员的锣挂在他身边的钩子上，已经生锈和破裂。

“三巨头”氏族的另外两位首领在库帕缺席的情况下面对乌戎氏族感到尴尬，但他们知道该委派谁来做代表——弗兰斯。

因为弗兰斯在前往古邦的艰辛之旅中幸存下来，他被升任为凯纳普卡号的船长和米库兰古·贝迪奥纳氏族的代理领袖。虽然弗兰斯并非出身贵族血统，但族人认为世袭制下的首领不适合这一职位，就提拔了他。他也是一位受人尊敬的萨满，他的治愈祷词非常有名，甚至连侨居他乡的拉玛莱拉人都从雅加达打电话来，请求他远程祈祷他们的骨折快点痊愈。此外，他还成了著名的造船匠（Ata mola）和铁匠。他的鱼叉头被公认是部落中最好的。

弗兰斯已经快步入耳顺之年了，他曾经像狮子鬃毛一样的胡须和头发已经变得稀疏，耳朵上方冒出一簇簇白发。但他仍然拥有铁匠那样强壮的手臂，具有三头肌和三角肌。他的右前臂现在像回旋镖一样弯曲：几年前，他游到一头挣扎的抹香鲸旁边，用剥皮刀割它的皮，这时抹香鲸挥舞的尾鳍打碎了他前臂的骨头。回到岸上后，由于担心医生只会给他截肢，他拒绝去莱沃勒巴的医院，更倾向于采取自己的圣水疗法。两天后，他又开始拖船划船了。他的骨头在愈合的时候长歪了，右手拇指变得僵硬，永远没有反应了。但畸形的手也不是完全没用，如果他想吓唬一个任性的族人，他会把畸形的手臂搭在这个人的肩膀上，在他耳边低语。

“三巨头”氏族选择弗兰斯作为使者去朝见乌戎氏族的领袖西普里，因为弗兰斯的保守严肃是出了名的：他不参加拉玛莱拉人的派对，认为他们爱醉酒且轻浮；他最喜欢的食物是盐渍黄瓜；最令他高兴的赞美是“谦虚”。不过，私底下，他是个有趣的老顽童，对部落成员进行啼笑皆非的观察，他还喜欢一边唱着古老的捕鲸歌曲，一边摇着他的侄孙女和侄孙入睡。但弗兰斯被任命为代表还有另一个原因：正如拉玛莱拉一句古老的谚语所说，Leka puo iri efel，大意为乌戎氏族和贝迪奥纳氏族一起瓜分猎物的心脏、肝脏和舌

弗兰斯。

头。在祖先的一个故事中，乌戎人被企图暗杀他们的敌人勒夫·莱恩（Lefõ Leìn）氏族埋伏的时候，贝迪奥纳人曾经拔剑英勇相救。从那天起，乌戎氏族和米库兰古·贝迪奥纳氏族就合二为一了，甚至分享鲸鱼器官的盛宴。至于勒夫·莱恩氏族，一天晚上，乌戎人牺牲了一只黑山羊，并请求祖先诅咒他们的敌人。此后，疾病和事故就一直困扰着勒夫·莱恩氏族，最终该氏族灭绝。

于是，4月30日清晨，弗兰斯爬上另一位拉玛莱拉长老驾驶的摩托车的后座，前往西普里所在的莱沃勒巴。然后他们开始在拉巴莱康火山周围蜿蜒曲折、坑坑洼洼的泥泞道路上进行漫长的攀爬，这条道路的大部分沥青早已被磨掉。起初，他们骑车穿过山间小村庄、简陋的砖房和竹屋，这些房子背后是一片树叶巨大的香蕉林，腰果树上挂着像绿铃铛一样的还未成熟的果实。妇女们拿着用干燥打结的草所制的手扫帚来清扫院子的土地，就好像她们是在画沙子的僧人。赤脚的男子将山羊赶到牧场，每走一步就拿砍刀拍打山羊的腿。姑娘们头上顶着一捆捆用藤捆好的木柴，朝路人招手，不回头看，生怕头上的木柴散落。癞皮狗吠叫着追赶他们。这几个拉玛莱拉人经过一个墓地，有一些碗和勺子被放在墓地的混凝土板上，就像为祖先布置的餐桌一样。

这些是山区部落，几个世纪以来，他们拿玉米和拉玛莱拉人换取鲸鱼肉干。虽然萨武海为拉玛莱拉人提供了充足的蛋白质，但在干旱的海岸几乎不可能种植蔬菜，山区部落在郁郁葱葱的山谷中种有丰富的农作物，但获取蛋白质的途径很少。由于山里人具有美拉尼西亚人的血统，不同于拉玛莱拉人的亚洲血统，并且捕鲸者和其他南岛新移民来到他们的家园，使他们不得不迁居内陆，因此他们拥有不同的文化和方言。然而，这两个群体通过易货经济相互依赖，克服了这些差异。拉玛莱拉人因宗教而与他们的贸易伙伴进一步加深了关系，虽然部分沿海渔业部落信仰伊斯兰教，但山区部落也皈依了天主教。

摩托车在拉巴莱康火山缓慢行驶时，空气渐渐变冷，道路两侧树木的树枝连接起来，形成了一条隧道。路上被车辆撞死的蛇像皱巴巴的、仍然有光泽的丝带一样闪闪发光。在靠近拉巴莱康火山的边缘，他们穿过了一座由烛坚果树组成的大教堂，它们的树干就像大寺庙的柱子一样，枝叶十分茂密，阳光照射的时候也只是透出淡淡的绿色，树底下没有任何灌木丛生长。

当他们在火山的背面回旋下行向莱沃勒巴驶去时，城镇慢慢变多了，且变得更密集。山上稻草的茎绿得发亮，从一片片空地的灰烬中探出头来。原生丛林消失，取而代之的是为使用木材而种植的柚木树，餐盘大小的叶子在风中拍打着。每当一辆自卸卡车驶过时，拉玛莱拉人都会把摩托车骑到路肩上，用衬衫遮住脸，抵挡着卡车背后卷起的滚滚沙尘。当接近莱沃勒巴时，他们经过正在铺设新沥青的东帝汶建筑工人，道路突然变得平坦，成了一条跑道。最后，他们与其他成群的摩托车疾驰，经过混凝土房屋和一家类似车库的商店，里面展示着用收缩薄膜包装的电视和冰箱——莱沃勒巴到了。

从拉玛莱拉到莱沃勒巴，这段路程的直线距离只有十五英里左右，大家却仿佛到了另一个世界。任何来自雅加达或巴厘岛的游客都会嘲笑这里有山羊在街上游荡，人口只有大约两万五千人。然而，对弗兰斯和拉姆巴塔岛的其他居民来说，莱沃勒巴就是大城市。很快，弗兰斯陷入了迷宫，他努力记住去西普里家的方向。

尽管弗兰斯去过莱沃勒巴数十次，但他仍然迷失在它鳞次栉比的砖房和棕榈树成荫的街道中。弗兰斯最喜欢的女儿贝纳在一所遥远的大学就读，一年回两次家，他从莱沃勒巴港口接她时，贝纳总是就迷路一事取笑他。他之所以会迷路，是因为拉玛莱拉的方位系统以布里科洛隆氏族的“灵魂之家”为中心，它们是部落的精神中心。相应地，在拉玛莱拉语中，一个方向可能被直译为“特提·纳马·帕帕‘灵魂之家’以东”，一个人离祖先的灵魂源泉越远，这种指示的帮助就越小。更重要的是，拉玛莱拉人对他们的地理非常熟悉，以至他们地标的专有名称也包含了这些地理知识，例如，拉巴莱康的意思是“我们身后的火山”。他们还使用特殊的动词来描述以地标为基准时自己方位的变化。当然，在拉姆巴塔岛南部之外的地方，这些术语毫无用处。弗兰斯可以在浓雾中引导凯纳普卡号回家，但在拉玛莱拉之外，他很快就迷失了方向。

最终，驾驶摩托车的老人向别人问路，两人很快将车停在了一座刚刚抹灰、金属屋顶闪闪发亮的砖房前，它隐藏在一条泥泞的后街上。砖房有一个手绘的鲸骨标志，宣布这里出售鲸油，每瓶约两美元。一个看上去如同风前残烛的老人在门口迎接他们。西普里本就羸弱，随着年龄的增长变得更瘦了，他的皮肤紧紧地包裹着头骨，穿过太阳穴的血管的搏动甚至都清晰可见。“大地之主”和西普里不在同一个地方，因为几十年来西普里一直在莱沃勒巴担任收税员，为他的氏族赚钱，而他的哥哥在家乡统领氏族。不过西普里经常回到拉玛莱拉参加重要的仪式，如鲸鱼召唤仪式。哥哥几年前去世时，西普里继承了他的领导权和举行鲸鱼召唤仪式的责任。但他继续住在莱沃勒巴，这样他就可以照顾最近因中风而卧床不起的妻子。

弗兰斯拜访的两天前，西普里曾前往拉玛莱拉，准备在盖有茅草屋顶的乌戎氏族“灵魂之家”接待“三巨头”氏族的代表。这一“灵魂之家”是拉玛莱拉最后一座以旧式风格建造的建筑，因为萨满相信祖先不会到访新奇的砖房。但“三巨头”氏族的代表没有出现，他委屈且愤怒地离开了。多年来，他一直担心拉玛莱拉人正在放弃祖先之道，而这一事件证实了这一点。更重要的是，对于拉玛莱拉人的堕落，他觉得自己有责任做点什么，因为尽管“大地之主”名义上是天主教徒，但和所有部落成员一样，他们也守护着拉玛莱拉人曾经信奉的古老而隐秘的宗教。

在天主教进入拉姆巴塔岛之前，它的居民以及索罗群岛其他地区的人都信仰过莱拉乌兰（Lera Wulan）、日月神（Sun-Moon God）和祖先。大家通过圣石努巴奈拉与他们交流，每颗石头代表一个氏族，这些圣石在拉玛莱拉中心的榕树四周围成一圈。莱拉乌兰是一个双面神，他将人类按照他两面的名字划分为“德蒙”（Demon）和“帕吉”（Paji）两派，并将他们置于永恒的战争中，这样他就永远有血祭。拉玛莱拉人是德蒙派，约哈内斯·“乔恩”·德蒙·哈里奥纳的中间名就证明了这一点。在大部分情况下，德蒙派部落住在山上耕作，帕吉派部落则占领海岸并捕鱼，但拉玛莱拉人是个例外。发生干旱表明莱拉乌兰口渴了，这就经常引发德蒙派和帕吉派之间的战斗，为了召唤雨水，双方都在寻找血并淋在圣石努巴奈拉上。

尽管耶稣会传教士在19世纪后期首次访问了拉玛莱拉，但直到1920年德国传教士伯纳杜斯·博德（Bernardus Bode）的到来，天主教以及由此延伸的外部世界才首次真正进入拉玛莱拉。博德没有被成堆的鲸骨图腾和偶尔的族内食人事件吓倒，他学会了拉玛莱拉语并向他们传教。在他的信中，他说自己曾听说拉玛莱拉战士杀死了十二名帕吉人，砍掉了他们的手脚并晒干，然后用石头将它们磨成粉末与棕榈酒混合，下次参加战斗时饮用以增强自己的四肢力量。

起初，三十名巫师（博德这么称呼他们）领导了一场顽强的抵抗。但在他任职后不久，他寄回家的信件中提到“令人惊讶的是，几乎所有的（巫师）都在很短的时间内死亡”。三年后，他的布道范围扩展到邻近的村庄，岛上受洗的天主教徒人数翻了两番，从三百人增加到一千二百人。随着他的影响力越来越大，他禁止人祭，尽管人们在他背后继续进行动物祭祀。他还监督天主教徒埋葬船棚中供奉的头骨，并烧毁伊卡科特（Ikã Kotã）成堆的头骨，在灰烬上为圣彼得建造了一座小教堂。圣彼得是渔夫的灵魂，后来成为拉玛莱拉的守护神。当他宣布计划挖掘圣石努巴奈拉并将这些石头用作教堂的基石时，他的生命受到了威胁。但在第二天的捕猎行动中，村里的每条捕鲸船都捕获了猎物，拉玛莱拉人认为这标志着天主教上帝的力量，也许拯救了博德。乌戎人将他们的圣石努巴奈拉带到丛林中，但其他氏族的圣石则被用去建设新的礼拜堂。第二年，捕鲸船满载而归，巩固了部落的信仰。当博德召集所有人到教堂的祭坛宣誓不再信仰古老的神灵和祖先时，所有人，甚至乌戎人都没有拒绝。与此同时，拉姆巴塔岛的德蒙派部落皈依天主教，包括拉玛莱拉人和他们的山地部落贸易伙伴，而沿海捕鱼的帕吉派部落大多加入了伊斯兰教，这意味着两个派系的旧冲突将随着他们选择了不同的新宗教而持续到现代。

到1925年，博德写道，拉玛莱拉只剩下一个异教徒了。但他不知道，每年四月的最后一天，乌戎人都会在午夜偷偷从村子里溜走，向隐藏在拉巴莱康火山顶上的圣石努巴奈拉和古老的“灵魂之家”献祭。在天主教徒的表面下，乌戎人使古老的信仰在部落中保持着蓬勃发展的状态。

几十年过去了，拉玛莱拉人取了教名，天主教和古老的信仰融合了，拉玛莱拉人开始将两种信仰的传统视为一体。博德告诉拉玛莱拉人，莱拉乌兰实际上是上帝，而祖先是圣人，这个说法将天主教叠加在本土信仰之上，因此将两者合二为一也不显得那么离谱，从而使拉玛莱拉人轻松地接受了天主教。如今，一尊博德的雕像被安放在教堂前的混凝土制捕鲸船的竹制平台上。该部落认为自己是虔诚的天主教徒，许多拉玛莱拉人已经不记得曾经的莱拉乌兰与天主教无关。只有少数拉玛莱拉人，主要是乌戎人，能区分这两种宗教，尽管即使是西普里也将它们描述为同一整体的不同部分，作为“大地之主”献祭动物的同时也真诚地相信自己是天主教徒。一些异教仪式已被公开纳入天主教祭拜仪式中，如在鲸鱼召唤仪式之后举行的迷失灵魂弥撒仪式。

因此，鲸鱼召唤仪式仍然是为数不多的通往古老信仰的真正桥梁之一，而以往是古老信仰定义了拉玛莱拉。因此，西普里认为，这一仪式的延续或消失将决定部落的未来。

对西普里而言，一年中最好的时光一直是在鲸鱼召唤仪式上与祖先和莱拉乌兰交流的那些日子。2013年，也就是“三巨头”氏族辜负他的前一年，西普里曾在黎明前的黑暗中拄着“龙之矛”爬上拉巴莱康火山，曾经保证“大地之主”战无不胜的传家宝，现在沦落成了生锈的拐杖。他的膝盖每走几步就会发出啪啪声。唯有与祖先相遇的期待，才给予他力量爬上陡峭的山坡。他的儿子、孙子和侄子都跟着他，带着召唤锣、祖剑，其他传家宝以及祭品——装满棕榈酒的竹筒和一只被捆起来的咯咯叫的鸡。他按照旧习惯身着一袭黑色长袍，头戴锥形竹帽。尽管他不赞成，但年轻的乌戎人还是身着牛仔短裤和T恤，或者赤裸着上身。

他们穿过山区部落的腰果园时，天还未亮，星光熠熠，然后出现了一片高耸的丛林。巨大的榕树像森林一样伸展开来，蕨类植物和其他附生植物从树枝上长了出来。藤蔓缠住了他们的脚。树叶十分茂密，即使在黎明的微光照亮了树顶之后，树冠下仍然黑得像是夜晚。

上午晚些时候，他们终于到达了祖先的首个“灵魂之家”。这是一块巨石，形状像鲸鱼鼻子，上面还有一个气孔，靠近悬崖边，他们的祖先西普里·拉贾·里莫的灵魂会在这里现形。在神圣的空地上，乌戎人用树枝编织的王冠给自己做头饰，然后西普里在石头上击碎了一颗鸡蛋，并旋转着把蛋液涂抹在石头上面，还点缀着一些碎蛋壳。接下来，他把鸡放在岩石上。当他用刀切开鸡的肺部和椎骨时，金属和石头相碰发出清脆的响声。他抓住鸡并将其倒置，鲜血喷涌而出，甚至从石鲸凹凸不平的鼻孔溢出。最后他用手指把红色涂成黄色。

西普里的孙子们在火上烤着鸡的尸体，然后乌戎人把烧焦的一摊肉扒开，一边吃，一边舔着不小心被烫糊的手指，并折断鸡骨头啜食骨髓。他们把大部分肉放在血淋淋的巨石上，作为进贡给祖先的一顿饭，并用卷在干棕榈叶中的烟草来装饰血腥的肉。当烤肉散发的香气充盈着这片野外土地时，西普里知道被香味吸引的灵魂正在聚集。

双手绯红的西普里举起“龙之矛”，喊道：“在我们父亲出现的山顶，在我们母亲出现的山洞里，在首个‘灵魂之家’，以及其余每个地方的‘灵魂之家’，人们呼唤着成百上千名祖先前来，为两个村的孤儿寡母送粮，因为他们饥渴难耐，昼夜哭求祖先的到来。”

西普里看不到祖先，但能感觉到他们的存在，感受到距离自己几厘米的身体散发出了体温。他感谢他们的到来。前一天，在海滩理事会（Tobo Nama Fata），他的部落成员将关心的事情委托给了他——担心蝠鲼的捕捞量正在下降，以及对外来者炸毁他们的珊瑚礁感到愤怒。他将这些事情全部告诉了祖先。他还为部落偏离了祖先之道而道歉——现在舷外发动机取代了风帆，年轻的捕猎者不来参加纪念他们祖先的仪式。西普里还抱怨，一些年轻的部落成员建议他不应坐在海滩理事会的前面，而应坐在人群中，这样仪式会更民主，他无视了这样的建议。

尽管西普里很沮丧，但与祖先交流是他感到最纯粹的时候。他感觉自己不仅是当代部落的一员，还是古代部落的一员。一名年轻的乌戎人开始敲打召唤锣。然后，他们的祖先“大地之主”由年长到年轻，跟在他们身后沿着小路行进。所以在西普里看来，他似乎只是一个无限链条中的当前一环，这个链条从人类时代的开始延伸到现在。

金属乐器的当当声在山谷间回荡，原本喧闹的丛林鸟都吓得鸦雀无声，其中一名年轻的乌戎人不停地吟唱着咒语，祈求神灵前行。西普里小心翼翼，从不回头，但他听到祖先在他身后叽叽喳喳、喋喋不休，像一阵微风一样呲呲作响。平时，山里人在他们的花园里干活，拉巴莱康一派繁忙景象，但大家都知道那天神灵要出行，道路上空无一人。丛林蒸发水汽。蝴蝶飞过他们的路径，就像被风吹起的彩虹碎片。

继续下坡约三公里后，西普里停在了下一个“灵魂之家”——另一只石鲸保莱拉（Pau Lera*），将一根用丛林草编织的绳索穿过鼻孔状的洞，就像在拉着牛走向大海之前，往它的鼻环中穿过一条链子一样。继续往下走一段路后，乌戎人停在了传教士试图摧毁的圣石面前，是西普里的祖父把它们藏了起来，圣石发挥魔力将恶灵与善灵分开。西普里的最后一站是最重要的“灵魂之家”——法托·科特克勒马石鲸（Fato Kotekělema），这是一块穿过红黏土的岩石脊柱，就像在泥土海洋中游动的雄鲸一样。

* 在当地方言中，“Pau”表示喂食，“Lera”表示莱拉，代表莱拉乌兰等祖先，因此“Pau Lera”的意思是“给祖先喂食”。——译者注

西普里爬上巨石，把“龙之矛”换成了在附近一棵树上砍下的枝叶茂盛的树枝。祖先的善灵和乌戎人齐齐立正。此时唯一缺少的幽灵是七鲸灵（Seven Whale Spirits）。透过周围棕榈树的缝隙，西普里可以瞥见海平面正在上升。他把树枝扫向东边，“从东方来！”他又把树枝挥向对面的地平线，“从西方来！不要使海洋翻腾！游到我们附近！保持平静，这样鱼叉手就能用半根绳子和一根鱼叉抓到你！来吧，不要让拉玛莱拉的孤儿寡母饿死！”他把召唤语重复了三遍，每段结束时像鸡一样咯咯叫，像水牛一样咕哝，然后像山羊一样咩咩叫。鲸鱼召唤仪式（Ige Gerek）正是因为这种做法而得名：在拉玛莱拉语中，Ige的意思是“召唤”，Gerek的意思是

乌戎人于2015年举行鲸鱼召唤仪式的场景。西普里双手交叉站立，
他的儿子马西亚努斯（Marsianus）拿着召唤锣，他的孙子们则在一旁观看。

“用动物的声音召唤”，就像拉玛莱拉人向自己的狗吠叫来召唤它一样。

七鲸灵加入了他们的队伍。行走好几英里后，西普里带领众人从悬崖下到海滩，穿过碎浪，进入宁静的海湾。他们于海湾处融入萨武海，就像他们也化成了水一般，西普里穿着黑色的长袍在水中行走。年老的捕鲸者叫来自己的孙辈，一起在船棚的阴凉处观看仪式。

鲸鱼召唤仪式总是让西普里觉得自己是正确的。仪式证明了他和祖先对于部落生存的重要性。西普里漂浮在海湾中，被与神灵交流的美好回忆鼓舞，他坚信当年鲸鱼的出现会说服他的部落成员放弃对现代生活方式的追求。他知道自己将不久于人世，但感到欣慰的是，当他成为祖先时，他每年都会响应子孙的召唤，重温从火山顶到大海的朝圣之旅，就像每年那一天，星星都会转动到同一位置一样。他相信，捕鲸行动永远不会停止。

当然，西普里意识到外部世界正在无情地侵占拉姆巴塔岛。在莱沃勒巴度过的岁月里，他目睹它从一个满是茅草屋的小村庄变为一个拥有砖房、港口、混凝土政府大楼和数万居民的大城镇。现在岛上到处都是电视和手机信号塔。他还听说不久后，拉玛莱拉附近每周举行一次集市的村庄乌兰多尼（Wulandoni）将会建造一个港口。一旦港口开始运作，整个拉姆巴塔岛的南部就都将暴露在外面的世界中。

西普里甚至看到了祖先力量减弱的证据。他记得当自己还是个孩子时，鲸鱼召唤仪式期间，成千上万的蚱蜢在乌戎人周围嗡嗡作响，为他们合奏一曲交响乐，并一窝蜂地跟随他们来到海滩，这表明祖先很高兴。但现在蚱蜢不再出现。尽管如此，他仍然相信，虽然世界可能会发生变化，仪式可能会变得没那么重要，但拉玛莱拉人与祖先的盟约会持续下去。

直到2014年4月28日晚上，西普里在乌戎氏族的“灵魂之家”等了“三巨头”氏族一整天后，他才接受了拉玛莱拉人可能真的忘记他们是谁的现实。如果克罗哈玛的血脉可以分散，那么任何背叛都是可能的。与过去部落和乌戎人之间的争吵不同，西普里感觉这次的破裂可能是永久性的。祖先一直教导部落的团结至高无上：同一个家庭，同一颗心，同一个行动，同一个目标。但“三巨头”氏族与他不再同属一个家庭，行动也不一致。不会再有鲸鱼召唤仪式了，祖先将进行报复。没有鲸鱼会屈服于拉玛莱拉人的鱼叉，拉玛莱拉人可能会挨饿一整年。他为大家感到痛心，但他们是自食其果。也许只有真正严厉的惩罚才能提醒他们祖先的力量有多么强大，才能拯救他们。

在来到西普里的家之前，弗兰斯这位“大地之主”一直在暗自思忖：拉玛莱拉人及其文化能否在现代世界中生存下来？

西普里的这个问题是在问，随着近一万四千年不断加速的文化灭绝，拉玛莱拉人是否有可能幸存下来？在公元前12世纪，当全人类还生活在狩猎采集部落中时，全世界大约有十万种语言，每种语言都代表着自己的文化，因此可以通过计算语言的数量来粗略估计有多少种文化曾经存在，又有多少种文化最终走向了衰落。当时，地球的语言多样性可能类似于印度尼西亚及其邻国巴布亚新几内亚这些当代国家的情况，它们现有一千五百多种语言。在这些国家，多山的岛屿容纳着不同的语言，像英语和中文这样差异巨大的语言可以存在于相距仅十英里的山谷中。这些相互孤立的群体人数不多，人口密度小，狩猎觅食的生活方式得以延续，进化出了自己独特的语言和生活方式。

随着农业在各大洲各地发展，人们开始留在原地，并且群体不断壮大，方便种植和收割农作物。这些不断增长的农业人口与狩猎采集者争夺主要领土。在这些冲突中，农业人口有几个优势，包括人数更多，以及有多余的食物可以提供给全职士兵和打造先进技术的专业人士。几千年来，农业社会从村庄发展为城邦、王国、帝国。帝国需要一种单一的文化来团结日益多样化的民众，不同的生活方式有时会被官方法令压制。即使少数群体逃脱了公开的迫害，他们也经常为了获得成为多数人的优势而接受同化，放弃自己的传统。随着传统觅食者加入文明社会或被消灭，语言和文化的数量减少了。

尽管如此，在五百年前欧洲殖民主义刚开始时，全世界大约存在一万五千种语言，是如今的两倍多，狩猎采集者仍然占世界人口的三分之一。然而，海上技术和武器的改进使欧洲国家能够迅速征服全球，加剧了语言和文化的灭绝。美洲殖民者杀死当地的原住民；澳洲殖民者对原住民实施种族灭绝政策；在刚果，比利时人杀害或使大约一千万非洲人劳累致死。天花等欧洲疾病的传播消灭了大量文明，因为原住民的免疫系统还没有进化到能够应对这种疾病的程度。据估计，仅在美洲，欧洲人在短短几代人的时间内就造成了百分之九十五的原住民人口的死亡。殖民者将他们的语言、文化和宗教强加于被击败的原住民，进一步抹杀了原住民的生活方式。20世纪20年代，大英帝国统治着世界百分之二十以上的人口和近四分之一的地球，是人类历史上最大的帝国，而法国则控制着地球十分之一的陆地。

由于拉姆巴塔岛位置偏远且缺乏诱人的资源，拉玛莱拉人幸免于殖民主义最残酷的暴行。以前，葡萄牙人为保护檀香木贸易而在索罗群岛建造了一座堡垒，但发现檀香木太难供应后，他们于17世纪中期废弃了该堡垒。至此，欧洲人在索罗群岛几乎没有永久居住地。上岸寻找淡水的过境水手遭到身穿树皮的男子的袭击，这些男子射出的箭带有被磨尖的山羊骨头做成的箭头。西方人开始避开这些岛屿，因为担心岛上住的是食人族。大约在1850年，当荷兰从葡萄牙人手中购买了索罗群岛时，一位荷兰行政官写道，关于拉玛莱拉人，他们只知道这些人捕鲸，是异教徒，并且既不效忠荷兰人，也不效忠葡萄牙人。在19世纪后期，一名荷兰官员指出，欧洲人还没有到过拉姆巴塔岛的内部。

随着荷兰人加强了对印度尼西亚西部的控制，他们开始将注意力转向东方。1910年，一队荷兰士兵访问了拉姆巴塔岛，目的是登记当地人口并缴收他们通过贸易获得的粗制步枪。没多久，博德神父就到了。但是，当荷兰人在第二次世界大战后放弃对印度尼西亚的主权时，他们没有告知拉玛莱拉人，因为殖民者除了偶尔向他们征收可可和椰子的税，几乎没有注意到这个部落。

然而，即使殖民体系分崩离析了，工业化也开始占领地球，生活水平的提高吸引着传统觅食者进入城市。电话、收音机、电视以及后来的互联网将好莱坞电影和英国摇滚歌曲传送到以前它们无法到达的地方。汽车、火车和飞机克服了以往遥不可及的长远距离。澳大利亚和俄罗斯等国家强迫原住民儿童进入寄宿学校，禁止他们使用自己的语言，并否认他们部落的存在，强制执行单一的民族身份。拥有利润丰厚的自然资源（如未受破坏的森林和石油）的亚马孙人和其他原住民仍然被那些想要篡夺财富的人屠杀。尽管五个世纪前狩猎采集者占领了整个澳大利亚、北美大部分地区，以及南美、非洲和亚洲的大部分地区，但到第二个千禧年之初，他们几乎被完全消灭了。

2016年，地球上只剩下大约七千一百种语言，约占语言种数峰值的百分之七。语言丧失的速度正在加快。在幸存的语言中，大约有一千五百种语言的现存使用者不到一千人，其中大多数是老年人，没有足够数量的可以流利使用这些语言的青年来确保它们的存续。一项学术预测表明，到2100年，世界上多达百分之九十的现存语言将消亡，仅剩下七百种语言，全球人口将主要使用英语、中文和西班牙语进行交流。这意味着现在平均每个月会有两种完整的语言及其伴随的文化消亡，它们是千年来历史、哲学、生计、宗教和传统的积累，表达了这些民族的全部特征。当然，语言和文化总是随着时间的推移而兴起和消亡，但人类现在所经历的并不比正在遭受的动植物物种的大规模全球灭绝更正常。虽然以前也确实发生过较小规模的文化灭绝，但当前文化灭绝的速度和规模前所未有。

当弗兰斯和另一名拉玛莱拉代表来到西普里的家中，为鲸鱼召唤仪式未能正常举行而道歉时，西普里用印度尼西亚东部传统的好客标志来招待他们——一盘蒌叶槟榔。这是一种用蒌叶、槟榔果和粉状珊瑚混合而成的食品，咀嚼时会发出轻微的嗡嗡声。他们坐在一个房间的躺椅上，房间里只有一本潮湿变形的《圣经》和一台放在柜子上的四四方方的电视。那柜子上锁的木抽屉里藏着传家宝：五张随着时间的推移而变白、变脆的鳄鱼鳞片，西普里认为这是世界上仅存的龙鳞；一段被磨得光亮的卵形象牙；四颗胡桃大小的石头，一颗灰色、一颗红色和两颗白色，在其他人看来不起眼，但西普里认为它们蕴藏着祖先的力量，就像古代的圣石努巴奈拉一样。虽然大多数拉玛莱拉人只是在圣日为他们的祖先奉上丰盛的贡品，而且很多人甚至没有这么做，但西普里经常用椰子壳做成的碗盛好蛋黄和棕榈酒，供奉给这些传家宝。

弗兰斯表明来意时，问的不是为什么西普里没有举行鲸鱼召唤仪式，而是为什么仪式未能顺利举行。在拉玛莱拉社会中，礼貌是最重要的，必须避免指责他人，不能让任何人丢脸。这一点非常重要，以至每当讨论敏感话题时，印尼语和拉玛莱拉语的使用者都会用被动语态构建句子，以避免直接指责任何人。

西普里抱怨“三巨头”氏族没有向他进贡。

弗兰斯为他们的过错道歉，并请求西普里无论如何都要举行仪式，或者至少恩准他年轻一些的亲戚来做这件事。

“仪式会恢复的，”西普里宣布，“但我们需要充分了解，今年乌戎人和部落之间不会有和谐的感觉了。”

拉玛莱拉人的讨论非常正式，四个人轮流发言了一个多小时。西普里越来越激动，用瘦骨嶙峋的手指擦去他红红的眼眶里泛起的泪水。由于患上一种未确诊的病症，泪水经常顺着他长长的鼻子滴下来，但不清楚那天下午的泪水是来自灼痛的瞳孔还是出于悲伤。

“祖先之道正在消失。”他警告道，列举了拉玛莱拉人对他氏族的许多不敬行为：从在圣石附近用推土机推开一条穿过丛林的路，到未能恭敬地向他进贡鲸鱼眼睛。他威胁说，如果没有他祈祷召唤鲸鱼，拉玛莱拉人将会挨饿。

西普里沮丧的背后，是乌戎氏族的重要性最近一直在下滑。过去，他们是精神领袖，但到了2014年，一些拉玛莱拉人私底下说他们是骗子。他们曾经享有的优势变成了劣势：过去，他们建在悬崖上的房子帮助他们远离袭击者，但现在，这样的地理位置导致他们与村庄的生活隔绝开来；过去，强烈的保守主义使他们处于拉玛莱拉社会的顶峰，但近几十年来，过于保守的品性阻止了他们采用其他氏族享有的创新。他们唯一的物质优势是他们能从鲸鱼头上获得额外的肉，但一些氏族甚至逃避这样的义务。“大地之主”的身份越来越不能带来什么使他们保有威严的东西了。

在拉玛莱拉文化中，情绪本应受到严格控制，但由于人们经常压抑自己的失望感受，它最终被表达出来时，往往就是情绪的大爆发。西普里的愤怒不断升级，最后他威胁说，如果拉玛莱拉人在明年之前不重新遵守祖先之道，乌戎人将施下黑山羊的诅咒。（当然，这就是导致勒夫·莱恩氏族灭绝的那个诅咒。）西普里不会再举行鲸鱼召唤仪式，而是在傍晚时分带领一只黑山羊进入丛林。他会挖一个坑，让咩咩叫的山羊停靠在坑的边缘，然后拿一把刀塞进它的肺里，把它扔进没有标记的坟墓，在那里，山羊会在流血致死之前窒息而死。这只动物会像巫毒娃娃一样行事，祖先会用疾病折磨拉玛莱拉人，船队会经常遭遇事故。更重要的是，在乌戎人的祭祀动物的萨满等级中（包括鸡、水牛和绵羊），黑山羊是最强大的巫术力量源泉之一。这是拉玛莱拉巫术的核心选择。自始至终，西普里都用一种令人毛骨悚然的拉玛莱拉语讲话，充满了年轻一代多年未听过的古老短语，这让他的发言有着一种预言的感觉。

然后西普里解释了拉玛莱拉人需要做些什么来拯救自己：放弃他们的舷外发动机，回归单纯的划桨和扬帆航行；更好地祭祀祖先；像克罗哈玛所承诺的那样，将乌戎人视为他们的兄长。

弗兰斯很是懊恼，默默地承受着西普里的情绪爆发，然后他发誓会尽快将“三巨头”氏族代表带到“大地之主”那里。但他担心库帕会对道歉嗤之以鼻。更重要的是，他知道拉玛莱拉人永远不会放弃舷外发动机或像以前那样向乌戎人鞠躬——世界已经发生了太大的变化。

弗兰斯回到拉玛莱拉后，除最值得信赖的长老外，他告诉所有人，任务进展顺利，也就是说，他告诉的是那些连问都懒得问的村民。许多年轻的捕鲸者根本不再关注乌戎氏族的仪式。弗兰斯同情西普里。就个人而言，他是祖先之道的坚定捍卫者，因此在大多数氏族改用乔森之后，他还是一直让凯纳普卡号继续航行，直到他的氏族成员要求使用舷外发动机，否则他们将加入其他船只。但他也认识到，拉玛莱拉人必须适应时代的变化，否则就会灭亡。即使他更喜欢祖先之道，他也必须尊重大多数族人的意愿。他热切地相信，如果谨慎一些和有意保持平衡，部落可以在加入现代世界的同时保留其文化，否则他永远不会让他心爱的女儿贝纳去外地上大学，尽管她答应会回来。

多年来，他一直试图引导部落沿着这条中间道路前进，明智地将过去和未来融合在一起。2001年，当海滩理事会讨论是否禁止乔森时，他帮助促成了一个折中的处理方式，将捕猎抹香鲸的权利留给捕鲸船，同时允许摩托艇追捕其他猎物。对弗兰斯来说不可让步的一点是，拉玛莱拉人必须始终像祖先一样与鲸鱼交战。因此，即使乔森将捕鲸船拖到猎物身边，古老的捕鲸船也得解开绳子，并独自划出最后一步。最后，他担心如果部落缺乏他的调解，意见不同的人群，无论是进步派还是保守派，可能会用战斗永久地破坏部落的团结，部落可能无法生存。

4月30日下午晚些时候，乔恩、伊卡、弗兰斯和其他拉玛莱拉人到海滩去举行天主教弥撒仪式（Misa Arwah）。午后的阳光投射到海面没有被火山阴影遮住的地方，柔和地照亮了人群。每个人都穿着教堂礼服，男人们穿着纽扣衬衫，下身着传统的格子纱笼，女人们上身着衬衫，下身披着装饰着鲸鱼、蝠鲼和捕鲸船图案的纱笼。但他们的举止很僵硬，看起来并不习惯穿着昂贵的衣服，也害怕弄坏、弄脏衣服。尽管这个场合很正式，但许多人光着脚在沙滩上跳跃，沙子仍然散发着来自太阳的热量，他们将脚趾压在一起以保护他们之间脆弱的纽带。

他们聚集在海滩中央那座整洁的蓝色小教堂前。用对半分开的浮标装着的蕨类植物盆栽围绕着一个祭坛摆放，祭坛上覆盖着白色的床单，上面放着蜡烛，在日光下几乎看不到火焰。一个祭坛男孩用指甲敲了敲麦克风，静电杂音在海浪的嗖嗖声中窸窸作响。罗莫神父以简短的祈祷拉开了仪式的序幕。

然后伊卡·哈里奥纳的声音加入了合唱团。他们的赞美诗将海湾变成了一座天然的大教堂，她的声音从合唱团中脱颖而出，就像一群灰鸽子中的白鸽那样耀眼。让她充满磁性的女低音与众不同的不仅是歌声的力量感，还有那令人愉悦的沙哑感，仿佛她刚刚咳嗽了一阵。她一直扬起下巴，肩膀绷紧，双手在身前交握，身体笔直地挺着，只有细长的脖子内的肌肉正在弯曲。经常笼罩在她脸上的成年人的忧虑一扫而空，紧张烦扰的表情被喜悦净化，她看上去只是十九岁的无忧少女。

静静地划，静静地划，
浪花在岸边荡漾。
静静地梦，静静地梦，
在人生的风口浪尖处做梦，
在人生的风口浪尖处做梦。

拉玛莱拉人将微型捕鲸船放入海中。

如果你被水流冲走，那就祈祷。

祈祷你可以游过这片海洋。

让圣言支撑你。

让它渗入你的内心深处。

你的人生将像大海一样深邃而广阔。

罗莫神父身穿白色法衣，披着紫色披肩，宣读了一份在海上失踪的捕鲸者名单。从教区于1916年10月记录此类死亡事件起，名单上已有三十九人。然后他继续追溯到更遥远的过去，将无名死者的身份认定为活着的人的曾祖父等。当他念到祖先时代的人物时，他不再详细列举单个船员，而是列出整支在风暴中或与凶猛的鲸鱼的战斗中丧生的船员队伍。神父一直宣读着名单，直到似乎所有过去和现在的拉玛莱拉人都已经联结在一起。

夕阳西下，夜幕降临海滩。当罗莫神父宣讲上帝、天堂和地狱时，海鹰向山上的栖息地扑去，就像不安的灵魂回到坟墓一样。随着天色变暗，祭坛上的蜡烛显得越来越亮。蝙蝠在黑暗中难以被看到，像不安分的幽灵一样在空中翻腾。海天一色，融入整片黑暗。然后，拉玛莱拉人排着队吃“大地之主”的尸体，喝它的血。

村民们吞下圣餐中的薄饼、喝光葡萄酒后，罗莫神父便在一条微型捕鲸船中点燃了三支蜡烛，船上面还有一张装饰着粉红色兰花和白色鸡蛋花的小船帆。他穿过人群，把船拖到水里。当满怀期待的群众安静地低下头时，只有被海浪拍打的贝壳碎片发出声响。罗莫神父将船搁置在浪涛中，让它顺着泡沫滑下斜坡，撞到正在形成的海浪的隆起处，并陷入激流。一千五百双眼睛盯着航行的蜡烛。海滩上闪烁着机械闪光，这是移居外地的拉玛莱拉人在圣日来访拍照时，触发了手机摄像头上的闪光灯。

随后，岸上点燃了一片蜡烛。父亲们将蜡烛熔化的蜡滴到自家微型捕鲸船的甲板上，并用冷却的蜡滴固定住蜡烛。他们的孩子走到海水中，将船放走。没那么传统的家庭则使用包装泡沫板作为他们的船。很快，小小的捕鲸船们被带到同一波水流中，组成了一支船队，被火柴一样的蜡烛火炬点亮。按照习俗，只有在海上失去亲人的家庭才会放船，但由于部落的血脉关系紧密，大约一半的家庭都放船了。其余的拉玛莱拉人将蜡烛放入在沙滩挖的洞，将它们掩蔽起来，以抵御从海洋吹来的微风。一些拉玛莱拉人将赤素馨花瓣、整株兰花或在火光中闪闪发光的闪片撒在水槽里。

所有的船都被放走后，罗莫神父带领部落念了一遍《主祷

天主教弥撒仪式。

文》。然后，在一片沉默中，每个拉玛莱拉人都在内心表达着自己的愿望。一千五百支蜡烛，每一支都代表一个人的宇宙和梦想，在从萨武海吹来的风中摇晃。

乔恩许愿自己能成为一名鱼叉手并让家人过上好的生活。但是，在这些愿望之下，乔恩还暗暗幻想着自己有朝一日能搬到雅加达，带辣妹去商场约会，以及有钱买一辆越野摩托。

伊卡许愿自己能上初中，然后读高中，甚至上大学，尽管她试图通过嘲笑自己的欲望来避免失望，提醒自己已经过了入学年龄。

弗兰斯向祖先祈祷，希望他的氏族繁荣昌盛，希望他的捕鲸船能捕获许多鲸鱼，希望与乌戎人的裂痕能够愈合，许愿自己还能看到下一场天主教弥撒仪式。对捕猎者来说，一切都是不确定的。弗兰斯的姐夫伊格内修斯正在旁边和妹妹玛丽亚，即弗兰斯的妻子准备一条船。如果二十年前香料群岛号没有发现在海上漂泊的他，那现在他们就得把那支蜡烛送给他了。但弗兰斯早就接受了伊格内修斯因抛弃他而道的歉，因为他想起了一句老话——“同一个家庭，同一颗心，同一个行动，同一个目标”——部落的团结是最重要的。

伊格内修斯的家人将一个泡沫盒盖放入水中，上面放了四支蜡烛，代表父亲和三个儿子。虽然仪式上只正式纪念逝去的捕鲸者，但伊格内修斯全家四个人都在哀悼特蕾西娅——伊格内修斯的妻子、孩子们的母亲。将近一年前，疟疾夺走了她的生命。妻子的离去对伊格内修斯来说是一个特别大的打击，以至有时他希望自己能去陪她。尽管伊格内修斯已经七十好几，但他仍然认为自己是一名出色的鱼叉手，他决定帮助他的后代为他离去的那一天做好准备。最近，他把捕鲸船的鱼叉手位置交给了他的长子约瑟夫。约瑟夫和他的二儿子翁杜早已成为鱼叉手，但他的小儿子本还没有。伊格内修斯希望今年他能把未了结的工作都收好尾。

然而，本却祈祷他搬到旅游胜地巴厘岛的秘密计划能够实现，并希望他的父亲不会因为他的离开而伤心欲绝，而是会明白，如果他留在拉玛莱拉，他会疯狂地渴望现代的生活方式。

点燃所有的蜡烛后，拉玛莱拉人唱道：“哈里路亚！哈里路亚！”水流将燃烧的船队卷入黑暗的海洋。随着船只被海水推得越来越远，人们已经无法分辨哪一撮火花代表的是谁。这些船只是探险者还是难民？它们向外界传递了什么信息？有些蜡烛在海湾处就熄灭了。每隔一分钟左右，就会有一条微型捕鲸船由于沉积的蜡而失衡，向一侧倾倒，然后翻转。还有一些船只进水，伴随着嘶嘶声和一阵烟雾沉没。但是有一些船上的火焰一直燃烧，最终它们消失在悬崖边。最后，人们已经无法分辨谁的祈祷随着小船在海湾中沉没，谁的在随后的旅程中倾覆，谁的到达了祖先那里或进入了在地平线之外等候它们的外部世界。

第四章

清除有害的语言

2014年6月27日至2014年7月下旬

乔恩

尽管西普里威胁说祖先会让部落饿死，但到6月下旬，拉玛莱拉人已经捕获了八头抹香鲸——就捕鲸季的前两个月而言，这一战果略高于平均水平。一些人窃窃私语、散播谣言，说村里的长老已经说服西普里的一位亲戚代替他举行了小型的鲸鱼召唤仪式。西普里随后声称，尽管拉玛莱拉人不尊重“大地之主”，但他还是让鲸鱼来了，部落在他们改变生活方式之前不会饿死。

但是在6月27日，祖先开始了报复。尽管祖先没有对整个部落进行报复，但是选择了乔恩·哈里奥纳接受惩罚。至少人们后来是这么推测的，认为乔恩在响应捕鲸的号召声、拿起波利沙邦号前面的大船桨之后，被祖先报复了。要不然的话，他们该如何解释发生在乔恩身上的事情呢？安全绳怎么会折断？乔恩怎么会被鱼叉绳缠住？捕鲸船怎么会倾覆？乔恩又是如何被抹香鲸拖到海浪下的？而抹香鲸恰恰是祖先的化身。

那天乔恩溺水时，他的脑海中出现了最美好的回忆之一：和他儿时的伙伴们一起钓鱼。月亮很圆的时候，他们有时会蹲在拉玛莱拉两侧的石化熔岩岬角上，并在曾经被火烧过的石头上磨削铁钉。月亮将海水镀成一盘水银，闪闪发光的银带随着汹涌的海浪跳动，随此产生的浪花泡沫幻化为钻石般闪耀的瀑布。在潮起潮落的间歇中，男孩们跳进了下面化成液态的黑暗。

年轻的捕猎者们成对沿着拉玛莱拉湾的石窟海崖和珊瑚花园训练，他们的腹部随着每次呼吸而起伏。领头的潜水员用防水手电筒照着岩石上的裂缝。乔恩紧随其后，他拿着一把手工打磨的木制长矛，它的尖端是一根磨光的销钉，被从旧摩托车轮胎上割下的胎面做成的巨大橡皮筋拉紧。他们密切留意着把触须吸进壳里的鱿鱼，像把花瓣都收进去的菊花一样，也关注着改变自身颜色与环境融为一体的章鱼。乔恩将长矛的尖端悬停在离水流中睡觉的鱼几英寸的地方。尖头穿过它们的梦境。等血云散去，鱼的鳞片落入海底，乔恩用其中一端系在他臀部的一根绳子穿过被刺的动物。随着捕猎的继续，他的腰带上开始闪烁着鱼宝石的光芒：鹦鹉鱼像海蓝宝石块，蓝刺尾鱼像青金石，刺盖鱼像被金丝包裹的蓝宝石碎片。

用鱼叉捕鱼时，乔恩可以一次在水下停留超过两分钟。而现在，鲸鱼不断往下潜，被鱼叉绳缠着的他只能通过缓慢移动来保存氧气。他的胸口开始传来一阵灼痛感，像呕吐的冲动一样一路升腾，将他的思绪一一吞噬，直到他对外祖父母和妹妹们的担心都烟消云散，脑海中只剩下“不要张口”的指示。他向自己保证他不会这么快就离开人世。家里人只能依靠他了，带着大家的信赖，他开始祈祷。

然后他升起了。被鲸鱼拉直的绳索已经松弛成一段弧线，他脚踝上的绳扣也松开了。他把手指伸到绳子下面，像脱袜子一样轻松地把绳子拉下来。在海水下方的某个黑暗处，抹香鲸比他更早耗尽了氧气，正在返回水面。当他向上挣扎时，他发现自己并没有像他担心的那样陷得那么深。只不过是恐慌和痛苦让他喘不过气来，也让他无法理性思考。

当他回到海平面之上时，第一口呼吸就唤醒了所有感官。他的听力恢复了，就像世界上的扬声器突然都被调到了令人震耳欲聋的音量一样。各种各样的声音向他涌来——尖声叫喊的声音，船桨拍水的声音，船用发动机刺耳的轰鸣声。然后鲸鱼随着一声巨响猛烈地浮出水面，像暴风雨侵袭一样。他试图朝倾覆的波利沙邦号游去，但肾上腺素的麻醉作用正在消退。疼痛像捕熊器一样夹在他的右腿上。他努力在水面上保持漂浮。

随着油门杆被收紧，发动机的嗡嗡声逐渐减弱。一个绑在绳子上的小泡沫浮标在他身边拍打着水面。他抓住了它，阿拉贾提号（Ala Jati）乔森的船员把他拉到了船边。

一个不耐烦的声音说："乔恩，进来吧。"

"我做不到。"他回答。

乔恩再也无法掩饰自己的错误了。男人们注意到他的腿后惊呼起来。许多人将他拉到船头。泪水从他的下巴上滑落，他希望人们分不清这是泪水还是海水。阿拉贾提号的人围在他身边，猜测他的腿是不是断了。

"洛洛——"有人喊道。这是他儿时的绰号，给他起这个绰号是因为他的母亲经常忙着其他事情而无法抱他，因此他总是在村子里一边蹒跚行走，一边大喊经常抱他的弗兰斯妻子的绰号"洛洛"，大家已经熟悉这样的场景。"疼吗？"

他真想撒谎说不疼，但是痛感太强烈了。

"你能再忍耐一会儿吗？"

“不。”他哽咽道，一件又一件有损尊严的事情发生了：被拥抱，被别人称呼自己童年的绰号，因自己受伤而剥夺了同伴继续捕猎的机会。

即使油门开到最大，回家的旅程似乎也像是在白浪上颤抖了几个小时那么久。每一次撞击，他的腿都会产生灼痛感。在确认他没有面临紧急危险后，阿拉贾提号的船员们转身观看在他们身后展开的捕鲸行动。乔恩尽量掩饰自己的哭泣。一系列问题使他陷入困境：他还能再次捕鲸吗？谁来养活他的外祖父母和伊卡？他的未婚妻还会嫁给他吗？

一群妇女、儿童和老人，也就是说，每个无法捕鲸的人，都在海滩上等着他们。他们从悬崖上看到这艘乔森独自冲进海湾，就知道有事发生了。围观者们试图弄明白发生了什么，在海岸处迎接阿拉贾提号船员们的是一阵哀号声。

这艘乔森的船体在岩石上刮擦，船上的一个人喊道：“一条绳索伤了乔恩！”

被粗暴地从船上拖下并穿过部落成员时，乔恩努力压制住呻吟声。人群中是他的叔叔阿姨、侄子侄女、堂兄弟、远方表亲，几乎每个人都和他有某种关系，大家都用指尖充满同情地抚摸着他。但人们也松了口气，还好受伤的不是他们的儿子、兄弟、父亲或其他维持家族生计的人。

在人群中，乔恩注意到了一个他几乎每天都无视的老人——塞巴斯蒂安努斯·巴塔福（Sebastianus Batafor），一位消瘦的祖父，他的眉毛和鼻毛杂乱生长，没有牙齿支撑的脸颊凹陷下垂，这让他看起来比实际年龄七十岁还要老。老人空荡荡的右衣袖像投降旗一样挥动着。

1983年8月3日，星期三，是塞巴斯蒂安努斯仍然可以立即回忆起的日子。那一天，他跳下捕鲸船的竹制平台，并用矛刺中一条比他还要大的蝠鲼。当他往船那边游去时，他的手臂上产生了灼热的痛感，他又被拉回水下——蝠鲼已经向后折回，绳索缠绕在他的二头肌上。他试图解开手臂上的绳索，但蝠鲼向一个方向逃去，而他的族人则往反方向拉。当他们开展这场拉锯战时，绳索锯开他的手臂，露出了里面的骨头。

随着绳索拉紧，塞巴斯蒂安努斯被困在海浪之下。他可以看到在水面上摇摆不定的同伴的轮廓。如果蝠鲼继续收走更多的线，他肯定会溺水而亡。他踩着蝠鲼的头。手臂上环绕的绳索松开，他流血的手臂滑了出来。然后他用未受伤的手臂爬上绳子。他越过船舷，抓起另一根鱼叉，用另一只手杀死了这只野兽。

回到村子后，塞巴斯蒂安努斯的妻子和母亲用丛林根和树叶制成的敷料治疗他被剥皮的手臂，持续了一个星期，但他咖啡色的皮肤变白了，然后又腐烂变黑。他们用船把塞巴斯蒂安努斯送到莱沃勒巴的医院，他一路上竭尽全力抑制呕吐的冲动，避免羞辱自己海员的身份。第二天中午，医生仿佛推卸责任一般，声称塞巴斯蒂安努斯的手臂即使被截肢，也只有百分之十的生存机会。塞巴斯蒂安努斯告诉他的家人，他相信上帝。蝠鲼导致他的手臂被锯开，医生则完成剩下的工作，从他的肩胛骨上挖出肱骨，用手术刀切除腐烂的部位。

两周后，当他航行回家时，他下意识地寻找猎物，但他再也不能捕鲸了。在接下来的几十年里，每当有捕鲸船到达或离开时，他只能冲向海滩，用他剩下的手臂帮忙。虽然大多数拉玛莱拉人经常光着膀子，但他总是穿着衣服。

乔恩从来不知道塞巴斯蒂安努斯曾经是一名鱼叉手，只知道他是一个比平常人要多花出一倍的路程来给猪提粪桶的老人，并在小学外面卖他妻子做的蛋糕。他之前看到这名曾经的鱼叉手用双腿缠住他蹒跚学步的孙女以免她扭动着走开，同时用剩下的一只手将糊状的米饭舀进她的嘴里，当时的乔恩还幸灾乐祸地笑起来。

如果乔恩问塞巴斯蒂安努斯作为一个截肢者对人生的看法是怎样的，老人会说，一只手臂失去了杀戮的力量，而另一只手臂获得了爱的机会。是的，他很遗憾自己再也不能出海了。从拉玛莱拉最受尊敬的人之一变成最可怜的人之一，这种巨大的落差是令人痛苦的。但他很庆幸，当他的孙女长大后，她会记得是他柔软的手抱着她度过了婴儿期，在她学走路时辅助她，并指着在海上跳跃的蝠鲼，在日落的映衬下形成剪影。“上帝以神秘的方式发挥力量。”他经常这么说，从他嘴里说出来不像是陈词滥调，而是经历后凝练的智慧。然而，对乔恩来说，从塞巴斯蒂安努斯身上看到自己的未来让他感到恐惧。

抬着乔恩的人在还没爬上悬崖的楼梯时就已经气喘吁吁了，所以他被放在附近一座房子的竹垫上，他的裤子和内衣都被剪掉了。看热闹的人挤满了小房间，但乔恩太累了，无法抱怨自己就这么暴露在众目睽睽之下。最终，当他听到妹妹刺耳的声音“乔恩，发生了什么事”时，他很感激有人拿了一条纱笼盖住他。

约瑟夫·博科跟在后面，悲痛地喋喋不休，扶着哭泣的外祖母弗兰西斯卡。乔恩的家人弯下身子，泪水像暴风雨中的雨滴一样溅在他的额头上。他和他们一起哭泣，确信自己成为鱼叉手的梦想破灭了。但更重要的是，他辜负了家人。一旦他们吃完了储存的鲸鱼肉干，待捕鲸船回来时他们就得去乞讨。而且他不知道在另一个岛上做女佣的未婚妻要是知道自己残废了会怎么想。儿时遭遇的嘲讽“山里人”在他的脑海中回响。他一直是家人的希望。现在他们会面临什么？

一群女人端着一个热气腾腾的木碗挤过人群。她们卷起纱笼，在乔恩的腿上涂上由姜黄、烛坚果和烛坚果叶制成的糊状物。水烫伤了他的小腿，加重了他的痛苦，使他的皮肤变黄。“如果你想变得健康，你必须忍受这些痛苦。”他这样告诉自己。然后女人们用一块破布包扎他好像刚刚患了黄疸的腿。

罗莫神父一直在附近等待。他为乔恩祈福，并给他头上戴上一串塑料念珠，坚持让乔恩使用它，因为他注意到这个年轻人经常缺席礼拜。然后乔恩狼吞虎咽地喝下了一碗混合了茶而不是水的米粥，他的饥饿感甚至吓了他自己一跳。

他的喘息很急促。镇上的护士进来了，这是一个漂亮的未婚女子，两人曾眉来眼去、暗送秋波。乔恩翻过身子，掀开纱笼，露出裸露的臀部，护士给他注射了抗生素。这一针下来有些刺痛，但更让人痛心的是这个迷人的女人目睹了他的虚弱。

她问他的腿感觉如何。

“疼得很厉害，”他回答，“骨折了吗？”

她解释说不是，但可能有内伤。她稍后会再检查，但现在他应该小心。

“不要表现出很想照顾我的样子，”乔恩狡猾地说，“人们可能会误会。”

她一走，他就吞了几片对乙酰氨基酚药片，昏昏沉沉地睡着了。午夜过后的某个时间，他醒了，马路对面的一间房子里传来印尼流行音乐的声音，他的腿因疼痛而抽筋。他的朋友本·布里科洛隆和他的父亲伊格内修斯、未正式结婚而同居的妻子以及孩子们就住在那里。在许多个周五晚上，乔恩、本和其他年轻人一起喝着棕榈酒，并随着从失真的音响中传来的相同音乐摇摆。这是一种被本称为“迪斯科”的仪式。（从来没有女孩们加入，因为拉玛莱拉社会不允许她们这样做。）现在，当乔恩拍打传染疟疾的蚊子并努力忍受烙在他小腿上的疼痛时，他担心自己再也无法加入他们无忧无虑的行列了。在乔森上就向他袭来的担忧——他的未婚妻还会嫁给他吗？——又在令人窒息的黑暗中折磨着他。

乔恩将一条印有粉色花朵图案的紫色纱笼拉到头上，在这个无月之夜将自己包成一个茧，仿佛他可能会破茧而出。这条纱笼是他的未婚妻霍尼给他的。其他男人取笑它的花朵图案，因为拉玛莱拉男人穿的是方格图案的纱笼，但乔恩那天晚上特意让伊卡帮他拿来这条纱笼。随着时间的流逝，花朵的粉红色已经被泥土弄脏变暗，变成了赭色，而且纱笼的线已经起毛了。霍尼的气味早已被他的汗水和乡村生活的污垢覆盖，但如果他闭上眼睛闻一闻，有时他似乎只能闻到她的味道。

2013年年底，乔恩在莱沃勒巴附近的一个村庄洛昂建造小学时遇到了维罗基亚·“霍尼”·贾加（Verokia “Honi” Jaga）。他在那里不间断地与女孩们调情，对所有新来的年轻女性着迷，原因之一是拉玛莱拉的年轻女孩相对较少。父母经常把儿子留在家里捕鲸，把女儿送到火山附近上学，之后女孩们经常选择从事白领工作，而不是杀鱼、拾柴和到井里取水。因此，部落中的两性比例出现了倾斜，年轻男性为一小群潜在的婚恋对象竞争，其中许多人因为有近亲关系而被禁止结婚。

乔恩在拉玛莱拉唯一的一段恋情给他留下了一个不专业的

文身——他的肩膀上文了前女友冷笑的脸。在一个醉酒的晚上，本·布里科洛隆将混合了椰子油的电池碳粉刺入乔恩的皮肤，文出了该图案。后来乔恩和女孩分手时，本在文身上加了角，将这个永久的错误变成魔鬼图案，尽管女孩的名字仍然在图案下面。（乔恩还从本那里得到了几个用棕榈酒刺激形成的文身，其中一个是一只章鱼，不过它只是一个散发着波浪线的圆圈罢了。）

乔恩在洛昂没有桃花运，但在他完成学校的建设并转去莱沃勒巴的一个新项目后不久，洛昂的一个女孩发短信询问他是否愿意被介绍给她的朋友霍尼。乔恩和霍尼开始互发短信。他们同龄，都是二十一岁。她在另一个岛上的一座修道院接受修女培训，当时正从修道院回到位于洛昂附近的家。他们第一次见面是在莱沃勒巴的港口，这是年轻情侣观看附近火山日落的热门地点，他们用吸管喝着同一个已经被切开的青椰。

霍尼担心乔恩不喜欢她，因为她个子矮，头发卷曲，而印度尼西亚人更喜欢直发。她欣赏他聊天时的随和和幽默感，也享受他对她容貌的赞美。而霍尼娇嫩的皮肤迷住了乔恩，因为白皙的肤色在拉姆巴塔岛是美丽的标志，他也感觉到她有良好的职业道德。对他来说，未来伴侣最重要的一点是要努力工作并接受拉玛莱拉不怎么样的生活条件。

整个12月，他们越来越频繁地互发短信和通话，然后某一天，乔恩接到了霍尼母亲打来的电话，她要求乔恩说明他是不是霍尼的男朋友。霍尼的母亲还说，霍尼不打算回修道院去了。

因此，在接近12月底的一个星期天早上，乔恩没有跟建筑工地的老板打招呼，就骑着一辆摩托车来到了霍尼所在的村庄，她在路边等他。这只是他们第二次线下见面。

“别害羞，”他告诉她，“你家在哪儿？”

霍尼讶异于乔恩居然不害怕见她母亲。乔恩和所有拉玛莱拉人一样，知道见她母亲意味着他们在正式谈恋爱，这无异于订婚。

“我来了，”乔恩回答，“该发生的事终究会发生。”

霍尼带他离开大路，来到一座盖着干草的小竹屋。迎接乔恩的是霍尼的母亲，因为霍尼父亲很久以前就去世了。霍尼介绍完乔恩后，她的母亲问乔恩：“你不怕见我？”

“如果我想和霍尼订婚，我就必须和您见面。”乔恩说。

霍尼的母亲话多，和乔恩一直聊到了晚上，他来不及赶回莱沃勒巴，所以只好睡在霍尼家的泥地上。第二天早上，乔恩离开霍尼家，回拉玛莱拉过圣诞节，但不久之后他接到了霍尼的电话。霍尼的弟弟从莱沃勒巴回来，发现姐姐的男朋友曾睡在他们家时，他认为这是对他名誉的侵犯，便动手殴打了霍尼。她担心弟弟在喝酒后会采取更严重的报复，就告诉乔恩，“我正在墓地里寻找我的位置”。乔恩指引她坐车来拉玛莱拉。

他们一起在拉玛莱拉度过的半周将是他们在乔恩受伤之前度过的唯一充实的时光。 霍尼和伊卡立即成了朋友，并且乔恩的外祖父母非常宠爱她。霍尼和乔恩一起参加了圣诞布道仪式，他们把额头贴在乔恩年长亲戚的指关节上以表尊重，好像霍尼已经是他们的家人了。他们并肩走在一起，靠得很近，用拉玛莱拉人的话来说，“他们的纱笼都亲吻了”。

但圣诞节后的两天之后，乔恩被提前召回建筑工地工作，因为他的老板对他早先的不辞而别感到愤怒。霍尼回家了，很快她告诉乔恩，没有了接受修女培训时的津贴，她务农的母亲要维持生计和支付弟弟的学费很艰难。她得为家里挣钱，直到她的弟弟读完高中并且可以工作。招聘人员在印度尼西亚东部搜寻贫穷的女孩到城市当女佣，因此她很快就签订了一份为期三年的合同，在印度尼西亚西部的一栋四层楼高的豪宅中服务。

乔恩下一次也是最后一次见到霍尼是在5月，当时他护送她到附近的一个小岛，搭乘一艘环绕群岛的渡轮。面临离别，他们很难过，但漫长的婚约在拉姆巴塔岛并不少见，其中一位伴侣在岛外工作时尤为如此。他们热切地打电话，就像热恋期的情侣一样。年长的捕鲸者开始注意到，如果不出海，乔恩就会减少喝棕榈酒的频率，并且会自己用渔网捕飞鱼。他们私下八卦说，有对象让他更像一个男人了。

当乔恩告诉霍尼他遭遇的灾难时，她哭了，并承诺她仍然会嫁给他。但她说自己不能早点回家，因为她的弟弟还得靠她赚学费，而且她只有在年底才能拿到工资，这是雇主防止佣人逃跑的策略。乔恩忍不住怀疑她的话是否属实，也许是因为连他都在怀疑，不能再捕猎的自己还有什么价值。

7月初的一天，也就是灾难发生六天后，当火热的夕阳慢慢消退，傍晚的天空变得灰蒙蒙时，弗兰斯爬上石砌的楼梯来到乔恩的家，后来他都是被担架抬上去的。乔恩和他的家人就像许多拉玛莱拉人一样，相信弗兰斯胜过护士：当外祖母弗兰西斯卡的股骨骨折时，他们选择召唤萨满治愈她。不过，这一次，他们一直犹豫着要不要召唤他，因为他们已经欠他鱼了。但当乔恩的病情恶化时，伊卡只得再次向弗兰斯求救。

在悬崖上狭窄的小屋里，萨满弗兰斯在乔恩床边狭小空间里的塑料躺椅上侧身保持平衡。关于乔恩家欠下的鱼，他只字未提，因为他永远不会拒绝为有需要的人提供治疗。镇上的柴油发电机还没有启动。银白色的月光投射在没有玻璃的窗户上，像给它镶上了一道银框。嗡嗡叫的蚊子挥动翅膀，震动了黄昏。弗兰斯一边摸着乔恩的右腿，一边问医生会问的常规问题——“感觉如何？这儿疼吗？”但显然有些地方很不对劲。乔恩的脚踝肿胀到几乎和他的小腿一样粗。他的跟腱收缩，将他的脚后跟向上提，因此很难分辨腿的终点和脚的起点。一大片瘀伤盖在他的腿上，从膝盖一直延伸到脚趾。弗兰斯每按一次，乔恩紧闭的双唇间就传来一声呻吟。

弗兰斯叫伊卡往一个桶里装满水。当她回来时，弗兰斯将乔恩的十字架浸入其中并喃喃祈祷，将井水变成了圣洁的液体。然后他把乔恩的浸染了姜黄的绷带浸入其中。当弗兰斯重新给乔恩的腿绑上绷带时，乔恩咬紧了牙关。

弗兰斯站在乔恩身边，举起自己曾经断掉的手臂，展示他那无法动弹、失去作用的拇指和似乎多余的肘部。“看到这条胳膊了吗？”他说，“它被鲸鱼的尾巴击中了。”当时，来访的外国人想带他去医院，弗兰斯说：“在医院治疗的最终结果总是截肢。”他指示乔恩不要取下绷带或让异性触摸它，且不要吃猪肉或狗肉。最重要的是，弗兰斯提醒乔恩，他必须遵循祖先之道，否则他将无法痊愈：健康的精神意味着健康的身体。他答应过几天再来继续祈祷。

弗兰斯对他的服务充满信心，但许多拉玛莱拉人不确定祖先是否会听从他的恳求来治愈乔恩。捕鲸者们私底下说，乔恩瘫痪不是因为他注意力不集中或者绳索多年浸泡在盐水中变软，也不是偶然事件，他受苦是因为所在部落不尊重乌戎人而激怒了神灵。一个更具体的谣言也解释了为什么祖先选择惩罚一个哈里奥纳氏族的人而不是其他氏族的人：鬼魂不满最近翻修船棚、偏离祖先蓝图的氏族。

祖先的故事是这样的：哈里奥纳氏族在与邻居发生冲突后逃离了村庄，来到拉玛莱拉，此时克罗哈玛已经在拉玛莱拉繁衍了好几代人，海滩上已经满是船棚，哈里奥纳氏族没有多余地方可以停放他们的捕鲸船。

拉玛莱拉最初的氏族之一努德克（Nudek）氏族对他们表示同情。努德克人说，他们将氏族的三个船棚中的一个租给了哈里奥纳氏族，要求是他们得发誓作为努德克人的弟弟妹妹生活。根据哈里奥纳氏族的说法，他们向努德克氏族支付了一根华丽的象牙，并承诺他们会从每头捕获的鲸鱼中分一些肉给努德克氏族，以换取船棚的所有权，但他们从未发誓从属努德克氏族生活。过了几个世纪，原始协议的条款已经变得模糊不清。但到了那年5月，哈里奥纳氏族的首领克里斯宾·起亚·哈里奥纳（Krispin Kia Hariona）确信他的祖先已经彻底买下了船棚。他召集氏族的人一起扩大船棚，以便可以在波利沙邦号旁边挤入一艘新的乔森。

船棚的结构是开放、通风的，没有墙壁，镀银树干制成的柱子支撑着棕榈叶屋顶。所有船棚在海滩上紧紧地挨在一起，可以将它们当作阴凉的人行道，尽头处连着通往村庄的人行道。在克里斯宾的指挥下，乔恩和哈里奥纳氏族的其他人将船棚的柱子挪了五英尺远——正好进入了划定船棚区域西部边界的小径。这条通道被称为“血路”，因为祖先在杀死敌人时，会将他的尸体拖过这条通道，然后将其展示在村庄广场上。

但那天通常与哈里奥纳氏族一起工作的人缺席了，即努德克氏族的首领劳伦修斯·“乔戈”·努德克（Laurencius “Jogo” Nudek）。乔戈是哈里奥纳氏族事实上的成员，因为两个氏族的地位经过几个世纪后已经掉转。努德克氏族是部落的世袭造船者，他们的财富相对较为丰厚，得以在20世纪80年代比其他氏族更早送孩子上学，这也意味着他们未来的鱼叉手将会变成办公室文员。如今，努德克氏族的两条捕鲸船已经报废，乔戈和努德克氏族另外一名捕鲸者一同在波利沙邦号上航行。相比之下，仍然没有多少资源可以将孩子送到国外的哈里奥纳氏族在拉玛莱拉有大约二十五个家庭，这些家庭拥有自己的捕鲸船。

镇上的人都认为乔戈和蔼可亲、幽默十足。过节时，他常喝棕榈酒，喝到圆圆的鼻子发红，开始讲一些不合时宜的笑话。然而，听到克里斯宾的计划后，他很生气。他认为此举是哈里奥纳氏族在宣告自己拥有该船棚，而不是从努德克氏族租来的。几天后，乔戈出现时，乔恩、克里斯宾和其他几个人正在将棕榈叶做的瓦绑在屋顶延伸处。克里斯宾体格庞大，虽已经步入古稀之年，但他拒绝向四十多岁、拥有英雄般健壮肌肉的乔戈退缩。两位氏族首领冲彼此大喊大叫。之后，乔戈换到其他捕鲸船上工作，不再接受哈里奥纳氏族继续提供给他的鲸鱼肉干，而且据说他和他的母亲——一个因诅咒而臭名昭著的脾气暴躁的寡妇，正在酝酿一些伏都巫术来报复。

接近6月底时，哈里奥纳氏族一位长老的右膝到右肩开始出现疼痛。他已经六十多岁，接近大多数拉玛莱拉人去世的年纪，所以可能是出于自然原因而疼痛，但人们注意到他是身体右侧遭受痛苦，而哈里奥纳氏族扩大的也是船棚的右侧。

然后乔恩的右腿被压断了，这让一些拉玛莱拉人相信，不仅是活人诅咒了哈里奥纳氏族，死人也同样：尤其是雅科布斯·“博索”·贝利达·奥莱奥娜（Yakobus “Boso” Belida Oleona），他是一名鱼叉手，近一个世纪前，他从捕鲸船的竹制平台上跳下去刺杀一头鲸鱼，但他再也没回到海面。每当风暴席卷海面时，博索就会离开令人不适的旋涡，沿着哈里奥纳船棚西边的小路回到他以前的房子——至少在哈里奥纳氏族改变船棚、冒犯他之前是这样的。由于乔恩的腿继续肿胀，每个人都认为要等船棚修好后他才能痊愈。“三巨头”氏族越来越担心祖先被他们后代之间的分歧激怒，并开始敦促克里斯宾在每个人都受到惩罚之前找出解决方案。

起初，克里斯宾指责乔戈的母亲诅咒乔恩。最终，他和他的族人还是将船棚恢复到原来的样子。然而，在乔恩受伤近两周后，他的健康状况仍然不乐观，哈里奥纳氏族的首领命令族人聚集在哈里奥纳“灵魂之家”。

那一天，午后灿烂的阳光慢慢消退，天空变得灰蒙蒙，大多数拉玛莱拉人都带着污水桶去找他们的猪，哈里奥纳氏族的族人穿着他们最好的纱笼，走向他们的“灵魂之家”。路上，有些人停下来查看一张钉在城镇广场榕树树干上的纸，纸上手写着国家总统选举的结果。

那天早上，百分之八十七的拉玛莱拉人在选票上用钉子戳中佐科·维多多的名字，把票投给了他，随后他当选了印度尼西亚新总统。捕鲸者之所以支持他，是因为他们钦佩他作为木匠自力更生，努力到达如今的位置。尽管他是穆斯林，在这个世界上人口最多的伊斯兰国家是政治必需品，但人们觉得他同情陷入困境的印尼天主教徒少数族群，拉玛莱拉人认为自己也身居其列。佐科在竞选时承诺当选总统后会大力投资印度尼西亚东部的港口、道路和其他基础设施，开放该地区未开发的森林、矿产和渔业，从而补充该国人口过剩的核心地区已经消耗得所剩无几的资源，重振国家衰退的经济。但拉玛莱拉人却没有认真思考过这些承诺对他们而言意味着什么。也就是说，没有一个拉玛莱拉人知道，把票投给佐科，实际上是在鼓励一个很快会改变他们生活的进程。

哈里奥纳氏族的一些男子将乔恩从悬崖上带到了隐匿在他们基地的“灵魂之家”。这所房子与邻近的带有生锈的锡屋顶的砖房没有什么区别，但对哈里奥纳氏族来说，这是他们的祖先每次从海上来访时居住的神圣居所。

乔恩被安置在主房间中央的一把椅子上，虽然狭小的空间里挤满了人，但每个人都尽可能地与他保持距离，仿佛他的病会传染。天黑时，整个氏族已经集结起来。克里斯宾用横梁堵住前门。一个光秃秃的卤素灯泡微弱地闪烁着，并不比角落里的蜡烛亮。

为了让人们停止交头接耳，长者低声呵斥：“注意仪式！注意仪式！”

外面海浪的哗哗声从玻璃窗的缝隙中飘了进来。每个人都安静地坐着，低着头。

然后有人用拳头敲响了门。面对入口的乔恩抬起头来。

克里斯宾这个大块头从一把细长的塑料椅子上起身，大步走到门口，把耳朵贴在木头上。里面传出老者嘶哑的嗓音，但所有人都知道，这其实是乔恩的灵魂在说话。那声音用正式的拉玛莱拉语要求进入“灵魂之家”。克里斯宾询问灵魂想要什么。乔恩的灵魂再次恳求让他进来。克里斯宾再次发问。在这样的提问和回答重复第三遍后，克里斯宾移开了横梁。

一位憔悴的老萨满蹑手蹑脚地走进房间，他的身上散发着浓浓的盐水味道，他那乱糟糟的白胡子正滴着海水。在鲸鱼夺走乔恩的灵魂之后，祖先将他的灵魂囚禁在萨武海中。这位老萨满刚刚游入萨武海，从海浪中夺回了乔恩的灵魂。然后他为族人可能对氏族的捕鲸船波利沙邦号造成的任何冒犯而道歉，并用圣水清洗捕鲸船。现在，乔恩靠在老人身上，老人往他的身上泼盐水。老人一边低声唱着歌，一边向看不见的祖先请求宽恕，并拉了乔恩的刘海三下。接下来，他将拇指浸入一碗椰子汁，在乔恩的额头上画了一个“十”字。这个符号在昏暗的灯光下闪闪发亮。它像泪水一样从乔恩的脸上流下来。

乔恩的灵魂已经回到了他的身体里，令人毛骨悚然的紧张气氛缓和了。然后这位老萨满在房间里转了一圈，用拇指指着每个哈里奥纳族人额头上的十字架。

该仪式被称为有害语言清除仪式。对拉玛莱拉人来说，文字按照字面意思发挥力量。他们对这点深信不疑，以至在捕鲸时，为了避免招致不幸，拉玛莱拉人会使用完全不同的词汇。例如，如果他们在海上本来想说“刀”，但这个词的锋利特性可能会导致他们的绳索被切断，所以他们会说“勺子”来代替。因此，当乔恩负伤被抬上沙滩，他的女性亲戚们哀叹他注定要死时，他的情况就真的越来越糟。当努德克人诅咒他的族人时，厄运降临在他的身上。然而，刚刚举行的仪式已经消除了那些诅咒，而且更重要的是，恢复了部落的团结。

突然，乔戈护着他一瘸一拐的妈妈进了房间。那天早些时候，克里斯宾带着一罐棕榈酒到乔戈家，他作为哈里奥纳氏族的首领向乔戈道歉，然后他们一起喝了棕榈酒。喝了一下午酒，加上被证明是无辜的乔戈神气地向每个人眨了眨眼。他也很高兴，因为乔恩的外祖母在婚前是努德克人，乔恩是他的近亲，所以看到乔恩受苦他也很难受。之后哈里奥纳氏族的妇女进来了，她们端着装满食物的盘子，有从紫色煮到变成黑色的鲸鱼肉，有尝起来像涂了凡士林的轮胎橡胶的蒸蝠鲼胃，有混合了碎玉米粒的红米，还有一碗被辣木叶染绿的汤。乔恩的一个表亲拿着一罐棕榈酒给男人们喝。

房子里挤满了邻居，一种欢快的节日气氛取代了仪式的庄严感。乔恩住在马路对面的朋友本·布里科洛隆穿着选举监督员的绿色涤纶制服，跌跌撞撞地走进了房间，他双眼通红，卷曲的头发贴在冒着汗水的额头上。镇议会用棕榈酒作为他监督投票的薪水。喝酒之后，醉意未散的他大喊："乔恩是最棒的！"很快，本和其他年轻人就开始讨论荷兰和阿根廷之间的世界杯半决赛谁会是获胜者，他们将在当晚通过该镇新架设的卫星天线观看比赛。令乔恩印象深刻的是，一个流氓甚至将阿根廷前锋莱昂内尔·梅西的球衣号码剃在了他的板寸头上，尽管此举导致他被伊格内修斯扇了一巴掌，并被说教了一番。

看起来唯一一个不开心的人是乔恩，他在那儿坐着，右腿僵硬地摆在面前，好像想绊倒别人似的。人们停下来用那天投票时沾满墨水的拇指蘸取他杯中的棕榈酒，然后在他的额头上画一个"十"字，这是大家当天注意到他的唯一时刻。

到八点钟，努德克人、哈里奥纳人和他们各自的朋友已经划分阵营，站到了房间相对的两侧。但村庄很小，余生大家每天抬头不见低头见，所以礼貌还是被放在首要位置上的，除了乔戈的母亲，她公开幸灾乐祸地说"大海已经给出了证明"，指乔恩受的伤是"他的纪念品，一种提醒"。乔戈离开时带走了五十条鲸鱼肉干和四十片鲸鱼皮，因为船棚的事情，他一直拒收这些"租金"。

之后，乔恩与伊卡和外祖父母坐在前院，沐浴在月亮的铂金光辉中，凝视着海滩，看看海龟是否来产卵，他们会拿走这些蛋。有时，他对必须赡养外祖父母和妹妹感到非常不满。但当他俯瞰闪耀着铂金光芒的大海时，他的内心只有养活家人的欲望。他试着弯曲自己的腿。在他看来，他的腿已经可以移动得更顺畅了。他还有成为鱼叉手的希望。

四晚后，凌晨三点左右，乔恩的手机闹铃把他吵醒了。今晚他的身体终于恢复得差不多，可以越过把他困在屋子里的悬崖了。几个星期以来，他一直注视着下面村子里发生的一切，就好像在凝视着一个动物饲养箱一样，但他一直被孤立，因为当他呼叫下面路上的朋友时，他们通常都很忙，没时间攀上高峰来看他。他的右腿还不能承受太大的重量，所以他花了将近十五分钟才走了四分之一英里，坐着滑下楼梯，然后，一到达楼梯底部，他就加速往前走了几百英尺，直到左腿累得需要休息才停下来。

乔恩一瘸一拐地走进一位老师的院子里，这位老师用政府发的工资购买了卫星天线。这时每个人都喊道："乔恩！"但他不得不坐在院子里的砖头上，因为在场的三十五个人都没有想过要腾出椅子给乔恩坐。每个人都太专注于世界杯决赛了。幽灵般的足球运动员从投影仪中流出，流过覆盖着床单的弹簧箱。在场的观众大多是年轻人，但也有一些住在国外的长者加入了他们的行列，其中包括拒绝拜访西普里的"三巨头"氏族成员库帕。很快，乔恩就开起了玩笑并大喊大叫。他不在乎谁赢了：对他来说，重要的是与同龄人一起欢呼，以及与全球超过十亿的观众一同观看比赛，在柏林、布宜诺斯艾利斯、纽约等地，都有被巨大的比赛转播屏幕吸引的人群。总共有三十二亿人，将近全球人口的一半，至少看过一场世界杯比赛。观赛让他短暂地觉得自己是现代世界的一部分。

中场休息时，漂亮的摩托车穿过床单，在夜间大都市的泛光灯下疾驰；涂着正红色唇膏的嘴唇在具有色情意味的慢动作中吮吸着肯德基炸鸡的鸡腿；印尼和白人混血的模特展示着可以使黝黑肤色变得白皙的美白霜。与比赛不同的是，这些广告让乔恩觉得拉玛莱拉的生活贫穷、丑陋、落后，与现代化隔绝。也许，他想，如果他住在雅加达，他就能拥有这一切。

下半场比赛以0：0的比分结束。在第一次加时赛中，每次传球，拉玛莱拉人都跳起来大喊大叫，摇晃着香烟的余烬，但两支球队都没有进球。然而，在第二次加时赛还剩不到两分钟的时候，一记弧线球越过阿根廷防线，一名德国前锋凌空抽射将球踢进球门。

院子陷入了片刻沉默。在与院子相邻的丛林中，由一群昆虫和两栖动物组成的管弦乐队正在演奏。

随后，德国队球迷冲着阿根廷队球迷大喊："德国！德国！德国！"人们互相推搡。一名阿根廷队的支持者拔掉了投影仪的插头，机器砰的一声倒在了石板上。院子里立马一片漆黑。

屋主怒吼着让所有人离开。蝙蝠在黎明前灰暗的天空中飞来飞去。锈迹斑斑的摩托车载着年轻人回家，一路上发出轰鸣声，路过走向海滩的父亲和祖父们。这些顽固的捕鲸者每天早上仍然坐在他们的捕鲸船前，难得凑齐一整支桨手队伍时，就可以用一条祖传的捕鲸船代替乔森出海。长者们看着黑暗中的大海露出波浪，而年轻人则回到了他们的床上。

随着时间进入7月下旬，乔恩开始单腿从海滩跳到拉玛莱拉高原地区最高的悬崖。他甚至因此得了一个临时绰号——"裹尸布鬼（Pocong）"。这是传说中的印度尼西亚裹尸木乃伊，因为双腿被绑在一起，所以通过跳跃来移动。虽然他确实在痊愈，但速度慢得令人沮丧。他为自己设计了一个业余的理疗方案，每天花费数小时伸展和锻炼右腿。随着肿胀消退，他脚趾的肌腱露了出来，但他的小腿仍然疼痛。即使在状态最好的情况下，他也不是一个耐心的人，现在这个样子简直快把他弄疯了。由于他储存的以备不时之需的鲸鱼肉干和飞鱼干已经吃完了，他再次出海的心情变得强烈。

7月15日，捕鲸的号召声响起，此时距他受伤已经过去了近三周，乔恩跳到海滩响应号召。他希望能划桨，毕竟他的手臂很健康，但波利沙邦号已满员，其他捕鲸船也没有邀请他。他只能凄凉地看着船队把一头雄鲸带回家。第二天早上，在捕鲸者开始屠宰之前捕获的鲸鱼后不久，鲸鱼喷口再次出现在海面。这一次船队的运气更好，他们在天黑后带着三头青年雄鲸回来了，其中一头被波利沙邦号带走了。第二天太阳一升起，海滩上就挤满了几乎所有拉玛莱拉人，他们在附近的巨石上磨刀，因为尽管乔恩和其他许多人没有帮助刺杀鲸鱼，但祖先之道确保他们可以通过仪式化的鱼肉分割和分享来获得一杯羹。

首先，建造波利沙邦号的老船匠在捕鲸船捕获的鲸鱼的灰色皮肤上切割出线条，高效地将鲸鱼分成几部分，并引导乔恩和哈里奥纳氏族其他男子用刀具操作。然后，比乔恩更灵活的捕鲸者往光滑的鲸鱼皮上扔了几把沙子，这样他们就不会脚滑，再爬上鲸鱼尸体。两英尺长的剥皮刀刀片能穿透鲸鱼一英尺厚的鲸脂，他们以三英尺的间隔迅速用刀在鲸鱼身上切出一道道条纹，覆盖从喷水孔到尾鳍的部分。每条条纹的顶部都钻了一个洞，用一根绳子穿过开口，然后乔恩和其他捕鲸者猛拉绳子，很容易就剥掉了整块鲸脂。通过重复这个过程，哈里奥纳氏族将鲸鱼尸体剥到了核心部分。到最后，只有鳍状肢还留有皮肤，它们靠在肉上，就像戴手套的手试图盖住赤裸的躯干。在此之前，这头鲸鱼出奇地没有发出任何气味，但现在，随着太阳加热被剥皮的肉，死亡的恶臭淹没了海滩。在两小时内，这些人像在拆解一条面包的蚂蚁一样，削掉成吨裸露的肉，在船棚前把鲸鱼排堆成整齐的金字塔。

将鲸鱼的上半部分切好后，就该翻转尸体了。附近的每一个身强力壮的人都抓着绑在尸体上的绳索，仿佛在准备一场盛大的拔河比赛。嘿哟！哈里奥纳氏族的首领克里斯宾喊道："用力拉哟！"起初，很难相信就这么一百多个人能够拉动一丝一毫。但随后鲸鱼的另一侧嘴唇开始上扬。嘿哟！嘿哟！拉玛莱拉人将其向上推进几英寸，其他人则将原木楔入其下方，防止其滑落。最后，鲸鱼尸体以一个危险的角度摇晃起来，而部落成员倾斜到几乎与地面平行的程度，仅靠绳索的张力支撑着。然后鲸鱼翻转，撼动了整个海滩，冲击力像一场轻度地震一样。

去骨、瘪了的下半部分鲸鱼终于加入鲸鱼排金字塔后，哈里奥纳氏族围着肉塔坐成一圈。接着鱼叉手开始轮流给每个族人分像砖一样厚实的鱼肉，每个人都能得到平等的一份。这是拉玛莱拉的基本仪式：鲸鱼肉份额的划分，作为股东能得到的红利。每条捕鲸船（和乔森）的组织形式同公司一样，每个船员都获得一份股份，即鲸鱼肉份额，不参加捕猎的氏族成员也能分到鱼肉，例如寡妇，以确保每个人都有肉吃。在某些情况下，一些人会收到多份鱼肉。例如，鱼叉手就能获得两份鱼肉，作为对他更具危险性的工作的认可。他还能得到鱼叉手的专属鲸鱼肉份额（Kélik），但还必须分给别人，作为祖先对他的提醒：他最重要的工作是养活部落而不是自己。（如果鱼叉手吃掉这份专属鱼肉，祖先会让他的头肿胀到无法支撑，不得不在地上拖着脑袋走。）一个人如果履行了多重责任，就可以分到多份鱼肉。为凯纳普卡号工作的弗兰斯就得到了两份鱼肉，一份是作为打造鱼叉的奖励，一份是作为船长的奖励。因为波利沙邦号会将鱼肉分成大约四十份，如果他的氏族单独带走鲸鱼，乔恩将获得大约十几吨鲸鱼肉中的四十分之一鲸鱼肉。但因为另外一条捕鲸船帮了忙，捕获的鲸鱼将由两个氏族平均分配，所以他的份额被削减了一半。从剑鱼到棱皮龟，其他猎物也根据这个体系进行分割。所有这一切都意味着鲸鱼肉份额是拉玛莱拉人最重要的权利和身份标志。

那天祖先的恩赐非常丰厚，以至大多数拉玛莱拉人都分到了一份鱼肉。不过，为数不多的没有用鱼叉叉到猎物的氏族，依旧是按照祖先之道被供养。渐渐到了傍晚，伊卡和其他收到股份的拉玛莱拉人将鲸鱼排送给氏族中不幸的亲戚、邻居和朋友，这个礼物有各种各样的名字，但最常被称为“鲸鱼肉礼物（Bĕfãnã）”。每个人做出慷慨行为背后的原因各不相同——有人是回报自己以前收到的鲸鱼肉礼物，有人是出于对家族关系的尊重，有人是在做慈善，但它们共同体现了祖先的指示，即所有拉玛莱拉人都应该与部落分享他们个人的好运。到晚上结束时，村子大约百分之九十的人都收到了鲸鱼肉。

人类学家将拉玛莱拉评为世界上最慷慨的社会之一，远比美国人和欧洲人更加慷慨，主要原因就在于鲸鱼肉礼物。1999年，人类学家让拉玛莱拉人参与了一项名为“最后通牒游戏”的实验，该实验通过观察参与者如何与另一个人分一罐钱来衡量他们利他的程度。人类学家跨越十二个国家和四大洲，与现代公民以及十五个不同的传统社会的成员一起玩这个游戏，从非洲的狩猎采集者到亚马孙刀耕火种的农民，不一而足。通过比较结果，人类学家研究偏远地区民族之间慷慨的文化规范有何不同。在工业化国家，他们发现参与者是自私的，将大部分钱留给自己。然而，大约三分之二的拉玛莱拉人将钱平均分配，另外三分之一的人实际上分给别人的钱比留给自己的更多，将本来是要引出自私概念的实验变成了利他主义的例证。在所有民族中，拉玛莱拉人是最慷慨的，人类学家将此归功于他们在划分鲸鱼时经常表现出的开放态度。

这种利他主义对于部落的生存至关重要，因为人类学家已经确定，鲸鱼肉礼物的存在是为了消除捕鲸收获时好时坏的性质。在一个标准年份里，拉玛莱拉人会捕获二十头抹香鲸。由于有二十一个氏族，所以每年每个氏族大约有一头鲸鱼。研究人员计算出，一头普通尺寸的抹香鲸可产约一万五千磅肉，可满足约一百人一年的蛋白质需求。这意味着该部落通常捕获的鲸鱼数量恰好能养活其一千五百名成员，并且仍有少量盈余的肉可供交易。然而，一个氏族可能某年会捕获两头鲸鱼，而第二年空手而归，另一个氏族可能第一年空手而归，但第二年捕获两头鲸鱼。若氏族之间不分享鲸鱼肉，幸运的氏族大快朵颐时，空手而归的倒霉氏族就会饿死，最后原本幸运的氏族也会遇到空手而归的时候，也饿死了。

因此，鲸鱼肉礼物的实际目的是通过赠送礼物的方式将盈余的肉重新分配到需要的人手中，最终这种善意也会得到回报。所有狩猎采集者在某种程度上都在实践这种良性循环，因为合作和分享对他们的生存至关重要，这也是觅食群体比工业社会的人更加平等和慷慨的主要原因。人类学家利用这些事实来论证现代人类实际上比他们的祖先过得更糟。但对乔恩和其他拉玛莱拉人来说，这样的常识就是祖先之道。

尽管乔恩身处地球上最慷慨的社会之一，但他也不能幸免于其他社会的人们饱受折磨的人际争吵。某种第六感让霍尼怀疑乔恩出轨了，她不断发短信和打电话要求他避开部落的女人，甚至是与他关系亲密的表亲，乔恩对此感到不满。他们常常吵得一发不可收拾，直到其中一个人的话费都用完了，被迫打断了争吵。然后第二天，由于害怕自己对这段关系造成了无法弥补的损害，他们会通过一连串疯狂的短信或电话来补救。

霍尼的担心是对的，尽管有些过头了。虽然乔恩并没有脚踏两条船，但他一直在玩简化版脸谱网。他的黑莓手机很旧，许多按键都掉了，用没有字母的橡胶剪纸取代。乔恩已经向每个写着居住在拉姆巴塔岛的女孩发送了好友请求。三十四个人同意了。乔恩开始和她们互发短信。在朋友们面前，乔恩坚称自己只是在打发时间。毕竟，他见到这些女孩的机会很渺茫。但有一天，霍尼从一个朋友那里得知了他的小动作，于是她打电话给乔恩，用离开拉姆巴塔岛后学到的大城市口音，假装是一个有兴趣见他的女孩。乔恩没有通过她的忠诚度测试。很快，他的黑莓手机里就收到了霍尼妹妹发来的信息："别再烦我姐姐了。"片刻之后，第二条信息传来："她有新男友了，比你好看，比你有钱，比你更忠诚。"

不幸的是，乔恩无法回复，因为他没有话费了。他向他的朋友们借话费，但等话费终于够了后，霍尼不接他的电话。几天后，他们终于说上话了，霍尼问他是否想谈恋爱。乔恩告诉她，如果她愿意，他也愿意。但她要求他先说出自己的感受，他没有开口，霍尼就把电话给挂了。

乔恩告诉他的朋友，他第一次心碎了。"有些人会因此发疯，"他说，"但我不会。以后的我不会再受伤了。"他宣称自己会很沉着，因为他是个成年人。但事实是，他的心比腿还痛。

几天后，霍尼哭着给乔恩打电话。

“如果你想和另一个人在一起，你就去吧，”他跟霍尼说，“但你要是非得回来我身边，我也不拦着。”那是他对她的最后一次挖苦，很快他们又订婚了。

不久之后，弗兰斯每周都去乔恩家做客。从下午到晚上，他一直用圣水擦乔恩的腿，并宣称他的力量几乎已经治愈了乔恩的腿。很快，乔恩就可以继续捕猎了。

第五章

孩子，这就是杀死鲸鱼的方式

2014年7月16日

伊格内修斯—本

布里科洛隆家的男孩们从小就以一个完美的视角看着父亲的背影。大多数日子里，伊格内修斯站在捕鲸船竹制平台的前端，脚趾悬在边缘，脚跟踩在竹子上，他的儿子们则蹲在最下面的梯级上，专心地等待他给出信号。

伊格内修斯的背部很漂亮。他很少穿衬衫，他的肌肉比例自然，令人印象深刻，他的肌肉力量是通过一生的体力劳动获得的。阳光把他的皮肤晒得近乎紫黑色。即便是在海浪汹涌的时候，他也只是膝盖微微弯曲，双手紧握在身后，轻松自在得就像一位在自己的场地上漫步的绅士。有时他会倾斜身子，一只脚的足弓会赤裸裸地露出来，白且脆弱。连续几个小时，他仔细观察着远处和附近的海浪，关注着一切事物——除了在他身后等待他给出信号的儿子约瑟夫、翁杜和本。

伊格内修斯不仅是他那代人中最著名的鱼叉手之一，还是那个时代最伟大的拉玛莱拉造船匠：截至2014年，拉玛莱拉大约三分之一的捕鲸船船队是他的杰作。他会花几天时间手工打磨捕鲸船的木板，为的是船板最终一块、两块、三块就像拼图一样组装在一起时，其他捕猎者会用指关节敲击船体，并喃喃赞许道："这条船不需要髓。"意思是不需要用棕榈胶和纤维来密封它们。

他以工作孜孜不倦而闻名。即使在休息的时候，他也会把巴西红木削成鱼钩，或者用棕榈叶编篮子。他将纬线和经线编织得十分紧密，他的妻子可以提着这个篮子从一公里外的井中取水而不会漏出一滴。如果有人正在盖房子或打造捕鲸船，他只要有空，就会去帮忙，不要求任何报酬，只要给他几杯棕榈酒就行。他花时间与年轻的捕猎者一起解剖鲸鱼尸体，向他们展示从哪里刺破风箱状的肺或者在巨石大小的心脏上的哪个地方穿孔，这种做法为他赢得了他引以为傲的"鱼叉教授"的称号。

他的幽默恰到好处，而且他本人充满智慧且熟悉祖先之道，因此是村里男人之间解决纠纷时最喜欢找的"法官"。部落里的女人，无论老少，都挑逗性地和他调情。唯一令人生畏的地方是，他充满快乐与热情，对任何装病的人来说，这就是一种斥责；他工作时毫不费力就能达到完美的程度，对犯下任何错误的人来说，这就是一种间接的谴责。在整个村子里，似乎只有两个人与他合不来：他的长子约瑟夫，有时还有他的小儿子本。

然而，没有人会说伊格内修斯没有教好他的儿子们。他专注于制作捕鲸船，也将这种完美主义应用在抚养孩子上面。他以祖先之道的方式教导他们：严格且严厉。他就是这么被抚养长大的。小时候，如果伊格内修斯在给捕鲸船做木板时犯了一个错误，他的父亲会打他。这种严厉的爱在当时是标准做法，如今在拉玛莱拉仍然不少见。但他从未因对父亲的恐惧而减少对父亲的爱。他以《旧约》中的方式尊敬父亲：既敬畏，又恐惧，且困惑。那么不管他和其他人相处得多么愉快，他期望自己的儿子也能这样尊敬他，或许就不足为奇了。在使用鱼叉、航海、造船、绕绳、捕鲸以及拉玛莱拉男人会的所有其他技能方面，他确保自己每一项都出类拔萃。（他在养育儿子方面的一个遗憾是，他在他们面前从不试图隐瞒自己对棕榈酒的热爱，他偶尔会醉酒，但孩子们没有把这当作一种教训，告诫自己避免饮酒，他们认为这是父亲允许自己喝酒的表现。）然而，在伊格内修斯眼里，要求完美是在帮助孩子们做好面对世界上的苦难的准备。

2014年4月，一个做完礼拜后的星期天早上，伊格内修斯的三个儿子都聚集在他们父亲的家门前。幼小的棕榈树从腐烂的椰子壳中爬出，这些椰子壳躺在它们几个月前倒下的地方。黄貂鱼的尾巴挂在竹架上太久了，它们已经干硬得像永远无法弯曲的马蹄铁。像木头一样粗的抹香鲸肋骨散落在泥泞的院子里，脊椎柱已经分崩离析。曾经，伊格内修斯的妻子特蕾西娅将所有战利品整齐地堆放着，并把上面的肉都刮干净，直到它们亮白得像孩子的牙齿一样。但现在，自从她一年前去世，一缕缕发黑的肉挂在新鲜的骨头上，腐烂得连残趾壁虎都不吃。

长子约瑟夫告诉父亲，他和他的弟弟们已经准备好接管家族领导的捕鲸船德摩沙邦号（Demo Sapang）了。他说，他们想让父亲在劳累了一生之后休息一下。

但伊格内修斯对琐碎小事不感兴趣。他说："我不要只照顾孙辈和织船帆。"他坚称自己的身体条件还可以努力工作。他的身体仍然像举重运动员一样硬朗，而且他经常只穿着一条围在腰间的纱笼，炫耀自己的身材。但是他将近七十岁的脸上布满了皱纹，除了耳朵上方还有一丛蓬松的白发，他的头发几乎已经掉光了。

“你老了。”约瑟夫告诉他。

伊格内修斯的眼眶红了，他看着他的儿子们，吸了一口白万宝路香烟。他的脸颊凹陷，下垂严重，只有三颗发黑的牙齿支撑着。他的三个儿子都吸烟，最近因为他有慢性咳嗽一直要他戒烟，但他没有理会他们的建议。尽管如此，当他买得起比棕榈叶香烟更好的东西时，他开始更喜欢抽白万宝路，因为它们有令人麻木的薄荷醇。他以前最喜欢红万宝路，但抽了之后他的咳嗽更严重了。“我的身体还很硬朗，”他争辩道，“如果你们都不响应捕鲸的号召，那我自己去拿鱼叉。”然后他向儿子们喷了一口烟雾。

伊格内修斯的话并非随便说说而已。他继续担任德摩沙邦号的船长，尽管他大部分时间都将自己在竹制平台上的位置交给了约瑟夫，自己则划动着大船桨。然而三年前，有一天当他的儿子们在听到捕鲸号召唤后未能及时赶到海滩时，他在没有他们的情况下启动了德摩沙邦号。发现捕鲸船不见了的儿子们问那些注视着地平线的妻子：“是谁带德摩沙邦号下海的？谁是鱼叉手？”

“你父亲。”妻子们说。

每个人都笑了。没有人知道伊格内修斯的确切年龄，但人们认为他是在第二次世界大战差不多结束时出生的，这意味着他可能已经快七十岁了。

当捕鲸船返回时，约瑟夫问是谁用鱼叉叉中这头被拖入海湾的抹香鲸的。“你父亲。”妻子们再次回答。

今天，伊格内修斯和他儿子们之间的争论照例进行。约瑟夫承诺他们会努力向伊格内修斯致敬，但伊格内修斯回答说他还没有准备好退休。此外，他觉得在本杀死他的第一头鲸鱼并成为鱼叉手之前，他不能退休。自古以来，伊格内修斯的祖先就一直是鱼叉手。

那时，人们说塞兰·布里科洛隆氏族是最后的真正的鱼叉手血统之一，这让伊格内修斯觉得保持传统更加重要。偶尔他会抱怨部落在20世纪90年代废除了将鱼叉手定义为世袭职位的法律，并认为如今旧等级制度会瓦解都怪这个决定，因为现在处于权威职位的这些人是祖先从未打算让他们掌权的人。

如果他不再出海，伊格内修斯问道，谁来教本？约瑟夫主动提出由他来指导最小的弟弟，因为他比本大了将近二十岁。但伊格内修斯拿起锄头，表示谈话结束了，并命令他的儿子们帮他砍伐原木来制作新的舢板。

三人跟着父亲来到船棚，伊格内修斯说了一句他的儿子们不知道该怎么回答的话："再说了，你们的妈妈已经去世了。如果我死在海上，我就可以和她相聚了。"

伊格内修斯在成为他那一代伟大的鱼叉手之一的道路上起步较晚。他的父亲威利布罗德斯·德蒙（Willibrodus Demon）是一名鱼叉手，而伊格内修斯在十几岁的时候就站在父亲身后的竹制平台的底座上，将合适的矛头与竹竿配对，并在父亲掷下第一根鱼叉后配好第二根鱼叉。他天生是左撇子，但由于左边被认为是邪恶的一边——左手做的是魔鬼的工作，如果他忘记用右臂举起鱼叉，他的父亲就会打他。（最后，这种后天训练未取得完全的成功，因为在他父亲去世后，虽然伊格内修斯会用右手刺像鲸鱼这样的大型目标，但对于像海豚这样灵活轻便的猎物，他会转而使用左手。）威利布罗德斯在捕猎时很少说话。但是当他们每晚从公共的棕榈叶盘上舀米时，老人会训斥儿子犯下的错误。

多年过去，伊格内修斯结婚了。约瑟夫出生了；接着是威利布罗德斯·德蒙二世（Willibrodus Demon II），但他还是个婴儿时就死于疟疾；然后是威利布罗德斯·博昂·“翁杜”·德蒙三世（Willibrodus Boeang “Ondu” Demon III）；接着是五个女儿；最后是本。其他氏族提出让伊格内修斯担任他们捕鲸船的鱼叉手，但他一心想在德摩沙邦号上接管父亲的位置。随着父亲年龄增长，他更频繁地代替父亲出海。最后，当伊格内修斯大约三十岁时，他的父亲去世了。在去世之前，父亲让伊格内修斯发誓，他会守护德摩沙邦号，直到他可以将其托付给自己的儿子。

许多年后，德摩沙邦号最终屈服于鲸鱼的拍打和经年累月的风吹雨打，伊格内修斯将其拆解，保留还能用的木板。然后，他在东部未受破坏的丛林中砍伐了巨大的榕树，让它们沿着海岸漂流。他建造了新的德摩沙邦号作为旧版的复制品，就连最小的内部销钉都是按照旧版打造的。他甚至将旧德摩沙邦号的几块木板合并到新版的木板中，为的是从建造之始就转移存在于布里科洛隆氏族每一个版本的捕鲸船中的精神。他在船头上雕刻了一张亚洲狮的脸，这是氏族的象征。因为那时拉玛莱拉还没有油漆，所以他们只能采取雕刻的方式。

伊格内修斯在德摩沙邦号上杀死的第一头鲸鱼里面有两块龙涎香，每块都有一个椰子那么大，部落解释称这标志着他的捕鲸事业将得到保佑。很快就有人说他一击即中，即使是最敏捷、最难叉到的飞旋海豚也逃不过他的鱼叉。晚上，他梦见捕鲸。甚至在教堂里，他一边听布道，一边在脑海里回放叉鱼的动作。作为他那个时代的第一个鱼叉手，他叉中了二十二头鲸鱼。他把这个数字刻到了他家的木墙上，他还帮助其他鱼叉手叉中了几十头。约瑟夫和翁杜站在他身后鱼叉手平台的底部长大，就像他站在他父亲身后一样。本出生得晚，比翁杜晚了将近十年，但很快他也在海上当学徒。有一天，伊格内修斯向他们保证，他们会接管他的位置。

“孩子，这就是杀死鲸鱼的方式。”伊格内修斯在本十三岁时告诉他。他高举着巨大的鱼叉头（Kāfé kotekělema），鱼叉头近一英尺长，用黑铁制作，上面覆盖着一层红色的锈迹。刀刃经过多次磨光，变成了一把银色的剃须刀，用钢筋制造的反向鳞片形成了它特别的样式。这种武器没有手枪那种工业制造品那么完美，手枪可以从远处残酷地杀人。但这个鱼叉头的每个缺口背后都是一个伊格内修斯和本非常熟悉的战争故事。

伊格内修斯把这个武器递给本。它比实际看上去还要重。

“你能感受到吗？”

本知道他父亲的意思是，问他是否感受到了鱼叉头完美的平衡感、力量和精神。伊格内修斯告诉本，鱼叉头的灵魂与他的祖先和“灵魂之家”的灵魂相连，并通过它们与他自己的灵魂相连。

伊格内修斯向本展示了如何将矛头拧入鱼叉竿内的竹制V形夹，将这个巨大的鱼叉竿磨得光滑发亮的不是在本之前握住它的一千双手，而是握住它数千次的同一双手。十六英尺长的武器差点让本倾倒。就算他稳住身子，也无法阻止它左右摇摆，仿佛它有自己的生命一般。当他试图控制住右侧时，左侧就会失控。

然后伊格内修斯给了他一条他永远记得的忠告：“对鱼叉手来说，最重要的不是手臂的力量，而是思想和心灵的力量。”

这对本来说意义重大，因为他的体形比其他孩子小。然而，直到最近，他才意识到家里的每个人都身材矮小，包括他的父亲。其他鱼叉手拥有角斗士般的身材，而塞兰·布里科洛隆氏族的人并非如此，他们像跑步者一样拥有结实矫健的身体。

“鱼叉的动作反映了你内心的动作，”伊格内修斯建议道，

“随着鱼叉移动，而不是反其道而行之。你的内外达到平衡比使用蛮力更重要。”

本接受的鱼叉技术方面的大部分正式指导都是在那天下午进行的。伊格内修斯带着他了解七个鱼叉头、九根绳索和十根鱼叉竿中的每一个，然后有条不紊地解释每种组合在哪些情况下使用、对应哪种猎物。弩炮式鱼叉用于刺杀大型猎物（如蝠鲼），长而轻的投掷鱼叉用于刺杀海豚。在那之后，当他们偶尔遇到一种新的、稀有的猎物时，如儒艮、居维叶喙鲸、伪虎鲸，伊格内修斯会在海滩上宰杀它时解释它的解剖结构。晚上，他会讲拉玛莱拉的神话，讲述古老的狩猎故事，他的儿子们则用椰子壳捞起鲜鱼和红米，因为拉玛莱拉当时还没有西式餐具。

但大多数情况下，本站在他父亲身后，看着他如何以老虎般的风度在竹制平台上保持平衡。他关注着父亲在追逐鲸鱼的过程中指挥普通船员的手势。他记下了父亲何时跳跃以及这位经验丰富的捕猎者如何掷出鱼叉。有时，当他们吃掉伊格内修斯那天捕杀的任何猎物时，伊格内修斯会补充几句，解释自己为什么瞄准侧鳍的前面而不是后面，或者自己是怎么知道蝠鲼会重新出现在捕鲸船的左侧而不是右侧的。但在本的学徒生涯中，他参与的最多的活动是“加鱼叉”，即在他父亲已经掷下第一根鱼叉之后立马补掷第二根鱼叉，但只针对像海豚或蝠鲼这样的猎物。

到2014年捕猎季开始时，本已经帮助伊格内修斯用鱼叉叉到了许多类型的鲨鱼和小型鳐鱼，但他不能称自己为鱼叉手——他还没有指挥过乔森或捕鲸船，也没有亲自用鱼叉刺捕猎物。他已经二十七岁了，而他的哥哥们在二十岁之前就已经成为鱼叉手。伊格内修斯承诺很快本就会有机会。本提醒自己，对鱼叉手来说，最重要的不是手臂的力量，而是思想和心灵的力量。他最喜欢这句话的地方在于，它含蓄地承认他和他的父亲有着超越他们小身板的精神。然而，最终，他开始疑惑这些课程是不是不仅在教他模仿他的父亲，还在让他成为他的父亲。然后他便试着越过他父亲的肩胛骨望向大海。

在抚养儿子的过程中，伊格内修斯不得不面对一个他父亲没有面临过的选择：是否将孩子们送到拉姆巴塔岛的政府学校读书。关于约瑟夫的决定很容易，因为在20世纪70年代中期，拉玛莱拉只有一所小学。长子被期望着追随父亲的脚步，因此约瑟夫在六年级之前就离开教室去了海边。

十年后，邮递员牵着满载邮件的驴子越过火山，第一批把孩子送到国外上学然后工作的父母开始收到装满现金的信封，受教育的优势越来越明显。对送他的五个女儿到国外上高中，指示她们成为护士并寄钱回家，伊格内修斯没有什么疑义。但对儿子翁杜想上高中的愿望，他感到很矛盾。他认为儿子有选择权，但在他的心里，他认为翁杜更应该成为一名鱼叉手。

伊格内修斯不情愿地把翁杜送到了该省首府帝汶岛的寄宿学校，但翁杜向伊格内修斯证明了他“无愧于祖父的名字”，因为他对学校用棕榈树的果核做饭菜表示不满。在拉玛莱拉，人们认为棕榈树的果核是猪饲料，于是他试图搭便车回到拉姆巴塔岛。这让伊格内修斯确信，萨武海始终会将儿子们召唤回家。这是一个表明翁杜将毫不费力地接受祖先之道的早期迹象，翁杜会成为一个受人尊敬的鱼叉手和村长，并毫无怨言地满足他父亲的每一个愿望。因此，尽管他是伊格内修斯最关注的儿子，但他是老人家最不操心的人。

本在十六岁时，问他父亲是否可以用他的姐姐们寄来的钱和特蕾西娅偶尔在莱沃勒巴卖鲸鱼肉干赚来的钱支付在莱沃勒巴读高中的学费，当时伊格内修斯认为他的儿子不会离开太久。伊格内修斯告诉他，本必须在放假的时候来德摩沙邦号帮忙，这样才不会忘了如何做一个渔民。伊格内修斯对本说："回来之前不要变胖了，也不要因为忘记如何给鱼叉绳打结而丢我的脸，你明白吗？"

不久后的一个早晨，本把他的物品装进一个破旧的背包，用额头碰他父母的指关节，然后乘坐公共汽车越过火山。三个月后，当他休假回来时，他活生生地体现了伊格内修斯的所有恐惧。他剪了胭脂鱼发型，穿着朋克服装，戴着耳环。他的肩膀上有一个做得很专业的魔鬼脸文身，不像乔恩的那么业余。伊格内修斯咬着舌头，相信祖先会引导他的儿子回家。然而，本第二次回来时，带来了一个三英尺高的扬声器，播放着印度摇滚乐，扬声器喇叭都快烧了，他仍然继续播放到凌晨，就像一个声音嘶哑的歌手在表演一样。

然后在本离家上学不到三年时间的一个下午，他和阿纳斯塔西娅·"伊塔"·阿蒙托达（Anastasia "Ita" Amuntoda）一起乘坐汽车回家，伊塔来自位于拉姆巴塔岛遥远的另一端的克当部落。伊塔怀孕很久了。起初，由于不敢面对父母，本躲在位于拉玛莱拉高原地区的翁杜家过夜，但也没能躲多久，因为第二天翁杜就将发生的事情告诉了父亲。当本把伊塔带到他父亲面前时，他父亲看向了一边。伊格内修斯说不出话来。他很生气，但不知道该怪谁。

本的学业到此结束。伊格内修斯不再支付学费，当本要求用他自己挣的钱支付学费以返校读书时，校长在办公室冲着本大喊，叫他出去。几年来，本在莱沃勒巴开卡车赚钱谋生，特意避开在拉玛莱拉的伊塔和伊格内修斯。他痛苦地哀叹自己的命运，为失去高中毕业后上警校的希望而悲伤。

然而，与伊塔相比，本的绝望根本算不了什么。伊塔出生于印度尼西亚一个中产阶级家庭，看着电视上的迪士尼译制动画片长大，从她父母的干货店偷吃糖果，并计划去岛外上大学。但现在，这个十六岁的孕妇被迫住在伊格内修斯的家里，因为她的家人不允许她在结婚之前回去，而且他们还要求本支付高昂的彩礼作为惩罚。由于孩子的父亲在山的另一边，她在部落里谁也不认识。她不再是一个无忧无虑的高中生，她得为伊格内修斯和特蕾西娅做饭、打扫卫生，很快，孩子出生后还得为孩子做饭。特蕾西娅和其他妇女对她很好，她们试图教她拉玛莱拉人的生活方式，但由于她习惯简单地打开水龙头来用水或点燃丙烷炉，从井里提水和砍柴的任务使她筋疲力尽。她对屠宰鲸鱼的血腥工作敬而远之，因为她以前只清洗过一只鸡。同时，她似乎无法掌握当地的鼻音方言。她梦想着能通过某种方法回到她在莱沃勒巴的生活。也许有一天还能上大学，像逃离一场噩梦一般把捕鲸者抛在身后。

当本回家过节时，伊格内修斯不断向他施压，要他重新在德摩沙邦号上做学徒。本拒绝了。但最终他在莱沃勒巴遇到了无工可打的情况，别无选择，只能搬回拉玛莱拉。然而，即使本重新长期居住在自己儿时的房间，他也不愿意恢复鱼叉训练。

伊格内修斯想知道，为什么他的儿子不想成为一名鱼叉手？伊格内修斯年轻时，成为一名鱼叉手是每个捕鲸者的梦想。为什么就因为推土机在丛林中开辟了一条道路，小鱼叉头形状的飞机在海洋一般的天空中拉出白绳一样的轨迹，这一切就发生了改变？他知道祖先为他和他的儿子们感到骄傲，但他不知道本是否也能感受到祖先的满意。

2014年7月16日中午，本看着一艘乔森疾驰驶回拉玛莱拉湾，它滑行得如此之快，以至每次船撞到波浪前端时，它的船头就会从水面上抬起来，当它猛地落下时，会激起一圈水花。乔森提前返回意味着有捕猎者受伤了或者是他们看到了抹香鲸。当船头的人举起鱼叉，一阵风吹来，绑在鱼叉顶端的白衬衫展开，拉玛莱拉人知道了答案。

Baleo! 本和其他几十个人一起咆哮着。他们大声呼喊，直到山上的房子里重复着这一呼声。

海滩上的人收起了他们一直在固定的渔网，浇灭了将半锻的鱼叉头加热到熔化的火光，把半成品舢板推到船棚的角落里，然后跑向他们的捕鲸船。

孩子们在村子里边跑边喊，老妇人扔下手杖，用手捂住孩子们的嘴。Baleo不是统一的呼喊声，村子里的一千五百个声音并不都是同时发出的，而是此起彼伏的。声音最早从海滩上传来，向外扩散，每一个听到它的人都会接力呼喊几秒钟，然后竖起耳朵确认信息是否被更远处的人听到。呼喊声在悬崖上回荡，到达拉玛莱拉高原地区后就扩大成齐声呼喊，然后到果园变成了一连串孤独分散的呼喊声，最后在一英里外的拉玛马努（Lamamanu）村落中以微弱的重复声结束。大约在同一时间，从东边传来的喊叫声证实了外围村庄已经收到了消息，孩子们被派去给在丛林中砍树或在远处海湾钓鱼的人当信使。

捕鲸者们在海滩上冲刺，跃过鲸鱼肋骨，每一步都会扬起沙尘，甚至乔恩也在蹒跚地从一条捕鲸船走到另一条捕鲸船，试图说服那些持怀疑态度的船长给他一个船桨。而本却站在那里一动不动。他面临着一个选择。通常情况下，他的职责是驾驶家族的乔

本正在驾驶卡尼巴尔号。

森——卡尼巴尔号（Kanibal）。但伊格内修斯今天翻山越岭，去找伊塔的父母了，本一直努力不去想这件事。父亲不在，翁杜去参加婚礼了，约瑟夫在早上买了一罐棕榈酒，然后躲到了他的一个藏身处。那么鱼叉手的位置会不会落到本的头上？真是伤脑筋。如果本想成为一名鱼叉手，他应该夺取上德摩沙邦号的竹制平台的机会。他可能在很长一段时间内不会再遇到这么好的机会了。

最后，本没有跑到德摩沙邦号，而是冲到他父亲房子后面的棚子里，那里存放着燃料桶。当海滩上响起嘈杂的声音时，他平静地等待着橡胶管将汽油吸进两个油桶。他喜欢驾驶卡尼巴尔号，而不是在德摩沙邦号上划桨。他为乔森发动机的力量感到兴奋，甚至船的名字也是取自印度尼西亚的一部恐怖电影，而不是来自他祖先的故事，这也是他对父亲的胜利。

两个二十升的油罐都装满后，本把它们扛在肩上。本到达海滩时，他的二叔斯特凡努斯·森加吉·克拉夫（Stefanus Sengaji Keraf）正站在漂浮在海湾的德摩沙邦号的竹制平台上，即使在一百码外也能认出他那浓密的胡须和被鲸鱼打碎的弯曲右臂——没有打石膏就痊愈了。

他的族人把卡尼巴尔号放在水线处的原木轨道上，等待着。本给雅马哈Enduro发动机注入燃料准备启动时，一队人把船推过海浪。他把卡尼巴尔号驶到德摩沙邦号旁边，两条船被绑在一起。然后乔森把捕鲸船拖到海面，它的舷外发动机不知疲倦地辛勤工作着。

最后，本看到了约瑟夫，他们之间隔了两条捕鲸船的距离，约瑟夫蹲在波利沙邦号的竹制平台上。在乔恩缺席的情况下，哈里奥纳氏族少了一个人，勉强够划一条捕鲸船。本推断，他们一定是邀请了他晚到的哥哥来暂时担任鱼叉手。他感到一阵内疚：多年来，德摩沙邦号还是第一次没有塞兰·布里科洛隆的指挥和领导。但他觉得那天他最好不要成为鱼叉手：这只会使他即将对父亲的背叛显得更糟。

就在十年前，每当伊格内修斯从拉玛莱拉前往莱沃勒巴时，他都会在黎明前起床，一整天跋山涉水。当他在黑暗中走过村子上方的木薯田时，如果是雨季，他会注意避免踩到幼苗，但如果是旱季，他会在每年都要烧掉的沼泽地的灰烬中踩出一条直直的脚印。日出时，他在山地部落的腰果园里挥手赶走蜜蜂。到了中午，他就沿着火山的山脊线穿过纠缠在一起的丛林。然后整个下午，他从树根楼梯上爬下来，不与地心引力做斗争，而是借助地心引力往下跑。人行道上会有很多从集市回来的家庭，他们背着装满货物的藤条背包，当地妇女头上顶着用藤条包裹的木柴，还有农民牵着马，马背上是装满了刚采摘的咖啡果的旧米袋。天黑后不久，在一天结束之际，经过大约三十英里的长途跋涉，脚步疲惫的他即将到达莱沃勒巴。

但是，在同样的早上，他的儿子们将响应捕鲸号召声，这回他是坐着一辆大巴车越过火山的。这辆改装的自卸车上塞满了装着鲸鱼肉干或腰果的尼龙袋，乘客们挤在它们周围。鲸鱼肉干的咸味、腰果的甜腻味和人类汗水的酵母味混合在一起，形成一种挡不住的恶臭味。大量灰尘从没有玻璃的窗户里飘散出来。快烧坏的扬声器播放着爆炸性的音乐，非常刺耳，尽管如此，司机还是开到了最大音量。

偶尔，伊格内修斯瞥见下面就像被刨平一样光滑的萨武海。曾经，他绝不会错过这样一个完美的捕猎日。但最近他一直在不停地咳嗽，严重到无法入睡，尽管这不是他失眠的唯一原因。他最近一直在做梦，白天晚上都梦到妻子：几乎一年前，他发现她的尸体就像她脱下的一件衣服一般躺在卧室里。

特蕾西娅是个多么好的妻子啊！山区部落的人都害怕她，觉得她讨价还价时很凶。她像伊格内修斯那样努力为了家庭而工作，却从来没有抱怨过。在八个孩子面前，她是一位善良、坚定的母亲。她与伊格内修斯相伴半个多世纪。他怀念她八卦村里新鲜事时的样子，怀念她说的那些笑话，怀念她偷偷拿走他的香烟，直到他乞求时才还给他。最近，他一直想象她还活着的画面。有些下午，当他从海滩回来，爬上他家的楼梯时，他又见到了她——当然不是她本人，但伊格内修斯就是看见了她，她就在那儿，从石阶上走下来。伊格内修斯以前追求她时的每个下午，他们都在这个楼梯上擦肩而过，他们的相遇其实是经过精心安排的，被伪装成了偶遇。他听见特蕾西娅沙哑却甜美的歌声，好像在为上帝献上一曲独唱，而伊格内修斯好像还在思考如何请求她父母将女儿嫁给他。只不过这不是他的另一半，唱歌的人是乔恩的妹妹伊卡，她向他打了个招呼："下午好，外祖父。"然后就飞快地走了，尽管她的臀部在跳舞，但她的头却一动不动，头上顶着的装满衣服的桶完全没有摇晃。特蕾西娅和伊卡的相似之处多得令人难以置信：两人都身材矮小，有着曲线美，留着长长的黑发。尽管与伊卡的深色皮肤和瘦削身材相比，伊格内修斯更喜欢特蕾西娅的白皙皮肤和丰满身材。两人最喜欢的消遣方式都是在教堂唱诗班唱歌。特蕾西娅甚至在后来伊卡居住的房子旁边长大，所以当伊卡走下楼梯时，在伊格内修斯看来，她就是从过去穿越回来的特蕾西娅。

伊格内修斯和特蕾西娅的恋情从眼神接触开始，渐渐升级为在楼梯上聊天，但很快伊格内修斯就开始给特蕾西娅的父母送多余的鱼，而特蕾西娅会到他家去帮助他年迈的母亲宰鱼。他们征得父母的同意，每周六晚上在村里广场的榕树下跳拉玛莱拉古老的奥亚舞（Oa dances）。

每周，这棵古老的榕树虬曲的树枝上都会挂满鲸油灯——后来是加压煤气灯，成了一盏巨大的吊灯。在悬空的火焰下，拉玛莱拉的女孩们手拉手形成一个巨大的圆圈，然后顺时针旋转。在阴影中，男孩们看着女孩们的纱笼绽放。然后女孩们松开彼此的手，转身抓住在一旁等待的男孩的前臂。伊格内修斯总是插在特蕾西娅旁边的位置，这样他们的手就可以挽着对方的手腕。

他们自己提供音乐，阴森恐怖的咆哮声为舞蹈创造了节拍，听起来就像摇篮曲，但可不是为了让婴儿睡着，而是为了吓醒他。像美国南方的广场舞一样，奥亚舞有一个简单的重复结构——1—2—3，一方前进，一方后退，然后是侧身滑行——每个动作都由舞者喊出来。几个小时过去了，伊格内修斯和特蕾西娅唱着久违的时代故事，这些故事也描述着现在发生的事情，他们跳得很卖力，像时钟中的齿轮一样旋转着，甚至在土地上磨出了凹槽。所有人都陶醉在鲸油灯的烛光和淡淡的蜂蜜味中。他们之间只有手的触碰，但伊格内修斯感觉已经足够让他春心荡漾了。他用指甲抓挠特蕾西娅的手掌，这是拉玛莱拉人表示好感的一种方式，但这种方式非常微妙，没有人能够因此而指责他们。

然而，今天，当伊格内修斯坐着大巴车越过拉巴莱康火山时，他对特蕾西娅的印象只剩下一张已经褪色的黑白照片，在照片中，她摆出的姿势就像一个从未见过相机的人一般，僵硬且一副犯了错的样子，所以照片拍下了她的身体特征，却没有拍下她挑逗的、令人兴奋的灵魂。同时，如今榕树不再在每个星期六晚上被照亮，人们只在节日时跳奥亚舞。

毫无疑问，所有这些回忆都是因本的婚礼临近而引起的，当时离婚礼只有两个星期了。伊格内修斯此行的目的是敲定伊塔的彩礼。自从本带着伊塔逃离他们在莱沃勒巴的高中，伊格内修斯与她父母的谈判已经进行了六年，甚至在本和伊塔这对年轻夫妇先后生了一个女儿和儿子后，谈判也还没结束。伊格内修斯已经拜访伊塔的父母四次，翁杜给两家人之间传话也已经达到八次。

伊格内修斯希望这次拜访能够成功，但他担心这次事件的发展又和以前一样：阿蒙托达夫妇热情地欢迎他，并关上他们干货店的金属车库门，防止他们的会谈被打扰。然后他们会给他提供万宝路香烟和鳄鱼纪念碑（Tugu Buaya）品牌的包装咖啡，但他坚持抽手工卷好的包裹着烟草屑的棕榈叶，喝用本地豆子磨好的咖啡，证明他并不以来自村庄为耻。接下来，他们可能会带他参观商店，他不得不称赞所有的商品都用塑料袋包装好并摆在玻璃柜里是多么高档，尽管他觉得这只是一种提醒他拉玛莱拉易货市场的蔬菜直接堆在地上有多不妥的方式。同时，伊格内修斯会尽量避免下意识地将自己打着补丁的纱笼和用渔线缝制的人字拖与伊塔父亲量身定做的长裤和漆皮鞋进行比较。

所有的寒暄结束之后，伊塔的父亲就会问伊格内修斯是否带来了象牙，但他携带的东西只有一个空心的竹制烟草盒和一把塞在纱笼里的刀。问题是，伊格内修斯和几乎所有其他拉玛莱拉人一样，买不起象牙。当阿蒙托达一家问起他娶自己妻子时给的象牙有多大时，他承认有Dpa那么长，这是用在象牙上的一种专门的测量法，相当于从一个人的胸部中心到他伸出的手臂的指尖那么长。但那已经是四十多年前的事了，当时每个家庭都储存了一些象牙，是几个世纪以来沿着古老的贸易路线从印度尼西亚西部进口的，那里有很多在丛林中游荡的大象。最终，印度尼西亚立法结束了象牙贸易，象牙价格因此飙升到约三千美元一枚，超过了许多村民十年的收入。

尽管伊格内修斯会用象牙和Dpa这样的词语与伊塔的父母讨价还价，但每个人都知道如今这些词汇是隐喻。几次讨价还价之后，伊格内修斯就会开出标准价格：大约一百美元现金，外加几头猪和几只羊。伊塔的父母虽然一直很有礼貌，但也会暗示他们的女儿值得一枚真正的象牙。

伊格内修斯总是很难控制自己不表现出沮丧情绪。当然，本的行为并不光彩，阿蒙托达一家应该得到一些补偿。但他确信他们是出于怨恨而惩罚他们的女儿和他的儿子。更糟的是，他们迫使本和伊塔生活在罪恶之中，这会危及两人的灵魂。

即使确定了日期，也不能保证婚礼能举行。伊塔搬进伊格内修斯的房子后不久，阿蒙托达氏族和塞兰·布里科洛隆氏族就商定了远比象牙便宜的彩礼。伊格内修斯甚至提前包了一辆大巴车，计划让四十五名家庭成员坐着大巴车到山上参加婚礼。但就在婚礼前几天，阿蒙托达氏族毫无征兆地取消了婚礼，声称有一个亲戚突然去世，尽管伊格内修斯认为他们只是想要更多的钱罢了。一位牧师停止了教区的义务备婚课程，并向所有参加课程的订婚夫妇宣布，伊塔的家人要求取消本和伊塔的上课资格时，本和伊塔受到了羞辱。

大巴车驶过拉巴莱康时，伊格内修斯用发黄的棕榈叶卷起一排烟叶，并希望这次的拜访会有所不同。伊塔最近一直在暗示，有一项谈判提议会被接受，即她和本的名字都在7月31日的教堂日志中。伊格内修斯希望在离世之前看到本成为鱼叉手，但看着他最小的儿子步入婚姻殿堂会给他带来几乎同等的快乐。

本连续两个小时把卡尼巴尔号的引擎开到最大，拖着德摩沙邦号一路进入萨武海的中心地带，他站着掌舵，以便能更好地瞥见远处的喷水柱。当他们接近鲸群时，本数了一下鲸鱼喷水的次数：十二次、十三次、十四次……当他接近到足以看到喷水柱中的水滴时，六头鲸鱼的尾鳍指向天空，然后沉入水中，几乎没有溅起任何水花。

鲸鱼已经呼气十五次，根据祖先的智慧，这意味着它们将在水下停留十五分钟。海洋都是分形的波浪，因为相似，没有什么特别之处，但由于抹香鲸在它们行进的方向上呈四十五度角喷出水柱，本知道要像罗盘针一样跟随最后一次喷出的水柱——在西南方向。在计算它们的速度与它们所储存的呼吸量之间的关系时，他放慢了卡尼巴尔号的速度，只比隐藏的鲸鱼的速度快一点儿。根据他的计算结果，他来到了一片水面。对外部观察者来说，这一片水面与其他水面无法区分，他将引擎空转，而船队的其余部分则像套索一样在萨武海上散开。

他们等待着。海浪有节奏地与船体相击。平流层的风把卷云吹散，撕碎的云块向西飘去。每一秒钟，就像一朵浪花，重复着上一秒钟的形状和节奏。时间被拉长到了它的极限。

在捕猎过程中等待鲸鱼跃出海面，需要一种特殊的禅意。捕猎者不可能每一秒都保持百分之百的专注，否则在猎物到达之前，捕猎者自己早已精疲力竭。拉玛莱拉人的诀窍是陷入一种完全意识流的沉思，一种几乎是沉睡的状态，在这种状态下，身体得到休息，而无意识的人则在海面上抓住每一只海鸟、每一个与浪花一同起舞的伙伴、每一个在海面下流动的阴影。

但本过于忧心忡忡，无法将全部注意力放在捕猎上。那是一个下午，他的父亲和阿蒙托达氏族已经决定了他的命运。令他不安的不仅仅是他的婚姻前景。起初，生活在罪恶中的羞耻感曾困扰着他（虽然他很享受在年轻人中拥有这种恶名），但这种感觉早已消失了。尽管他仍然对来自准岳父母的恶意和种族歧视耿耿于怀，他确信他们对他不是科当族人的恨意不亚于他让他们的女儿如此年轻就未婚先孕的恨意，但这并不是让他现在心烦意乱的原因。本最近一直在思考的是他从一个老朋友那里得到的提议。他在高中时曾和这个朋友一起开过小巴车。现在这个朋友叫他到旅游胜地巴厘岛和他一起开辟一条新的小巴车路线。

本一生中最自由的时光是在莱沃勒巴的街道上驾驶着无门货车，在车流中转弯，把车停在路边招手的人面前，因为他没有驾照，所以总是要提防警察。他做这份工作是为了攒高中学费，但很快他就逃课去加班了，因为这辆车已经成为他生活中最酷的部分。

所有由青年男司机驾驶的小巴车都以炫耀的方式宣布自己的身份，如喷上旋转的银色字母“Son of God”（上帝之子），或者在一个脱衣舞女贴纸的旁边贴上圣母玛利亚贴纸。本把布兰妮·斯皮尔斯和詹妮弗·洛佩兹的照片从杂志上剪下来贴在他的仪表板上，尽管他不确定这些女人到底是谁，但这并不是这些照片的重点。他把后座下面的巨大扬声器的音量调高，它们砰砰作响，以至车子经过的时候，灰尘会从房屋的屋顶上震出。他喜欢把自己的小巴车想象成一个摇滚夜店，而他是乘客们的DJ（唱片播放师），播放西方的热门歌曲以及加上宝莱坞的颤音和合成器的印尼流行音乐。每当有漂亮的女孩上车，他就选一首情歌，就像这是他对她说的话一般。他把“DJ”的字样用六英寸大的哥特式字母文在背上。他从来没有告诉伊格内修斯他的工作内容。

在那段时间里，本听到了关于巴厘岛的传说。别人告诉他，库塔海滩上的游客非常多，走在沙滩上就像走遍了整个世界。夜店、啤酒随处可见，DJ也到处都是。一些印度尼西亚男人甚至有外国女朋友。他们会和女孩分享一些东西。女孩不需要和他们结婚就可以发生关系。当他在莱沃勒巴偶尔遇到外国人时，他会让他们聊聊他们国家的女人。

在城里的第一个星期，他被熙熙攘攘的人群和陌生的面孔吓到了——在他的村子里没有这样的面孔，但不久他就决定自己再也不想回家了。城里有水管系统，这意味着他不必步行一公里到井边取水。而二十四小时的电力供应使他可以看欧洲足球比赛到深夜。在莱沃勒巴，没有人用柴火煮饭。在拉玛莱拉，大多数财产都是共享的，而现在，他心中燃起了一种他在拉玛莱拉没有经历过的贪婪：他渴望拥有自己的电视、音响系统和摩托车。他学会了如何耍酷：把棒球帽转过来戴，宣誓支持曼联而不是切尔西足球俱乐部。

起初，他很喜欢上学，社会研究课和德语课的分数很高，但很快他的注意力就游离了。他和亲戚住在一个警察营房旁边，开始和警察一起玩，他被他们的阳刚之气和他们的英雄故事吸引。他们教他打拳和喝酒。很快，他就打算高中毕业后成为一名警察，不过他也从未告诉过伊格内修斯这件事。警察很有钱，可以买本田摩托车。电视上播放着关于警察故事的电影。而拉玛莱拉没有警察。

但是莱沃勒巴最迷人的地方还是那些女孩。她们不需要穿得像拉玛莱拉人那样保守。而且莱沃勒巴的女孩可多了！拉玛莱拉的男孩比女孩多，因为任何有能力的父母都会把女儿送到山那边去上学。他被无止境的幻想折磨着。

伊塔和本在拉玛莱拉第一中学读书时是同桌。本是个天生的艺术家，在拉玛莱拉的时候，他就用针和电池用碳在朋友身上文了鲸鱼、鱼叉和天使图案，一般来说比他醉酒后在乔恩身上文的图案更成功。他递给伊塔一页页从笔记本上撕下来的纸张，上面画着拉玛莱拉湾的全景图、他的姐妹和母亲的素描，以及她的肖像画。这幅肖像画对她的斗鸡眼轻描淡写，着重刻画她那可爱的上翘的鼻子以及黑褐色的头发。

自从本被迫回到他的部落，他找了所有可以让他回到莱沃勒巴几周的零工，包括在建筑队打工、驾驶小巴车等。但当他等待鲸鱼重新浮出水面时，他害怕告诉伊格内修斯他想离开拉玛莱拉。他很清楚他父亲的反应是什么：悲伤和愤怒。但最糟糕的是，他的父亲会感到困惑：伊格内修斯肯定无法想象为什么会有人不想成为鱼叉手，或者为什么他的小儿子不乐意奉献自己的青春来照顾父亲。（在拉玛莱拉，照顾父母是最小的孩子的义务，而不是长子或长女的义务。）他的父亲不会理解他为什么要离开拉玛莱拉，他的背叛会因此显得更加残酷。但如果他的父亲能理解他，就会同意本搬到巴厘岛去。

无论今天的谈判结果如何，本都有一个计划。如果他的父亲成功地谈妥了这桩婚事，本就说他要去巴厘岛照顾他的妻子和孩子。如果他的父亲被拒绝了，他就说他要离开村子去赚钱买象牙。

同伴们爆发出的喧闹声把本拉回了捕猎现场。海水正从一头露出水面的抹香鲸身上涌出。本把发动机塞进齿轮，卡尼巴尔号和捕鲸船之间的绳子绷紧了。他开着乔森冲向鲸鱼，与之平行，然后在经过它的时候，把卡尼巴尔号用力向左转。当捕鲸船的船头到达鲸鱼的尾部时，他继续把卡尼巴尔号用力向左转。就在绳子被解开的时候，势头的突然转变将德摩沙邦号向前弹出。船员们的船桨划过水面，把船推到了其他捕鲸船的前面，他的叔叔斯特凡努斯举起了鱼叉。

现在本不再是这场捕猎行动中的一员了。

当约瑟夫听到捕鲸号召声时，他把手中的棕榈酒往后一倒，大口大口地喝里面剩下的散发着浓郁酵母味的东西。但在海上，当抹香鲸跃出海面时，他并没有表现出酒精的不良影响，他在波利沙邦号的竹制平台上很好地保持平衡，同时向他的船员们大声喊出指令。当德摩沙邦号飞快地跑到他的捕鲸船前面时，他很不满意，因为他知道他不会有机会击中两条船都在追逐的四十英尺长的母鲸，尽管他也很自豪，因为事实证明，布里科洛隆氏族的人比哈里奥纳氏族的人更强大。但是，替他出场的鱼叉手斯特凡努斯并未击中猎物，他的鱼叉弹了出去，未对猎物造成任何伤害，而猎物潜到水里了。约瑟夫开始积攒辱骂的话，准备在他们上岸后通通抛给斯特凡努斯，因为斯特凡努斯很可能剥夺了两个氏族获得鲸鱼的机会。当这两条船回到船队时，剩下的鲸鱼也逃走了，只有一头还在，它成功地掀翻了第一条用鱼叉叉住它的捕鲸船，但没有摆脱后面的三条捕鲸船。为了避免更多船来瓜分战利品，成功叉住鲸鱼的船只的船长们纷纷挥手驱赶其他船只。

太阳给约瑟夫打上了烙印，他忧心忡忡地想，他本可以在棕榈树的树荫下花上三小时喝光另一罐棕榈酒。尽管他作为鱼叉手闻名遐迩——大多数拉玛莱拉人都认为他是一个比他父亲更优秀的鱼叉手，有些人甚至说他是他那一代人中最好的鱼叉手，但他的酒量也同样出名。每次有机会得到一些棕榈酒，他不会叫上一群朋友来喝，而是偷偷带走独自品尝。大家知道他喝醉后会挑事打架，所以很多人都不邀请他参加聚会。他已经出现了一些可能预示着肝脏问题的早期迹象：便秘和饮酒后胃部灼痛。不过，他酒后还是能把海豚带回来，而且矛洞一路贯穿海豚的身体。

他不厌其烦地在伊格内修斯家门口屠宰这种战利品，确保他的父亲能看到它们。约瑟夫还是个孩子的时候，就一直听人们说他的父亲多么完美。有些人甚至说，约瑟夫父亲的酒量比他还要好：醉醺醺的伊格内修斯非但不好斗，反而很有可能徘徊在沙滩上，为舢板锛木。两人之间暗暗的较量以及一生中更深的怨恨偶尔会沸腾起来，使两人爆发争吵，午夜时分回荡在悬崖上的咒骂声会惊醒整个村庄。

约瑟夫是非婚生子。特蕾西娅的父母发现后，在她怀孕期间把她关在家里，并向伊格内修斯的传话人索要高额的彩礼。他们希望自己的女儿能嫁给一个与他们家庭有来往的更富有的求婚者。即使在1968年11月约瑟夫出生后，他们也不让伊格内修斯看他的儿子。

伊格内修斯非常失望，甚至没有和特蕾西娅打一声招呼，就跑到了遥远的弗洛雷斯岛，在那里的一家椰子油厂工作，任务是把白色的果肉从椰壳里刮出来，然后用压榨机榨出果汁。最终，特蕾西娅发现了他的去向，并给他写了信："我会一直爱你，直到死亡将我们分离。世界上没有其他适合我的男人了。"伊格内修斯开始偷偷给她写信，同时附上部分薪水，请求她的朋友带给她。作为回报，特蕾西娅寄来了碎爆米花，这是拉玛莱拉人离家时总是渴望的食物，还向他表白了更多心意。每个月，伊格内修斯都从他的工资中拿出尽可能多的钱存起来买她父母要求的象牙。

终于，五年后，伊格内修斯写信给特蕾西娅的父母，告诉他们他已经攒够了彩礼。他没有收到任何答复，但很快，一位布里科洛隆氏族的亲戚来信告诉他，他叔叔的头骨被鲸鱼压碎了，德摩沙邦号需要重建。伊格内修斯决定，无论他与特蕾西娅能否继续下去，现在是时候回家了。回家后，有了钱和镇上牧师的支持，伊格内修斯终于赢得了特蕾西娅父母的心。1973年12月21日，两人结婚了。

约瑟夫几乎不了解伊格内修斯，对作为父亲的他感觉尤为陌生。在成长的岁月里，约瑟夫反而与他的外祖父母建立了深厚的感情，甚至在特蕾西娅嫁入伊格内修斯的家庭后，约瑟夫还经常睡在外祖父母家里。但最终约瑟夫不得不加入德摩沙邦号。在捕鲸船上，正如所有父亲一样，伊格内修斯对他的长子比对其他船员更严厉。约瑟夫觉得他父亲对他的批评不公正，而对其他人则是莫名其妙的宽容。新的德摩沙邦号建成后，当他的父亲强调他的作品与祖先的完美模型相去甚远时，约瑟夫暴跳如雷。甚至当十七岁的约瑟夫成为他那一代人中最年轻的鱼叉手时，他也不相信他的父亲会为他感到骄傲。不管他杀了多少鲸鱼，或者按照伊格内修斯的指示建造了多少条舢板，他的父亲似乎永远都不满意。

大多数时候，约瑟夫对他的父亲是有礼貌的，即使在他面前沉默寡言，但是当他喝醉时，他的脾气就会变得很恶劣。年少时，他打破了德摩沙邦号上的鱼叉轴，并向伊格内修斯投掷石块，同时大喊："你不是我真正的父亲！"成年后，他也会经常喝醉，并斥责伊格内修斯。伊格内修斯认为约瑟夫的坏脾气是受特蕾西娅父母的影响，他们曾悄悄告诉约瑟夫，他是他们所青睐的求婚者的儿子。伊格内修斯曾在与约瑟夫吵架后当众哭泣，他的妻子和其他儿子安慰他，向他保证大家知道约瑟夫是他的亲生儿子。有一次，他甚至想与约瑟夫断绝父子关系，尽管他最终放弃了。每次发生冲突之后的好几个星期，他们都要回避对方，这是一项困难的任务，因为他们只相隔两间房子，但最终他们的关系又会缓和，一起出海打猎，然后不可避免地，同样的争吵和无言的和解反复上演。就这样，他们度过了几十年，陷入了争吵和爱的恶性循环。

约瑟夫与父亲的冲突并不是他唯一的担忧。因为脾气糟糕，他直到晚年才结婚。而且他们的两个孩子都在六岁之前就死于疾病。他们的鬼魂缠着他。更重要的是，他感觉到父亲很快就会去世，那么他就会成为一家之主，但他也担心无论作为鱼叉手的他有多么厉害，他仍然没有能力在一个不断变化的世界里养活家人，鱼叉捕猎的技术在当今世界越来越不重要。

一声像巨大的擤鼻涕的气息把约瑟夫从沉思中拉了出来，他蹿到鱼叉手平台的前端。一头迷路的抹香鲸幼崽刚刚在一百码外跃出水面。这是来自祖先的礼物。所有捕鲸船争先恐后，想要成为第一条落叉的船。

“用你们想养家糊口的强烈决心来划桨！”约瑟夫对着他的船员们大喊，手臂在空中做出划桨的动作来激励他们。

在1994年猎杀魔鲸时的那条捕鲸船被毁后，村里人按照它的样子重建了凯鲁斯号，此时凯鲁斯号正准备截住逃跑的抹香鲸幼崽。蹲在竹制平台的是年轻的明星鱼叉手约瑟夫·“贝达”·奥拉·巴托纳（Yosef “Beda” Ola Bataona）。这两条捕鲸船上的船员们像比赛一样卖力划动船桨。鲸鱼努力保持游在波利沙邦号的前面，被围困的它无法在肺部聚集潜水所需的空气量。约瑟夫把巨大的鱼叉头举过头顶，等着看船员们是否能够追赶上最后几英尺的距离，或者鲸鱼是否会逃走。他的大脑一片清净，没有忧虑和愤怒，比用酒精擦拭过还干净。他的焦虑化为一个单一的指令——把鱼叉叉到鲸鱼背鳍下两英尺处。这一知识是他的父亲传授给他的，而他的父亲又是从他的祖父那里学到的这个知识。真理应该是颠扑不破的。约瑟夫在竹制平台上——鱼叉手必须独自站着的地方——感觉到自己与伊格内修斯的关系从未有过地近。

鲸鱼开始游向约瑟夫的鱼叉，然后向左转弯进入凯鲁斯号的路径。贝达一跃而起，把他的鱼叉竿像一根旗杆一样插在鲸鱼身上。通常情况下，约瑟夫会因为失去猎物而大发雷霆。但当小鲸鱼被抓住时，它的母亲往往会试图拯救它。抱着这样的希望，波利沙邦号和船队的其他船只在凯鲁斯号被拖往西边的时候跟在其后。果然，一个黑影在深处出现，就像一颗流星坠落，变得越来越大，从水中

拉玛莱拉捕鲸船队正与雌鲸决斗。

喷发而出。那头小鲸鱼停了下来，转过身来用鼻子蹭着它母亲的鼻子。母亲嘴里咬着鱼叉绳，尽管她的牙齿有六英寸长，却很钝，那是用来咬碎物品的，而不是用来切割的。船队包围了母子俩，两头鲸鱼面朝内，它们的额头相碰，尾巴向外，试图形成玛格丽特阵型——因其形状类似于菊花而得名。尽管六头或更多的鲸鱼群可以形成一个三百六十度的尾巴墙，但这对母子只相当于两片花瓣，很容易被摘掉。

鲸鱼尾鳍上下摆动，其左右扫动的范围有限，约瑟夫指挥波利沙邦号倾斜船体以避开鲸鱼尾鳍。约瑟夫捕鲸时甚至不需要跳起来，只需要用巨大的鱼叉头撞击雌鲸。他的第一支鱼叉成功叉到雌鲸身上，鲸鱼可以说是手到擒来了，并且这头雌鲸第一次潜水时没有成功弄掉鱼叉头或弄断绳子，这种情况下想逃走很难。普拉索沙邦号（Praso Sapang）的鱼叉手又投掷了一根鱼叉，这下雌鲸想要逃脱可以说是难上加难。两根鱼叉被稳稳地叉在雌鲸身上，拖着捕鲸船在海面上走了一英里后，它已经筋疲力尽。当雌鲸试图用她的尾巴劈开捕鲸船时，船员们在船舷下像乌龟一样缩起来，最后雌鲸终于累了。

一小时后，午后的太阳开始产生了一圈光晕，雌鲸仍在拖着波利沙邦号和普拉索沙邦号转圈。约瑟夫叫一直在附近的德摩沙邦号上等待的叔叔斯特凡努斯再投掷一根鱼叉。斯特凡努斯出手后，雌鲸剧烈地翻滚，像一个巨大的转轴一样把绳索缠绕在自己身上，把普拉索沙邦号拽到了德摩沙邦号的后面，并打碎了船尾。由于这两条捕鲸船现在已经破了，约瑟夫拿了一把剥皮刀绑在鱼叉轴的末端，开始刺向鲸鱼侧鳍距离头顶三英尺的地方。因为即使是最强壮的拉玛莱拉人，也无法一下就穿过一英尺厚的鲸脂和下面甚至更厚的肉，给予鲸鱼致命一击，所以捕鲸者在刺杀猎物时，会在同一个地方刺上无数次，努力在重要器官上钻出一个洞。约瑟夫无情地不断刺向鲸鱼，仿佛心中正燃起不尽的怒火。

2014年，约瑟夫还没有在德摩沙邦号上成功捕获一头鲸鱼，如果这一年剩下的日子里，他每次捕猎都空手而归的话，这将会是他成为鱼叉手近三十年以来，头一回一整年都没能在父亲的捕鲸船上捕获鲸鱼。他的部落成员低声说，他老了，动作没以前那么娴熟了。约瑟夫已经接近五十岁了。印度尼西亚男性的平均寿命为六十七岁左右，比美国男性的短十几年，印度尼西亚男性身体机能的衰退往往在六十七岁之前的很多年就开始了。

拉玛莱拉人有一个谜语，问鱼叉何时才能真正伤到鲸鱼。鲸鱼可能会在第一击时发出尖叫，但许多长者说，鲸鱼的这种反应更多是出于惊讶而不是痛苦，就像一个人的手指被插了一根木刺时可能会下意识抽回一般。真正开始伤害鲸鱼的是第七次、第十六次还是第五十一次刺击？长者们指出，打倒鲸鱼的不是所谓的致命一击，而是小伤口的不断累积。

约瑟夫打败了所有海洋野兽，但他无法打败时间。他的六块腹肌已经开始堆积成一个大肚腩。每天晚上，白内障都会在他的视网膜上多织几缕“蜘蛛网”。最近，他的鱼叉开始错过目标，这种趋势令人不安。他知道自己不该喝这么多棕榈酒，但烦心事太多——与妻子不断争吵，两个孩子离开了，其他孩子又不听话，还需要向岛外的亲戚借钱来支付他们的学费，父亲的健康状况也在恶化，鱼叉手在这个社会即将被淘汰。喝酒能够消解这些忧愁。如果说伊格内修斯训练他成为鱼叉手是出于爱，那么这也造成了他的厄运。约瑟夫打算强迫自己的儿子上小学并一路读完高中，但在拉玛莱拉社会，他该如何告诉儿子，鱼叉手的职业生涯可能很快就会走到尽头？

约瑟夫不断地刺，最后他终于刺穿了厚实的肉，他的长矛穿透了雌鲸的肠子。雌鲸呼气的时候，一场血雨腥风向他袭来，肉块在他的头发上纠缠。谁不想对千疮百孔的伤口麻木不仁？也许在经历了最初的痛苦之后，失血而亡相比之下显得并不是那么糟糕。这可能就像在上涨的棕榈酒潮水中慢慢沉没。这种消亡幸福而朦胧，在那里，时间失去了意义，几小时或几年的死亡给人的感觉像是只过了几分钟。

最终，这头鲸鱼颤抖着吐出了一个二十英尺长的肉条，那是巨大的乌贼触手。之后，它的尾巴停止了抽动，它的气孔漏出了混合着藻类的液体，唯一的声音是海浪拍打在捕鲸船上的声音和约瑟夫抽烟时的嗞嗞声。随后约瑟夫抓起一根绳子，吸了一口气，跳进了血海。黏稠的血液模糊了他的视线，他不得不摸索着接近这具巨大的尸体。他更用力地往下游去，水更冷了，呈现出一片清澈的海蓝色。一缕缕深红色的血丝从他的皮肤上飘过。他下面是深不可测的黑暗。食腐鱼追着吃掉在水中漂浮的鲸鱼碎片。鲸鱼那巨大的带血的眼睛睁着，向深处望去。约瑟夫拿绳子围着鲸鱼骨瘦如柴的下巴绕了两圈，然后把它合上，这样水就不会渗入鲸鱼的胃，使尸体往下沉。然后约瑟夫拽着绳子向上面那片晚霞的方向游去。

当他游出海面时，有几颗星星开始眨着眼睛，闪闪发光。他知道氏族首领会送棕榈酒给守卫搁浅鲸鱼直到天亮的人，这也是他游出血海，进入未受污染的水时的兴奋之处，他在那里晃动身体，让萨武海清洗他。

四小时前，在烈日的照耀下，载着伊格内修斯回家的汽车在拉巴莱康火山的北面逐岩而上，奋力前行。车上挤满了乘客和装满了在镇上购买的货物的纸板箱。拴在车顶上的一只山羊不安分地踢着蹄子，像踢踏舞者跳舞一样响。灰尘在车厢中旋转，像筛过的面粉一样轻轻地落下。天气热得令人窒息。

伊格内修斯靠在一袋未去壳的稻米上，一直在打瞌睡。伊塔的父母曾试图敲诈他，不仅要求他支付原先定的彩礼，还要求他给一个帮助抚养伊塔的亲戚一千美元。他拒绝了，但他没有自己预想的那样愤怒。相反，他几乎是怀着歉意拒绝的。面对这两个与自己对立的人，伊格内修斯很想念自己的妻子。不过，他还是打算写信给拉兰图卡的主教，他相信主教会看穿这两个阿蒙托达人贪婪的计划，并准许伊塔和本结婚。

汽车爬上了拉巴莱康火山的山肩。太阳已经向西北方向倾斜，汽车进入山体东南边的阴影区时，车厢里变凉快了。车辆在道路的细沙上拖行，身后喷出一圈圈灰尘。伊格内修斯这一路一直在思念自己的孩子。

本一直以为伊格内修斯对他婚前生子的行为很生气。刚知道这件事的时候，伊格内修斯确实感到一股怒气直冲脑门，但他没办法一直生儿子的气，因为他自己年轻时就犯过这样的错。因为伊塔父母的态度，伊塔一直生活在罪恶中，伊格内修斯对此颇有微词。他确信伊塔父母一定没有考虑过伊塔的感受，否则他们怎么能在这六年来一直把她当作筹码来剥削，试图从他身上多榨取一些钱？怎么会有父母这样对待自己的孩子呢？他过去、现在和未来所做的一切，都是为了他的家庭，为了他的祖先、孩子和孙子。他的儿子并没有完全按照他的规划行事，他自己做的舢板或捕鲸船也从来没有达到他心目中的完美标准。然而他依旧爱着他的每一件作品，一直如此。但没有哪件作品能比得过他的儿子们。翁杜和约瑟夫都是鱼叉手和造船匠，本也在努力加入他们的行列。伊格内修斯心里想的都是他的儿子。他的妻子在天堂，两人已经无法相见，但至少他很快就能看到儿子们。

那一刻，他不知道德摩沙邦号的龙骨已经被普拉索沙邦号撞碎并且正在进水，整个船队的人疯狂地从船内往外舀水，挣扎着往岸边靠。他也不知道他和他的儿子们将无法在第二天响起的捕鲸号召声中下水，因为届时他们还在忙着修理船只，他们将错过一次满载而归的捕鲸行动，除了他们的部落和另外一个部落，每个部落都会捕获一头鲸鱼。最重要的是，他没有意识到他的小儿子打算离开拉玛莱拉。

和其他拉玛莱拉人一样，本也很了解抹香鲸，知道鲸鱼对彼此的忠诚度很高。鲸鱼幼崽被鱼叉叉中后，他预测母鲸不会抛弃它，事实确实如此。但真正让他记忆深刻的一幕是，当他的长兄迅速捕杀母鲸时，鲸鱼幼崽用尾巴无力地拍打着约瑟夫，然后鲸鱼幼崽也被杀死了。

拉玛莱拉人已经接受了他们必须捕杀鲸鱼来维持生存这一事

实，但他们并没有冷酷无情地夺走鲸鱼的生命。他们认为鲸鱼是有认知、有感觉、有灵魂的动物。拉玛莱拉人将鲸鱼视为祖先的转世，这说明他们早已预见到了科学界刚刚才探索出来的事实：抹香鲸的智力接近人类。抹香鲸是史上所有生物中大脑最大的动物。它们的大脑灰质甚至具有被称为纺锤状细胞的一种极其罕见的神经元，人类大脑中也存在这种神经元，负责支配交流、同情心和感受痛苦的能力。不同的抹香鲸群体之间距离较远，有独特的捕食鱿鱼和养育孩子的方法，因此研究人员认为它们和人类一样有独立的“文化”。此外，每头鲸鱼都有一套用于表明自己身份的个性化吸气音，因此可以说它们拥有自己的“名字”，甚至“鲸鱼身份”。正因如此，某些爱唱反调的哲学爱好者对人的独特性提出挑战：如果抹香鲸有文化、语言和自我意识，那么人类和这种哺乳动物之间的真正区别是什么？看着母鲸死去的鲸鱼幼崽所表现出的悲伤，不比人类儿子失去母亲所感受到的悲伤真实吗？

那天晚上晚些时候，当捕鲸船在黑暗中拖着猎物回家时，本的脑海中还在清晰回放着鲸鱼幼崽自杀般的英勇举动。鱼叉反复刺进它柔软的器官时，它会后悔自己没有早点逃走吗？本想知道，母鲸是否曾经后悔过拯救幼崽，特别是如果这种尝试导致其他幼崽遭遇厄运？毕竟，他曾多次看到尝试拯救一头幼崽的雌鲸留下其他幼崽四处游荡，这一决定几乎总是导致全家一起被猎杀。

也许有时候，对母亲来说，抛弃自己的孩子会更好，反之对孩子来说也是如此。有时候，忠诚的唯一回报就是将同一根鱼叉刺穿了母子俩的心脏。母亲流血受伤，她的骨肉也在流血受伤。伊格内修斯曾经说过，鱼叉手最重要的不是手臂的力量，而是思想和心灵的力量。无论这句话有多么鼓舞人心，其实它还是暗含着一种微妙的谴责：如果你做不到，那不是你手臂的错，而是你的思想和灵魂太弱。

本知道，以后在这样的夜晚，他会想念萨武海上空的星座：满天的星星闪烁着，它们投射的光比月光还亮，无垠的银河系呈现为立体的螺旋状。天空还出现了被拉玛莱拉人称为南十字的指极星，它最北端的星星发出火烧般耀眼的橙色，而下面的三颗星发出寒冷的蓝色，指引着船队向村子驶去。微风已经变暖了。浮游生物发出柔和的绿色荧光，卷浪拍打着卡尼巴尔号的船体。

比起星星，他更想念他的女儿和刚出生的儿子。他在巴厘岛开始新生活之后，他马上就会派人去接他们。海滩上，鲸油灯和火炬聚集在一起，陆地上的星座引导着捕鲸船进入。但是对本而言，拉玛莱拉很快就不再是他的家园了。

第六章

笑声

2014年7月至2014年9月26日

伊卡

7月下旬的一个晚上，伊卡在黑暗中坐在自家楼梯上，跟着手机播放的印尼流行音乐唱歌，但她难得的休憩时光突然被一头猪的尖叫声打断了。在房子的露台底部，她家的一头猪挣脱了穿在耳洞上的绳子，这是拉玛莱拉人拴猪的惯常方式。这头猪获得了自由，留下了被撕开的软骨碎片。猪就像拉玛莱拉人的投资账户，每个家庭都会饲养几头猪，一养就是好几年，直到可以在婚礼或葬礼这些需要猪肉供品的场合上将它们出售或屠宰。失去这头逃跑的猪，后果会很严重。

伊卡冲下楼梯，在它到达丛林之前把它拦截下来，用棍子把它打回去，同时大声求助。乔恩正要上床睡觉时听到猪的尖叫声，因为他的伤势仍然很严重，所以他只能很慢地挪动下楼。附近的其他男人要么离开了，要么喝醉了，但有六个妇女争先恐后地加入了拦猪行动。

伊卡涉水走进臭气熏天的斜坡，挥舞着一根打了活结的绳子。拉玛莱拉的猪和美国农场驯化的猪不一样。拉姆巴塔岛的猪肌肉发达，身体呈流线型，鼻子形似犬鼻，还长了獠牙——很可能是被捕获的野猪的后代。多年来，这头逃跑的野兽一直在增肥，人们期待着在乔恩的婚礼上吃掉它，它的重量超过了两百磅，是伊卡的两倍多。在另一名妇女用廉价手电筒照射的微弱光线下，伊卡试图用绳子套住它的蹄子，但它一发出咕噜声，她就躲开了。

最后，乔恩一瘸一拐地走到这些妇女跟前，大喊："等它抬起蹄子，就立马把绳子套上！"

在几次尝试后，伊卡套住了猪蹄，但她猛拉绳子时，活结卡住了，猪挣开了绳子，把她按在泥和屎里。每个人都呆住了，以为她会开始咒骂或哭泣，但伊卡却仰头面向天空，发出沙哑的笑声，她一直笑，直到乔恩哼了一声才停下来。伊卡转过身，边走边溅起泥水，来到泥坑的边缘，把绳子递给了他。他扇了她一巴掌，没有用尽全力，但也大力到这巴掌发出了干脆的响声。

伊卡没有哭，也没有说一句话。她扔下绳子，退到罗望子树背后的阴影里。

乔恩盯着其他女人看，大家都往后退了几步，然后乔恩拿起绳子，把活结解开。他悄悄地跟踪着猪，一瘸一拐地走在踏脚石一样的岩石上，防止自己落入泥浆。当猪抬起身体时，乔恩不经意地把绳子套在了它的蹄子上，在它这一步落到地上之前猛地一拉套索，然后把绳子系在一块巨石上。他一句话也没说，就回到了家里。

其他女人问伊卡要不要去她们家洗澡，但她挥手让她们走开。无论如何，她最终都得回家的。等到乔恩在家里待了很长时间，估计已经睡着之后，身上溅满污垢的伊卡才从黑暗中走出来，爬上了楼梯。

几周后，也就是8月中旬，在拉姆巴塔岛南部的部落之间出人意料地爆发战争的那个星期六，伊卡醒来时，天空中仍然闪耀着星星。那天是赶集日，是一周中最重要的一天，兴奋使她心跳加速。她心想，这会是改变她人生的一天吗？她的真命天子会注意到她吗？

为了不吵醒她的家人，她悄悄地起身，穿上了她最喜欢的Hello Kitty（凯蒂猫）T恤。然后，她把一捆鲸鱼肉干和飞鱼干堆在一个藤篮里，拿一条毛巾卷在头上，把东西放在上面。和其他拉玛莱拉妇女一样，伊卡很少用手拿东西，无论是一盘米饭、一把屠刀还是一捆柴火。她把所有东西都放在头顶。由于无法低头看路，她在黑暗中踮着脚尖走下楼梯，加入了一群同样头顶篮子、异常兴奋、窃窃私语的年轻女子的行列。

穿着纱笼的年长妇女挤进一辆公共汽车，而伊卡和年轻女孩们沿着手电筒的光，成群结队地走出城镇，向乌兰多尼村进发。太阳刚刚升起，女孩们穿过荒凉的海滩，穿过杂草丛生的村庄废墟。这些村庄此前被冲突摧毁，原先的部落居民背井离乡进城了。当成群结队的鸟儿用叽叽喳喳的叫声迎接黎明时，年轻女孩们谈论着她们要拿下的便宜货，要调戏的男人，以及乌兰多尼集市上可能发生的其他奇遇。

伊卡享受着和其他年轻女性在一起的时光，自她退学照顾摔断股骨的外祖母以来，她就几乎没有和她们见过面了。外祖父母通知在读六年级的伊卡退学时，她抗议了一番。“但如果你不退学的话，谁来做饭呢？”他们问她，“又是谁带着鱼肉去交易呢？”伊卡曾经大胆想象过翻山越岭上高中的情景，但她告诉自己退学是上帝的旨意。每天早上，当她在悬崖上煮饭时，她努力无视穿着制服在上学路上嬉戏的孩子们。有时，她会在下午偷偷溜到海滩上和大家一起玩耍，但回到家后，她的外祖父母会冲着她大喊大叫。最终，她大概率并不是被同龄人排斥，而是被大家遗忘了。她试图通过加入传统舞蹈队、教堂唱诗班和天主教青年团体来防止自己被遗忘。活动结束后，她会在厨房里没完没了地练习扭臀或唱歌。麻烦在于，为了做饭或打扫卫生，她经常无法出席团体活动。

上一年，伊卡和岛上的天主教青年协会成员一起到附近的海滩露营，这是她生命中最美好的时光之一。如果是在家里，这种时候她应该去井边打水。而露营那天，她和其他女孩一起打排球，在椰子壳上烤男孩们钓到的鱼。到了晚上，她和其他伙伴围着篝火唱歌。唱歌是她最喜欢的娱乐活动，唱歌时她能够集中精力赞美上帝，忘掉自己的忧虑和烦恼。在集体合唱之后，罗莫神父请她表演独唱。她爬到一个包装箱上，紧张得发抖，但当她开口时，她被自己的烟嗓迷住了。她特别享受万众瞩目的感觉，但这也让她有些不安。表演完后，赞美声不绝于耳。最近，她开始暗示自己要再次参加即将到来的年度静修会，但外祖父母总是提醒她有很多家务活儿要干，并质疑她在没有人陪伴的情况下睡在年轻男性身边是否合适。

她的每一天都被工作占据。她得在黎明前起床做早饭，然后上山砍柴，再步行近一英里到村里的井边打水，并且得尽可能赶在太阳从火山上方升起之前干完这些活儿。等到太阳高高挂起，没有任何地方可以躲开灼热的日光时，她就到罗望子树的树荫下剥米粒和过滤谷壳，直到外祖父母喊她做午饭时再回家。乔恩捕猎回来后，她帮忙杀鱼、腌鱼，把这些肉挂起来，通常要忙到晚上，这个时候她又得喂猪、打水、做晚饭。只有当她躺在打呼噜、散发着霉味的外祖母旁边的竹垫上时，她才有时间祈祷。

她在耶稣和祖先那里找到了慰藉。忏悔释放了她对自己处境的所有愤懑。她努力像耶稣那样牺牲自己。她把自己曾经拥有的雄心壮志全部寄托到玛丽身上，节衣缩食，把十六岁的妹妹玛丽送到莱沃勒巴的高中，并承诺支持她读完大学。（乔恩也支持这样的做法，尽管他经常抱怨费用问题。）唯一的问题是，玛丽似乎并不珍视自己得到的礼物，和学业相比，她对男孩和时尚更感兴趣。每当伊卡看到妹妹令人失望的成绩单时，她都想提醒妹妹要珍惜那么好的教育机会，但她最终没有勇气去责备妹妹，只是发表一些平淡的、试探性的话，试图点醒她，然而她的话都被忽略了。

伊卡是多么怀念学校啊！她自己上学的时候，曾经自鸣得意地认为，自己的大脑与那些年长妇女的大脑不同。她们满脑子都是物物交换、编织和养育孩子，从来不会想到科学或外部世界。但最

伊卡拿着家族《圣经》。

近，她注意到，当朋友们谈论代数或第二次世界大战时，她的兴趣开始减弱，她惊恐地意识到自己正在变得像那些长辈一样。有时她还会做回到学校的白日梦。不久前，一所小型渔业技术高中在拉玛莱拉正式投入使用。这是拉姆巴塔岛南部第一所渔业技术学校，学生不到一百人。尽管拉玛莱拉的长老们嘲笑这所学校既教不好数学，也教不好航海技术，但对伊卡来说，这是一个机会，哪怕连她自己都不得不承认，让一个十九岁的人读六年级是很荒谬的，更不用说让一个二十多岁的人读九年级了。

伊卡渴望接受教育，因为她知道自己怀念外部世界的什么。在过去的几年里，她的几个表兄弟已经从莱沃勒巴高中毕业，并当上了政府小官员。拜访他们时，她惊讶地发现他们有了电、冰箱和电饭煲，不必整天捡木材、熏肉和烧火。她嫉妒他们变胖了，这一直是伊卡的目标，因为她很瘦，经济不景气的时候她看起来甚至像是要饿死了。对她的表兄弟而言，过上现代生活似乎就像涂口红一样容易。印度尼西亚最近甚至有了一位女总统。如果伊卡能找到一种永久穿越山脉到世界另一边的方法就好了。

每当挫折感太强的时候，她就会试着笑。她是一个天生活跃的人，用她自己的话说，她是一个“笑匠”。她经常大笑，导致喉咙长期处于嘶哑状态。她的笑声就像她的歌声一样独特——既尖锐又刺耳，既高亢却又深厚。她的笑声通常以颤音开始，就像被人挠痒痒一样，然后整个身体都控制不住地颤抖，双腿弯曲，难以呼吸，最后她把双手举到空中，好像在表示投降。这一连串的笑声似乎在说：“我们不都是可笑的吗？”

当乔恩把本可以省下来给玛丽交学费的钱花在香烟或棕榈酒上时，伊卡笑了。外祖父母变得更加体弱多病时，她也在笑。她甚至还笑自己一直想参加露营旅行。但最近，她的笑声越来越少了。当她笑时，发出的笑声与其说是欢快的，不如说是愤怒的和嘲弄的。这不像她在被猪弄得满身脏兮兮之后的笑声，那是一种陶醉于生活的荒诞而不是为了摆脱不幸而发出的笑。她最近的笑声就像乔恩打了她一巴掌后那几天里的笑声，是一种虚假的笑声，试图掩盖羞辱和蔑视。但赶集是她的日常工作中为数不多的令人愉快的事情之一，可以改变这一点。

走了近七英里后，拉玛莱拉的女孩们终于快到乌兰多尼村了。她们走的小路与一条土路会合了，女孩们和带着装满木薯的水泥袋的山区妇女走在一起。汽车按喇叭把人群赶走，男人们骑着摩托车轰隆隆驶过。（在拉姆巴塔岛的农村，长者们认为女性不适合乘坐这些机器，因为她们必须张开双腿才能跨坐在摩托车上。)在熙熙攘攘的人群中，伊卡咯咯地笑着，用胳膊做着手势，像个陀螺一样平衡身体，防止头顶的篮子跌落——这是故意表演给那些偷看她的男孩的。

伊卡太专注了，她甚至没有注意到集市外有十几个神情紧张的男子正在往一根三英尺长的钢筋柱上喷洒生混凝土，这种柱子是用来标记印尼城镇之间的边界的。她也没有注意到聚集在他们周围的愤怒的人群。否则，她可能会意识到，这些神情紧张的建筑工人并不是哪个村庄的原住民，而是来自邻近的卢基部落——这个海岸西南一隅唯一的穆斯林部落和帕吉人。然而，那些聚集在一起挥舞着砍刀的人来自努阿莱拉（Nualela）部落，他们是乌兰多尼的原住民，住在海滩边，在山上耕种，他们和拉玛莱拉人一样，是天主教徒和德蒙人。她可能还记得，这两个部落在历史上是敌人。

但是，乌兰多尼集市那么稳定，长期以来赶集一直是各部落固定的活动，即使伊卡注意到了这场日益紧张的对抗，战斗似乎也不可能破坏集市。自1830年左右拉玛莱拉的一次捕猎之旅失败后，两个世纪以来，拉姆巴塔岛南部的妇女们经常在同一片棕榈林里会面，进行物物交易。

祖先的故事是这样说的：有一天，达托·努德克（Dato Nudek）在他的捕鲸船上用鱼叉刺死了一头巨大的雄鲸。鲸鱼拖着努德克氏族的船前行了整整一天一夜，然后折断鱼叉绳逃走了。但达托不愿放弃。他的部落成员在拉姆巴塔岛以东的岛屿上巡逻，终于发现一些穿着树皮的人在屠杀一头搁浅的抹香鲸。拉玛莱拉人试图夺回这头鲸鱼，但这些捡到鲸鱼的人争辩说，任何鲸鱼都可能被冲到岸边，这头鲸鱼不一定是他们的，并向拉玛莱拉人提出挑战，要他们派一名冠军来决斗。最终，这名拉玛莱拉战士被砍刀砍断了大腿上的一条动脉，导致死亡。但达托还是设法夺回了这头鲸鱼，他从一个敞露的伤口中拔出了铁鱼叉的头，并挥舞着它作为证据，最后穿着树皮的人散开了。拉玛莱拉人花了一周的时间屠宰鲸鱼，把它的油储存在竹筒里，在海滩上扎营，直到鲸鱼肉被晒干，他们才启航回家。当他们到了离家不远的阿塔迪半岛（Ata Dei）时，达托和他的族人已经用完了水，所以他们停靠在如今的乌兰多尼附近的拉巴拉湾（Labala Bay），补充物资。他们派人跑步到山区部落，告诉那里的人带着大米、玉米和木薯来换取他们的鲸鱼肉干和鲸鱼油。

虽然拉玛莱拉人很容易获取鱼类、鲸鱼和其他海洋生物，但他们的岸边土地干旱、多岩石，很难种植蔬菜。山区部落则恰恰相反，他们雨水充沛，蔬菜水果大丰收，但缺乏可靠稳定的肉类来源，因为他们饲养的动物很少，而且丛林中几乎没有值得捕猎的动物。几个世纪以来，拉姆巴塔岛的沿海部落和山区部落发展出一种对彼此的生存至关重要的共生贸易，他们交换自己多余的物资，满足彼此的需求。这种联系促使这些部落结成了联盟，将原本分裂对立的德蒙派和帕吉派以及天主教徒和穆斯林团结在一起。

努德克人和山区部落之间的贸易进行得非常顺利，所有人都同意每两周在同一片棕榈林里开一次集市。慢慢地，这个集市成为该地区的经济支柱，也是年轻人求爱和长老解决部落间政治问题的地方。即使在猎首时代，在殖民当局结束这种做法之前，人们通常认定这个集市为中立区，因为无论是沿海部落还是山区部落，都承受不起集市关闭的代价。20世纪初荷兰政府实行公历时，乌兰多尼集市的开放时间被正式规定为每周六的早上。在近两百年的时间里，这个集市一直没有中断过，也就是说，直到2014年8月16日，这个集市一直稳定存在。

那天，伊卡经过挥舞着铁撬棍的卢基建筑工人和手持砍刀的乌兰多尼农民时，她加入了蹲在几棵棕榈树下八卦的拉玛莱拉妇女的行列。由于几辆载有山区部落妇女的汽车仍在路上，物物交换还没有开始。

一位朋友递给伊卡一把鲜绿的蒌叶、一些坚韧的槟榔果和一个木碗，里面装满了烧过的粉状珊瑚。伊卡把手指伸进灰烬里，裹上一层，吸吮干净。然后她咬了一口蒌叶槟榔，像嚼烟头一样咀嚼着这种混合物。嚼了一会儿，她在谈话中停下来，吐出了看起来像是带血的呕吐物，这是因为原料发生了反应，变得猩红。她每次笑的时候都会露出牙齿，看起来就像嚼过生肉一般。该地区的女性普遍食用这种能令人兴奋的食物，就像男性吸烟一样普遍。伊卡已经因为吃了太多蒌叶槟榔而在牙齿上留下了红色的条纹，年龄较大的女性更甚，牙齿被染成了永久的深红色或黑色。

伊卡与朋友们聊天时，一帮男人，有的年轻，有的年长，从这些未婚少女身边经过，直直地盯着她们。伊卡的目光扫过这些陌生的脸。在拉玛莱拉，她对每个男人知根知底，认为他们不是谈恋爱的合适人选，但在集市上，至少有可能找到不错的约会对象。最近，伊卡开始从蹲在她身旁的老妇人身上看到自己的未来，她们像篮子里的肉干一样干瘪，虽然她告诉自己要专注于照顾家人，但她不禁开始思考是否有办法摆脱这种命运。如果一个年纪大的人停下来跟她们说话，伊卡和朋友会取笑他："你太老了！"或者"我们会告诉你的妻子！"但是，如果一个自信阳光的年轻人请女孩们帮他为祖母挑选最好的芒果，那么，可能会有女孩愿意和他一起散步。

拉玛莱拉的许多单身汉都注意到了伊卡肌肉发达的胳膊和腿、她天籁般的歌声和那难以抑制的笑声。多年来，她一直警告她的朋友们，男朋友只会让女孩头疼。她甚至特意避开年轻人求爱的聚会。上一个捕猎季期间，有几个年轻男子请求约瑟夫·博科把伊卡嫁给自己，她向外祖父解释说，她还没有准备好结婚，丈夫会分散她照顾外祖父的精力。（她其实也发现了每个单身汉的缺点——有一个人的坏脾气臭名远扬，有一个人虽然有钱却懒惰。）但最近，她开始把婚姻看作是一种改变命运的方式。如果她碰巧爱上的那个男人住在部落之外，足够富有，拥有一辆摩托车，并且足够聪明，能在莱沃勒巴从事现代工作，那就没有什么问题了，不是吗？她甚至开始把自己的手机号码给集市上来自其他村庄的年轻人，并和他们发短信。不过她很小心，不让外祖父知道，否则他只会怒斥她，认为她是在步她母亲的后尘。

但是那天早上，没有一个年轻人成功引诱伊卡和他一起走。当迟来的汽车终于在一片尘土中轰隆隆地驶来，政府监督员穿着不合身的西装，吹着口哨时，伊卡加入了另外一百多名带着肉干篮子的沿海部落妇女的行列，一起走进了集市。在这片土地上，同样数量的山区部落妇女在等待着她们，年长的山区部落居民穿着手工编织的纱笼，上面有标志其部落的图案，她们的后辈则穿着装饰有迪士尼卡通人物的睡衣，这种衣服因透气舒适而受到青睐。伊卡漫步走过成堆的蔬菜，偶尔会捏捏长满根须的木薯，把玉米棒放在手掌里，像掂一根金条一样，有时还闻闻散发着甲醇气味的蒌叶。拉姆巴塔岛只有少数几个售卖少量干货的小卖部，没有正规的商店，所以集市是各家各户大量购买新鲜食物的唯一机会。

最终，伊卡的目光被一个由十二个小绿番茄组成的金字塔所吸引，她打算用这些番茄来给炖海豚肉调味。带来这些番茄的那位妇女脸上涂了粉，鼻子和耳朵上戴着价值不菲的金首饰，头上还裹着伊斯兰头巾，由此可见她来自卢基部落。在其他地方，信奉天主教的德蒙女孩和帕吉的穆斯林女人可能把对方视为敌人，但差不多两个世纪以来，他们的部落在集市上找到了彼此的共同点。所以伊卡想都没想就把她的篮子拿了出来，那女人从篮子里挑选了一节鲸鱼肉干，然后伊卡舀走了一些番茄。之后，伊卡走进山区部落妇女的人群中，迅速地用她的肉干换取更多的产品，无须讨价还价，因为几个世纪以来，“汇率”一直很稳定：一条六英寸长的肉干换一打香蕉或其他水果蔬菜。想要划算一些，还可以用小块的肉干换取饱满大块的玉米穗。

然而，印度尼西亚政府要求公民承担的义务发生了变化。伊卡进入棕榈林时，一名监督员要她缴纳一千印尼卢比*。这不是一笔巨

---

* 约合人民币 0.45 元。——译者注

款，但对没有什么途径获得现金的人来说，仍然是一个负担，算上年终税，就更加棘手了。这些措施都是政府为吸引拉姆巴塔岛南部的易货贸易地区以及印度尼西亚各地的类似经济体加入国家经济所做的努力。政府声称尊重人们的文化多样性，但它面临的挑战是，自给自足的捕鲸者和其他传统民族的人很少纳税，而且他们往往不认为自己的首要身份是印度尼西亚人。政府对此的解决办法是征收只能用现金支付的税款，迫使原住民从事建筑、种植和家政工作来挣钱，在加强他们与国家关系的同时，也削弱了他们与部落的联系。政府要求儿童上学，在学校学习巴哈萨语和印度尼西亚历史，而不是部落的传统文化。万物有灵论者不得不标明自己信奉世界五大宗教的哪一种，如天主教或伊斯兰教。与拉玛莱拉人不同，那些反抗的部落无法享受国家福利。当然，印度尼西亚政府并不是第一个这样做的政府。几千年来，从罗马到美国，世界各地都在推行这种激励性的同化策略，加强分散在各地的群体之间的联系。

在集市的南部一隅，现代经济对拉姆巴塔岛易货经济的影响是显而易见的。一些流动商贩把当天早上从莱沃勒巴开过来的小货车停在那里。伊卡无视他们，因为这些外来者只接受别人用印尼卢比来购买他们在卡车出售的货物：肥皂、火柴、咖啡包、鱼钩、工厂缝制的纱笼、美白霜，以及锅碗瓢盆这些高价的现代商品。这些物品不只是放在集市的不同角落出售，伊卡在自己的脑海里也把它们区分开，用外语和西方的十进制数学来计算价格，而对于本地商品，她则使用本地词汇Munga来计算，这是一个以六来计数的单位，是拉玛莱拉计数的基础，也是以物易物经济的基本单位。

上午九点左右，在伊卡到达集市一个多小时后，有人接到了家里的一通电话，之后集市上响起了一阵捕鲸号召声。在场的几个拉

乌兰多尼集市。戴着头巾的穆斯林妇女坐在前面两排。
在她们身后，蹲着一排没有裹住头发的天主教姊妹们。

玛莱拉人挤上一辆摩托车，飞奔回家。在拉玛莱拉，虽然乔恩的伤势不断恢复，但他的健康状况还不足以支撑他在捕鲸船上划桨，所以他被分配去驾驶拖着波利沙邦号的乔森。但至少，他终于重新加入了捕鲸行列。

到了中午，伊卡的篮子里已经装满了木薯、短粗的香蕉、长笛状武吉斯香蕉和小如饰品的番茄。她甚至以每条约一美元的价格将海豚肉干卖给了一个莱沃勒巴的商贩，她打算将这些钱存起来，用于支付玛丽的学费。当她离开集市时，她又一次忽略了那些正争先恐后地完成剩下半截柱子的卢基人，而愤怒的乌兰多尼原住民继续在他们周围涌动。但她还是停下脚步，思考政府正在建设的一个建筑项目：一个建了一半的海堤和一排从海湾中升起的混凝土柱子，推土机和挖掘车停在岸边。与之相比，拉姆巴塔岛南部之前尝试过的所有建筑项目都相形见绌。这是一个港口，还有一年时间才完工，届时，它将为这个与世隔绝的海岸打开发展的大门。商人不再需要承担卡车翻山越岭运货的费用，港口还将定期提供到省会的轮渡服务。伊卡幻想着她可能会坐上一艘巨大的、生锈的船越过地平线。至于是永远离开还是仅仅出去度假，到时再决定。

没有必要浪费太多时间做白日梦，她必须回家做午饭了。汽车停在路的另一头，在流淌着树液的树下，老人们把树液当作一种胶水来收集。她把卖海豚肉干赚来的钱交给了其中一个司机。她决定放纵自己，七英里的路程坐车回去，因为她想休息好再回家。在拉玛莱拉，有无穷无尽的工作等着她去做。

伊卡离开后，几个卢基人继续把混凝土铲到钢筋柱上，他们的伙伴则形成了一个防御性的包围圈。柱子堆得越高，这群乌兰多尼人就越愤怒，因为这种柱子是印度尼西亚城镇用来划定边界的。虽然卢基人住在东边不远处的潘泰·哈拉潘村（Pantai Harapan），但竖立这根柱子，无异于在声称未来的港口和乌兰多尼本身属于他们，这种做法加剧了两个城镇之间长期以来的土地纠纷。

努阿莱拉部落和卢基部落之间的敌意由来已久：曾经，他们就像德蒙和帕吉一般互相猎首。但即使在古代战争时期，他们的易货贸易也是受保护的，因为卢基人主要是渔民，而努阿莱拉人主要是农民，所以双方的生存都依赖对方。历史上，两个部落的家园相距甚远，但20世纪70年代末，一场海啸摧毁了卢基部落原来的村庄，政府把他们安顿到一片海湾；根据福利计划，以前住在山顶堡垒的努阿莱拉人，也被重新安置到更方便到达的同片海滩生活，乌兰多尼集市的安全区甚至缓解了两个部落之间的紧张局势。

几十年来，这两个部落基本愉快共存。然而，当卢基人开始在莱沃勒巴出售他们的鱼，并拿钱从莱沃勒巴的穆斯林同胞那里购买他们需要的东西，而不是依靠他们在乌兰多尼的天主教徒邻居后，两个部落之间的紧张局势加剧了。两者关系之所以脱钩，是因为全球政治起到了一定的推动作用。因为在岛外接受教育的卢基青年接触到了有关穆斯林与天主教徒在中东和印度尼西亚其他地区的冲突，并与他们的部落成员分享了他们所了解的情况。（当然，天主教部落受国际新闻的影响也不小。）随着岁月的流逝，双方都不再把自己当成拉玛洛特人（该地区最重要的民族，包括德蒙和帕吉），而视彼此为世界性战争中的敌对双方。曾经，两个部落都小心翼翼地尊重他们的贸易伙伴，现在双方都开始为获得泉水和农田而争吵。

2014年年中，新总统佐科兑现了开发印尼东部的竞选承诺，港口项目开始动工，曾经不起眼的乌兰多尼海滩突然变成了拉姆巴塔岛南海岸的经济未来。卢基人再次提出了一个古老的主张，声称政府已经将乌兰多尼周围的所有土地都给了他们，尽管他们无法出示纸质文件。作为反击，努阿莱拉人出示了一张可以追溯到殖民时期的纸质地图，上面显示了他们对海滩的所有权，因为尽管他们历史上一直生活在海滩上方的山上，但他们一直控制着这片土地，一直到海岸线。刚开始还只是大喊大叫的争论，后来升级到有律师在场的法庭会面，直到最后卢基人开始建造这根柱子。

当天的集市接近尾声时，一名来自努阿莱拉部落的乌兰多尼高级行政长官命令卢基人停止浇筑钢筋柱。卢基人用拳头和工具殴打他作为回应，然后撤退到他们的村庄。乌兰多尼市长迅速将这名在火山周围受伤的男子送往莱沃勒巴的医院。当地警方对市长的投诉不屑一顾，称乌兰多尼太偏远，他们什么都做不了，更何况，第二天是印尼独立日，一切都会烟消云散。

但第二天早上，当数百名参加升旗仪式的人站在乌兰多尼的教堂外时，一个赤裸上身的年轻卢基人从潘泰·哈拉潘村的方向跑到了球场上。人们起初还觉得这个疯狂的男孩很有意思，直到他们意识到他挥舞着的是一把砍刀，事情不再有趣。然后，一队摩托车骑兵轰隆隆地沿着他身后的道路驶来，每一个卢基人都有类似的武器。人群尖叫着逃走了。大约五十名前来参加庆祝活动的拉玛莱拉高中生将自己封闭在教堂里。卢基暴徒用石头砸碎教区的窗户，里面的人哭着打电话通知他们在拉玛莱拉的家人，说自己即将被谋杀。

在最初的攻击行动中，卢基人实际上并没有使用砍刀，只是把努阿莱拉人赶出了镇子。然后他们洗劫了市长办公室，显然是为了寻找努阿莱拉的地契。他们没找到需要的文件，就烧毁了副市长的房子，因为地契有时会存放在那里，不过实际上这些文件几周前就被转移到了莱沃勒巴。后来，有传言称，卢基刺客挥舞着弓和箭在镇上追赶骑摩托车逃跑的市长。

大多数拉玛莱拉人正在宰杀他们前一天捕获的抹香鲸，这时他们听到了曾用来呼唤祖先保卫他们仙人掌墙的敲锣声。他们聚集在巴托纳“灵魂之家”，罗莫神父告诉他们：“不要做任何暴力的事情。但要让卢基人知道，乌兰多尼并不孤单，所有的天主教村庄都在支持乌兰多尼！”一支由大约五十人组成的队伍向城外出发，但包括乔恩、弗兰斯、伊格内修斯和本在内的许多其他人留在了村庄，他们要在鲸鱼肉变质之前完成屠宰，因为这时他们接到电话，得知卢基的袭击者已经撤退。在整个部落，数百名天主教徒用长矛、砍刀、弓和箭武装自己，匆忙前往乌兰多尼。

当拉玛莱拉人到达乌兰多尼时，他们的身上还沾满鲸鱼的血迹，手里拿着剥皮刀，他们发现警察在镇上巡逻。有人拨打了莱沃勒巴政府的电话，政府匆忙派了一车警察赶到山上。大量的拉玛莱拉人、努阿莱拉人和其他天主教部落的人聚集在将乌兰多尼和潘泰·哈拉潘村分开的干河沟边，这么多警察不足以控制他们。很快，卢基人也聚集在另一边。谁最先发动袭击是按照党派界限展开的，但到了下午晚些时候，双方都开始挥舞砍刀和射箭。据许多目击者称，警察逃走了。最后，一名天主教徒的尸体被遗弃在桥附近。双方还有几个人受了重伤。

直到第二天早上，也就是集市上的煽动事件发生两天后，戴着印尼特种部队红黑臂章的士兵进入乌兰多尼，局势才得以平息。印尼政府意识到带有宗教色彩的冲突有可能成为多元化国家的导火索，因此对此类事件高度敏感。在这个国家，占多数的穆斯林经常与天主教徒、新教徒、印度教徒和佛教徒等宗教群体发生冲突。战术部队在那里待了几天，然后他们将安保工作重新移交给扩编后的警察部队。尽管没有再次爆发公开的冲突，但天主教徒和穆斯林的年轻人在山上相互用弓箭射杀对方的故事流传开来。几名卢基男子因谋杀天主教徒而入狱，而几名努阿莱拉人因在主要冲突发生几天后焚烧卢基渔船而被捕。晚上，拉玛莱拉人手持弓箭在通往乌兰多尼的道路上站岗。集市本身仍处于关闭状态。

几个星期过去了，卢基的一个和平使团向乌兰多尼市长道歉，把那次袭击怪罪到几个喝醉酒的年轻人身上。但努阿莱拉人认为袭击是精心策划的，指出还有人追捕市长以及试图烧毁地契。死者的家人也不会原谅凶手。卢基企图和好的提议被回绝了。后来，卢基人明确提出重新举办乌兰多尼集市，但再次遭到了拒绝。现在，这一决定不仅仅是为了保护自己。天主教部落正在惩罚卢基人，对他们实施了经济封锁，因为海岸上没有其他人可以和卢基人进行贸易了。卢基人开始离开潘泰·哈拉潘村，住在莱沃勒巴的亲戚家里，并在那里找工作。天主教村民同意每周五在拉玛莱拉的足球场上会面易货，而不再举办乌兰多尼集市。

因此，在冲突事件发生六周后的9月26日清晨，伊卡携一篮子鱼肉干经过一个竹子做的球门，穿过一片泥土，走向几十名蹲在树荫下的拉玛莱拉妇女。当天唯一到达的穆斯林商人是一名来自莱沃勒巴的商人，他在一块蓝色的防水布上摆放着人字拖。山区人还没有到。拉玛莱拉人吐出蒌叶槟榔并开始说三道四，一个年长的妇女抱怨说，达托几百年来的承诺已经被打破。其他人都同意，乌兰多尼冲突是外部世界干预祖先之道的结果。诚然，在出现金钱、税收和土地纠纷之前，部落之间的关系就已经很紧张，但易货经济已经强制保证了一种平等：谁都没有占别人的便宜，大家只是拿出自己多余的东西来交换，这样每个人都过得更好。现在的生活似乎是一场零和竞赛。如果乌兰多尼集市能挺下来就好了。大家认为，它的结束肯定预示着更糟糕的事情即将到来。

但伊卡暗自高兴：有了新集市，她现在不用走那么远的路了。尽管她非常尊崇祖先之道，但显然，这些规则对男人和年长者有利，代价却是牺牲她的利益。若她能享受一些印尼肥皂剧中的城市女孩所能拥有的自由，那她不介意外界的影响入侵村庄。她从高处眺望着玻璃般的海湾，那里风平浪静，海上的舢板甚至没有扬起帆，她望向乌兰多尼和未完工的海堤。今天，她的外祖父母禁止她参加一年一度的青年天主教徒静修会，她对逃离拉玛莱拉不再抱有期待。但她想到了另一种可能性：即使她永远无法离开部落，现代世界也可能有一天会来到她身边。变化正在发生，但她担心变化来得太晚，错过了好时机。在等待的时候，她最多只能大笑。

第七章

拉玛莱拉之道

2014年9月至2014年11月

乔恩

10月初的一个黄昏，乔恩驾驶着VJO号驶向了仍旧刺眼的太阳。他用左手握住十五马力发动机的舵柄，右手搭在眼睛上方遮光，仔细观察海平线。捕猎季他一直在养伤，现在他终于恢复健康了，他渴望消除大家记忆中那个虚弱的乔恩，向部落彻底证明他不是山里人。要做到这一点，最好的办法是用长矛刺死猎物。他扫视着猩红的海水，仿佛他能让蝠鲼跃起。他梦想着尽快迈出下一步，成为一名鱼叉手。他认为他能恢复健康，就证明了他的受伤是对部落罪恶的惩罚，而不是对他个人的惩罚。祖先欠他一个人情，因为他们让他成了牺牲品。

与此同时，另外三个人坐在溢出船舱的绿色网堆上聊天：乔恩的密友安德烈斯·“安索”·索格·贝迪奥纳（Andreus “Anso” Soge Bediona），一个三十岁出头、留着拖把头发型的开朗的渔夫；安索的哥哥马塞尔，留着银发，沉默寡言；以及伯纳德斯·“波利”·塔普纳（Bernardus“Boli” Tapoonã），一个传奇的鱼叉手的儿子，皮肤黝黑，肌肉发达。他们一直懒得看一眼水面，因为他们知道，即使看到了猎物，在天黑之前也没有什么时间去追赶它。

此外，现在正值偷懒季。抹香鲸已经完成了经过拉姆巴塔岛的迁徙，温度已经达到了年度最高水平，几乎是火化的强度，空气都变得虚幻，让人想昏昏睡去。曾经郁郁葱葱的丛林在热带的秋天枯萎了，树叶在傍晚的风中盘旋着落在地上，一片片层叠在一起，像昆虫迁徙一样沙沙作响。水井干涸了，妇女们不得不提着水桶爬下海边的悬崖，去装退潮时涌出的咸海水。粉尘不断地使空气变厚，侵入鼻孔和嘴巴，使它们无法保持干净。即使是最友好的村民也开始争吵起来。通常这种时候，男人们会在船舱的阴影下舒舒服服地待上几天，喝着不温不火、冒着泡沫的棕榈酒，赤裸着上身享受从海浪上吹来的罕见微风，而不是在烈日下出海。

但舷外发动机的引进改变了这一点。弗兰西斯库斯·贡萨雷斯·“萨雷斯”·乌塞·巴陶纳（Fransiskus Gonsalés “Salés” Usé Bataona）一直致力于促进拉玛莱拉村庄的经济现代化转型，自2009年以来，在他的敦促下，人们越来越多地使用摩托艇开展漂流网捕鱼这种新型捕猎方式，这种工业捕鱼技术能够让人们完全避开严酷的日光，但它正在改变拉玛莱拉人的生活方式，并破坏祖先之道。

乔恩驾驶着乔森向西去，正是为了用漂流网捕鱼。淡紫色的天空变黑了，拉巴莱康火山看起来越来越小，好似层层叠叠堆积其上的云重到把它压入了海底。横跨地平线的六座火山闪耀着金色的霞光，过了几分钟，海水吞噬了太阳。然后，黑暗笼罩了整片天空，星星开始闪烁。每次巨浪颠簸，乔恩的胃都会随之颤抖，因为那天下午，他在修补渔网时与其他人一同享用了一桶杜松子酒，他在舷缘边呕吐了三次，他的朋友们则咯咯地笑着说："山里人！"但没有人打算接替他开乔森。乔恩十几岁时，萨雷斯就把VJO委托给他了，自己则到部落以外寻找机会。

乔恩在海里发现向东的水流时，就会把马达从水里提出来。其他五艘用漂流网捕鱼的乔森靠得很近，它们开启了前灯，在黑暗中闪耀着光。乔恩打开了系在他棒球帽上的灯。然后，他拿出一个旧汽水瓶，里面装着弗兰斯祈福过的圣水，其他三个人跪在渔网上，他将圣水洒在网上和他们身上。漂流网在VJO的船舱里被卷成一根巨大的绳子。四名捕鲸者拖着脚步撒开漂流网，整个过程持续了整整四十五分钟，一条白色泡沫漂浮的痕迹延伸到近一英里外闪烁的红色灯塔处。

最后，他们的工作完成了，乔恩和其他人嚼着鲸鱼肉干，试图点燃香烟，但大风不断吹灭他们的打火机。他们照例开着玩笑，谎称某人和哪个美女有一腿，但很快这些胡言乱语就停止了。两英尺高的海浪冲击着乔森，他们像木头一样在甲板上滚动，尽管如此，他们还是睡得很香。流星闪耀着划过天际。海洋和天空融为一片黑暗，发光的浮游生物和星星也浑然一体，所以VJO似乎在一片星际洋流中漂流。天气越来越冷，乔恩把霍尼的纱笼拉得更紧，仿佛把自己包裹在她的怀里。

此前，乔恩和霍尼曾因乔恩在脸谱网上与其他女孩暧昧不清而分手，但两人和好后便一直陷入热恋的状态。起初，乔恩暗自嫉妒霍尼可以离开拉姆巴塔岛去另一座城市，但霍尼解释了自己的实际生活情况后，他就为她感到难过。她没能去到像雅加达这样迷人的大都市，而是被派往一个位于边远小岛上的平淡无奇、污染严重的百万人口工业区。她醒着的时候不是在清扫雇主的四层豪宅大楼，就是在为他的家人做饭。她每两周才能休息一次。但当休息日到来时，她已经累到不行了，而且害怕外面的人群，从而不敢去探索这座新城市。她给乔恩打电话，一打就是好几个小时，两人在幻想她回家后，他们的生活会是什么样子，尽管那要到差不多两年后了。即使他们已经无话可说了，乔恩也会把手机塞进左胸前的口袋，保持电话畅通，听着她的扫帚在瓷砖上摩擦发出的声音，这样她的声音好像直接从他的心房里发出来一般。

凌晨时分，乔恩被一阵噼啪的拍水声惊醒。“是海豚。”有人喃喃道，海豚来搜刮他们网中的小鱼。但他们并不担心，反而很兴奋，因为他们希望海豚会被绳索缠住。不过海豚有时被称为“聪明的鱼”，很狡猾，可以避开绳索。很快，这些人又睡着了。

埋伏在下面水流中的漂流网标志着拉玛莱拉人的生计最近发生了重大变化，威胁到鱼叉手的首要地位，而乔恩在不知不觉中促进了这一变化的发生。网捕本身并不新鲜。1973年，联合国粮食及农业组织付费邀请一名挪威渔民在拉玛莱拉居住两年，帮助拉玛莱拉人采用现代化的捕鱼技术，提高捕鱼率，同时也能改善依赖他们的山区部落人们的营养状况。网捕技术就是在这个时候传入拉玛莱拉的，该部落高兴地采用了他们得到的小号刺网，如今仍然在靠近海岸的珊瑚群里使用类似的工具。（但拉玛莱拉人也拒绝了一些与祖先之道相去甚远的现代化工具，如可以发射爆炸性鱼叉的摩托艇。）

然而，2003年，侨居海外的萨雷斯回到家乡不久后，拉玛莱拉人便开始采用一种全新的捕鱼方式。萨雷斯是“三巨头”氏族之一的后裔。但是，曾游历群岛、协助镇上天主教神父的父亲鼓励他放弃贵族的继承权。萨雷斯先是去上神学院，然后去雅加达的一所大学读法律。然而，几年后，萨雷斯想念大海了。他辞去了一家瓶装水公司的经理职位，在一艘五十吨的爪哇拖网渔船上当学徒，学会了使用延绳和漂流网——这可是工业渔民的武器。然后他在三十岁出头的时候回到了家乡，他相信自己能帮助部落走进现代社会，帮助家乡人民打造惠及后世的捕鱼工具。在城市他无法做出这样的成就，因为他不过是芸芸众生中籍籍无名的一员罢了。他在拉玛莱拉建造了VJO并为其布满了巨大的漂流网，网眼达五英寸，用来捕捉重达数百磅的金枪鱼和剑鱼。该部落以前用的两英寸规格的刺网只能捕捉小飞鱼。

萨雷斯当时还没有结婚，比他小的男性亲属也跟随他的脚步翻山越岭去上学了。很快，他招募了一个不需要把时间和精力花在照顾父亲身上的男孩作为他的甲板手，那就是乔恩。当时十一岁的乔恩仍然在他叔叔的乔森上当学徒，船员们使用传统的鱼叉捕鱼并嘲笑漂流网工具。但当乔恩看到这种新工具效率如此之高后，他越来越多地跟随萨雷斯一起捕鱼，而不是和他的叔叔一起。他不需要再花几个小时去寻找难以发现的猎物，燃烧煤气去追赶它，然后祈祷鱼叉手能击中它。他和萨雷斯只需撒开网，然后一觉醒来，就会发现蝠鲼、剑鱼、金枪鱼和海豚都被困在了他们的网中。很快，萨雷斯就相信乔恩可以在没有监督的情况下独立布网和操作船外马达。因为萨雷斯有其他事业要忙，无法出海。首先，由于部落的乔森船队扩大了，他需要为他的部落成员安排信贷，以购买更多的舷外发动机；其次，他开设了村里的第一个汽油库，为大家提供汽油；最后，他和乔恩的成功使其他捕鲸者相信漂流网高效好用，他借出更多的钱给其他捕鲸者，这样他们也能够购买漂流网。在几年内，萨雷斯已经参与了全岛的投资活动，还购买了一些汽车，出租给司机。他经常在山上消失几周，做一些无法解释的生意。部落对他的印象非常好，甚至还选他做市长，但大家很快发现，公职并不适合他，他又回到了交易的生意中。

萨雷斯非常忙，最后他请求乔恩的外祖父约瑟夫·博科同意让乔恩担任船长，好让他不在时替他看管VJO。后来，他开玩笑地说，他选择乔恩是因为他“个子小却很有力，就像一根辣椒”，但实际上，萨雷斯是为乔恩渴望在一个人们通常服从于等级制度的社会中证明自己的愿望所打动。乔恩对这一邀请感到震惊：他才十几岁，就可以开属于自己的乔森了，尽管只是在漂流网捕鱼季才开，其他时间里，他还是和其他摩托艇一起用鱼叉捕猎。当然，萨雷斯的赞助伴随着沉重的责任。乔恩全心全意维护VJO，每隔几周就给发动机“洗一次澡”，把它拆开，把每个螺栓都擦干净。如果他把船停在海湾里过夜，他就睡在竹制平台上，确保船不会被其他部落劫持。萨雷斯实际上把乔恩变成了他在村子里的代表，还要求乔恩不断地更新部落的消息。乔恩还必须将四分之三的猎物交给萨雷斯住在拉玛莱拉的未婚姐妹们。乔恩可以留下剩下的四分之一。此外，乔恩的家人真的有需要时，比如外祖父母需要治疗疟疾的药物或玛丽需要支付学费时，萨雷斯经常提供帮助。但是，掌握VJO钥匙的最大好处也许是，多年来，乔恩成长为拉玛莱拉最好的乔森驾驶员之一，也是最擅长使用漂流网捕鱼的人之一。随着该部落慢慢过渡到更现代化的生活方式，这些技能变得越来越重要。

到了2010年，也就是在萨雷斯引入这些技术仅仅七年之后，几乎村里的每一个捕鲸者都拥有至少五十码的缝线和几十个这样的网片，从而编织在一起，形成一条长达几公里的漂流网。这种新技术反过来又推动了乔森的崛起，因为想要有效利用漂流网，氏族就得购买发动机，为船只提供足够的动力出海远行。2014年，这种做法已经非常普遍，海滩理事会实施在公海捕猎季期间禁止使用漂流网捕鱼的措施，以确保拉玛莱拉人只在白天用鱼叉刺杀祖先的礼物，晚上休渔。只有当鲸鱼在9月完成迁徙后，他们才会被允许使用漂流网。这一年，萨雷斯将VJO和它的船员们，包括乔恩，作为一家小型公司在印度尼西亚政府完成了注册，这样他就可以获得一笔针对小企业的资助，购买新的渔网和另一个引擎。其他团队很快就争相模仿。正如捕鲸船被更高效的乔森所取代一样，鱼叉捕鱼也很快被漂流网捕鱼所取代。

凌晨五点多一点，初升的太阳照耀着东方，压过了星星那微弱的亮光，但西半边的天空仍然笼罩在黑夜中，乔恩和他的同伴们醒来，收起了漂流网。漂流网的第一部分内只有几条两英尺长的太平洋鲭鱼，但第二部分的泡沫漂浮物被拖到了水下。当他们把网拖到水面上时，他们发现了一条七英尺长的剑鱼。它丝滑的黑色背鳍被撕裂了，巨大的黄色眼睛的晶状体上洒满了血，一面被撕得破烂的网缠绕在它的鼻尖上——这个威严的生物死了。四个人齐心协力才把这条重几百磅的鱼拽到船上。他们把鱼尾向后折，才能把它放进船舱。这条鱼与网死死地纠缠在一起，因此他们不得不把它剪开，这意味着下午他们得重新缝合这条鱼，但没有人会介意，毕竟这是一笔意外之财。在接下来的一个小时里，他们卷起了剩下的网，发现了一条四英尺长的剑鱼、十几条鲭鱼和一条一百磅的黄鳍金枪鱼。这一丰厚的收获凸显了漂流网的高效：只干了大约十小时的轻松活儿，乔恩和其他人已经装上了一千多磅的肉。

他们刚卷完网，一个大马达的轰鸣声就在明镜似的水面上回荡。一艘比VJO长一倍的纵帆船轰隆隆地从西方驶出，斧头状船首正对着他们。它没有悬挂旗帜，不过从船只结构可以看出它来自向北约七百英里的苏拉威西岛。由于没有办法超过这艘纵帆船，乔恩只得转过VJO去面对它，其他人拿出了他们的剥皮刀。在萨武海，海盗事件偶有发生，除了这艘船，周围数英里的水域都是空荡荡的。当这艘神秘的船驶近时，乔恩看到前甲板上有四个人，他们都被晒得黝黑，一身脏兮兮的，看起来像是在海上待了好几天。他们的脚前躺着两条巨大的鲨鱼，白色的甲板上沾满了鲜血。

乔恩用当地方言向这艘船上的人打招呼，但这些人用所有公民都说的印尼语回答。他们是海洋游牧民族，这个民族曾经结成小型舰队在印度尼西亚东部和菲律宾巡航，很少踏上陆地。（科学家们发现，海洋游牧民族的人的身体已经在一定程度上适应了他们的海洋生活方式，与在陆地上生活的人类相比，他们在水下的视力更好，而且他们在用鱼叉捕鱼时屏息的能力也有所提高，他们一天要花好几个小时刺鱼。）但就像拉玛莱拉人一样，海洋游牧民族的传统生活方式也被现代世界彻底改变了，在商业捕鱼取代了他们的海洋狩猎采集生活方式后，他们回到了陆地，他们中的大多数人现在住在大屏障岛上的高架屋里。

四个海洋游牧人在船与船的间隙中大喊大叫，问乔恩是否捕到了金枪鱼，并表示他们一直在离家向南数百英里的地方追赶金枪鱼群，计划将它们冰冻起来，出口到日本或美国做寿司。乔恩和其他人举起了他们捕获的鱼。海洋游牧人不想要鲭鱼，但想要黄鳍金枪鱼。作为回报，他们可以把放在前甲板上的灰鲭鲨和虎鲨给乔恩他们。这些鲨鱼的牙齿已被撬出，留下了软绵绵的笑容，它们的鳍和尾巴也被砍掉了，海洋游牧人将在利润丰厚的黑市上出售这些碎片，但其余的肉是完整的，因为没有人会买，对他们来说这些肉基本上没有价值。然而，金枪鱼是价值四千亿美元的生意，是世界上最有利可图的海产。对海洋游牧人来说，用五百磅鲨鱼换取其五分之一重量的金枪鱼是划算的，对拉玛莱拉人来说也是如此，他们只关心有多少肉可以吃，甚至没有意识到他们也可以出售自己捕捞到的黄鳍金枪鱼。达成交易后，海洋游牧人用滚动的方式把死鲨鱼从较高的甲板上推到较低的乔森上，鲨鱼尸体像铁砧一样敲打着甲板，重重地摇晃着船。然后，拉玛莱拉人手捧着黄鳍金枪鱼，将其递到海洋游牧人手里，就像对待婴儿一样小心翼翼。交易完毕后，海洋游牧人向巴布亚的方向出发，追赶日益减少的金枪鱼群。

他们并不是唯一一个在萨武海上掠夺海洋资源的民族。萨武海所处的珊瑚礁三角区*是世界上最丰富的海洋生态系统，有时被称为“海洋亚马孙”。不幸的是，三角区的北边和西边穿过印度尼西亚和菲律宾的工业化地区，现在大多已沦为荒凉的海景，所以只有拉姆巴塔岛所在的东边地区相对来说还保持着原生态的模样。但是，由于离家较近的海洋资源已经枯竭，来自亚洲各地的渔民已经开始掠夺全球仅存的几个资源丰富的渔场，包括地球上价值最高的金枪鱼渔场，而拉玛莱拉人的传统猎场恰好位列其中。

对海洋资源的掠夺从五年前就开始了。当时，来自离拉姆巴塔岛三百英里外的某个岛屿的小船开始使用第二次世界大战时期的旧炮弹和自制的化肥炸药来轰炸拉玛莱拉人的珊瑚礁，他们收走了成百上千条鱼尸，使珊瑚园成为一片废墟。而此前他们已经在途中摧毁了他们的家园和拉姆巴塔岛之间的环礁。拉玛莱拉人试图阻止

* 指印度尼西亚、菲律宾、巴布亚新几内亚和所罗门群岛之间呈三角形的水域。——译者注

他们，却被投掷了炸弹，这个偏远的岛屿也没有可以调用的海岸警卫队。然后本土的一些投机取巧者也开始了掠夺行动，如海洋游牧人。在他们之后，一些东南亚国家的生锈的拖网渔船悬挂着虚假的印尼国旗，非法释放长达三十英里的渔线（上面有多达一万两千个钩子），试图每晚从萨武海获取成吨的海洋生物。那时，佐科政府还没有在该海域建立印度尼西亚的国家捕鱼船队，也没有建设渔业基础设施和提供金钱奖励以实现通过开发东部自然资源来启动国民经济的竞选承诺。

由于拉玛莱拉人的渔获量一直在波动，起初他们并没有将渔获量的减少完全归咎于掠夺者。此外，拉玛莱拉人对渔业衰退这个概念很陌生，因为如果鲸鱼和蝠鲼是祖先的礼物，那么只有在神灵的善意被用尽了的情况下，这些资源才会衰竭。但证据就摆在那里。曾经，鲨鱼涌向受伤的鲸鱼，让捕猎者收获了第二笔战利品，但这种情况再也没有发生。巨大的蝠鲼一直是该部落第二重要的猎物，每条蝠鲼可以提供两吨肉，但现在蝠鲼已经变得稀少。同样，较小的库氏蝠鲼的数量也急剧下降。据估计，其下降幅度高达百分之八十七。

到了2014年，即使拉玛莱拉人还没有确定到底是什么原因导致他们的渔获量下降，他们也需要补充损失的肉，因此他们开始猎杀传统上相对而言不太重要的物种，如海豚，并采用更现代的捕鱼技术，如漂流网，这给萨武海的渔业带来了更大的压力。但就算拉玛莱拉人理解了他们的海洋生态系统正在经历的破坏，他们也无计可施。除了在晚上切断其他国家长线渔船的卷轴，他们没有真正有效的办法来阻止海盗。而且他们这样做并不是为了保护生态环境，而是为了偷取挂在数英里长的渔线上的渔钩和浮标。

在这样的背景下，当乔恩拖着他意外收获的剑鱼、鲨鱼和鲭鱼来到拉玛莱拉海滩时，他感到了双重胜利：在部落成员苦于没有足够的鱼肉时，祖先却对他青睐有加，同时漂流网捕鱼的收获也不小。在沙滩上，他和其他船员把鱼肉分成六堆。其中五堆是按照祖先之道排列的——四个船员和萨雷斯每人一堆。还有一堆大约五磅重的剑鱼和鲭鱼，先祖从未规定这些肉的分配。乔恩以大约一美元每磅的价格将这些鱼卖给了一个等着买肉的山里人，获得的钱足够支付下一次漂流网捕鱼的油费，甚至还有一点盈余。鱼贩子会在他的山村里小幅加价转卖这些鱼。对乔恩来说，这笔交易很划算。他几乎没有其他获得现金的途径，而且这些鱼肉不卖掉就会被吃掉。然而，如果拿整条剑鱼在日本或美国拍卖，可能会卖到几千美元，而当天早些时候与海洋游牧人交换的黄鳍金枪鱼会卖出更高的价格，因为高档的寿司肉可以卖到几千美元一磅。

大多数拉玛莱拉人都不知道这一点，但萨雷斯知道。当时，他正忙着前往雅加达和古邦，与海鲜出口企业和政府官员会面，为在拉姆巴塔岛建造国际认证的鱼厂争取低息贷款和拨款。他甚至还请求政府提供资金来建造一艘油轮，将拉玛莱拉大部分渔获物运往雅加达，然后再运往世界各地。第二年，当乌兰多尼的港口建成后，他计划连接拉玛莱拉和外部世界，由此大赚一笔。

每天早上，当乔恩完成漂流网捕鱼，驾驶着VJO回家时，他会用一只手遮住阳光，扫视一望无际的蓝色海洋，看是否出现水柱、水花和背鳍。但他告诉自己，不要太渴求有机会使用架子上已经组装好的鱼叉。在拉玛莱拉有一句话：心存希望，但不要奢望。这反映出人们相信，如果一个人强烈渴求鲸鱼，鲸鱼反而是不会来的。然而，不渴望是不可能的，因为尝试压抑自己的渴望，也是希望的一种表现。

他的命运没有实现大的反转，于是他开始为VJO招募一名鱼叉手，这样他就可以在白天担任鱼叉手学徒，在晚上用漂流网捕鱼。他想要成为约瑟夫·“奥特”·克莱克·巴陶纳（Yosef “Ote” Klake Bataona）那样的人。奥特是最有前途的年轻鱼叉手之一，身高超过六英尺，高过其他鱼叉手，孩子们在演戏的时候经常扮演成他。他的身体如动作明星一般魁梧，小腿布满伤疤，动作行云流水。在竹制平台上，他只需用一只手挥舞着捕杀抹香鲸的大鱼叉，而其他鱼叉手需要用两只手。在休息的时候，他那张长满痤疮的脸通常会发亮。

尽管奥特看起来很强大，但他经常被其他男人取笑，因为他已经三十岁出头了，却还没有妻子。一个喝得酩酊大醉的人在经过奥特时可能会大叫：“海上的鱼叉手冠军，在陆地上却什么也刺不

奥特两腿分开站在VJO的竹制平台上。

到。”别人可能会接话茬道：“我敢肯定，他的鱼叉太小了，无法刺中任何东西！”如果被笑得多了，奥特就会反驳说鱼叉就是他的配偶。他坚持称，是他不想要妻子。他只祈求上帝保佑他捕猎满载而归。此外，奥特的精力主要集中在照顾他年迈的母亲、未婚的妹妹以及侄子和侄女上，两个孩子的父母多年前就已经离开了拉姆巴塔岛。他最疼爱的侄子四岁，甚至已经忘记了自己的亲生父亲，告诉大家奥特就是他爸爸。

但乔恩知道，尽管他和奥特是朋友，要说服奥特为VJO工作并不容易。从2014年年初开始，许多船只的船长已经开始邀请奥特为他们工作。自从鱼叉手的位置不再世袭，各船只的船长得努力吸引鱼叉手到船上工作，就像职业体育联盟的自由市场一样，自由运动员可以不受前东家限制而选择与其他队伍签约。当然，祖先之道规定了每个船员得到多少份额，因此，没有人可以通过承诺给出更多的鱼肉份额来诱惑鱼叉手为其工作。船长们为了招募鱼叉手，承诺让他们领导经营良好的船只，这样长期下来能捕获更多猎物，形成有利的个人和部族联盟。

奥特所属的巴陶纳氏族的规模开始缩小，渐渐地已经没办法组成一支足以开乔森的船员队伍，更别提传统的捕鲸船了。奥特在别人的船上工作了二十多年，他从甲板上的杂工一直做到了自由鱼叉手，每当其他氏族的终身鱼叉手没空时，他就去做替补。2013年年底，凯纳普卡号年迈的鱼叉手生病了，弗兰斯叫奥特带领该船，奥特叉中了一头抹香鲸，证明了自己。几个月后，同一名鱼叉手在一个晚上来到奥特的家里，代表贝迪奥纳氏族询问奥特是否愿意接替他的位置，他从此正式宣告退休。在整个谈话过程中，奥特已故父亲的照片就放在他们身边，因为奥特希望父亲能见证他生命中最自豪的时刻。奥特几乎已经正式与贝迪奥纳氏族达成协议，但第二天，另一个氏族派来一名使者，询问奥特是否愿意成为他们的鱼叉手，还特意提到他们的船员队伍更年轻化。一系列的面谈接踵而至。弗兰斯承诺，奥特有足够的时间在他的带领下成长，如果他在学习带领捕鲸船时犯了错误，贝迪奥纳的船员不会责备他。最后，奥特选择了弗兰斯和凯纳普卡号，原因之一是如果鱼叉手失误，第二个氏族的船员会无休止地抱怨，这点已经臭名远扬，原因之二是奥特敬重以管理严格而闻名的弗兰斯。

奥特带领凯纳普卡号出海捕猎的第一个捕猎季满载而归，他又捕获了一头抹香鲸、几条鲸鲨和许多不同的鳐鱼。但到了十月，由于凯纳普卡号不再定期出海，乔恩说服萨雷斯把VJO的终身领导权交给奥特，包括鱼叉的所有权和作为该船鱼叉手的正式地位。即使是氏族酋长或船长也不能迫使鱼叉手放弃船只的终身领导权。严格来讲，奥特还没有正式拥有凯纳普卡号的终身领导权，因为荣誉退职的鱼叉手将保留该权利数年，直到奥特通过试用期，可以确定他值得终身任命。因此，奥特无法拒绝萨雷斯的提议，捕鲸者职业生涯的最高境界就是成为终身鱼叉手，迄今仅有三十位。活跃的捕鲸船和乔森都有一名终身鱼叉手，他们保证狩猎满载而归，也对船员的精神健康负责。

在这之前，奥特替补其他鱼叉手时，都是直接借用他们的鱼叉，但为了给VJO制作一套属于自己的鱼叉，他爬上了拉巴莱康火山的悬崖峭壁。那里的竹林在雾中摇曳，他切割了十六根不同的竹竿，每根的粗细各不相同，以适合不同的猎物类型和用途。然后，他把竹竿抬到岸边，用石头压住它们的弯曲处，把它们晒干，用火硬化竹节，最后在两端编织藤条圈来加固它们。几天后，乔恩和萨雷斯用圣水为奥特和竹子进行了洗礼。接着奥特把他的鱼叉放在VJO的架子上，这相当于把他的精神和船的精神结合起来。乔恩欣喜若狂：他不仅成功让部落里最有前途的鱼叉手之一来领导他的船，还能近距离向最优秀的鱼叉手学习。

10月中旬的某个星期一，VJO新鱼叉手上任第一天，奥特追着他最疼爱的侄子卢托穿过海滩。这个留着胭脂鱼发型的四岁孩子一边挥舞着沾满鼻屎的手，一边追赶着尖叫连连的妹妹。当卢托停下来从鼻孔里掏出更多的“弹药”时，奥特用一只手把他抱起来，然后用拇指在他的额头上画了一个“十”字，警告他不要再和妹妹作对，同时努力憋笑。而此时，乔恩和其他船员在将VJO推入浅滩，对他喊“快点”。但是，当奥特懒洋洋地走到VJO旁边时，卢托已经重新“武装”起来，再次追赶他的妹妹，发出咯咯的笑声。

VJO驶入平滑如镜的水面，乔恩甚至可以看到自己反射在水面上的脸。当船驶入部落狩猎区的中心地带时，每个船员都对海面的一个象限进行勘察，奥特则站在竹制平台的前端，他用手指环绕着眼睛，像潜望镜一样一路旋转着。一般第二名鱼叉手都会站在第一名鱼叉手身后，但乔恩坐在后面操纵舷外发动机，因为他最了解这台机器和这艘破旧的、略微倾斜的老船的怪癖，这艘船裸露的船板已经翘起，上面布满了钉子的锈迹。

VJO不断前行，飞鱼从前面的海洋中像子弹一般发射出来，它们的双翼像云母片一样闪闪发光，它们的滑翔轨迹随着海浪的起伏而变化，因此它们始终保持在海面起伏的波峰和波谷上方几英寸的位置，最后回到原来的状态。但在将近一小时的时间里，船员们离岸边越来越远，萨武海越来越辽阔，他们却没有看到任何重要的猎物。有时，拉玛莱拉人一整天都看不到有价值的猎物。海洋生物聚集在浮游生物、饲料鱼群和营养丰富的上升气流周围，从表面上看往往是看不到的，这意味着即使是世界上最丰富的海洋生态系统，有时看起来也会像沙漠一样贫瘠。因此，对拉玛莱拉人来说，捕猎的大部分时间都是在等待，直到他们瞥见远处的水花或在鱼鳍上闪烁的一抹阳光，才会开展捕猎行动。他们在似乎一成不变、实际上却不断变化的海洋中捕捉这些细节，这样的能力可以说是不可思议的。

突然，奥特喊了一声："库氏蝠鲼！"一条黄色的蝠鲼出现了，奥特从架子上抓起了一根鱼叉。乔恩跟着奥特伸出的手指的方向，把船向右转。奥特向水中刺去，激起了一片水花，看不出来他是否真的叉中了猎物，但随后绳子开始在竹制平台上嗞嗞作响。奥特做了一个引体向上，重新回到竹制平台，安索和马塞尔两兄弟对绳索施加了轻微的压力，足以对库氏蝠鲼施加疼痛，但还是没能把它拉到船上来。很快，深处的影子又转了回来，它的形状甚至比奥特还要大。库氏蝠鲼按"8"字形旋转，每次它接近时，安索都会偷偷收回一段绳子，逐渐缩短它的"赛道"。与此同时，乔恩组装了一根鱼叉，这是他作为第二名鱼叉手的工作，他要添上第二根鱼叉再刺一次。奥特也组装了另一根鱼叉，但他让乔恩站在竹制平台上。

海水如此清澈，从上往下看，乔恩觉得蝠鲼似乎是在空中穿梭。血从嵌在它背上的鱼叉头周围冒了出来。这种情况相当于一个低手投球：蝠鲼在短绳上，大海风平浪静，乔恩有无限的攻击时间。乔恩自信能击中目标，他以前击中过更难的目标，比如与纳雷克一起捕杀的蝠鲼，但如果他拖延太久，他的朋友们可能会嘲笑他。他跳起来掷出。当它浮出水面时，一根鱼叉绳出现了，但不是附在他武器上的那根。不知怎的，他没击中。船上的安索和马塞尔试图制服这只野兽，但几乎被它的巨大力量拖下了船。这次失手对乔恩来说特别丢脸，因为他现在让人们知道，原来鱼叉还有可能会在猎物逃窜时从它身上扯下来。“Lolong！”奥特喊道。这是拉玛莱拉方言中的一个专有词汇，表示乔恩刺到蝠鲼前方去了。

拉玛莱拉方言中有专门的词语来描述捕猎的各种情况，包括鱼叉手在湿滑的竹制平台上滑倒而错过猎物（Segalit），以及攻击猎物时被突如其来的海浪撞得失去了平衡（Sleder）。Pleba是指鱼叉手狠狠地击中目标，鱼叉头从猎物的另一侧穿出；而Lobut是指整根鱼叉，包括头部和鱼叉竿，完全穿过猎物；还有Todeh，这也许是拉玛莱拉方言中最具嘲笑性的词，因为它不仅可以描述鱼叉手无法刺穿鲸鱼的皮，还可以描述一个已婚男人不育（因此是其他鱼叉手最喜欢用来嘲弄奥特的词）。这些极其特殊的词语使乔恩和奥特能够将有关捕猎的信息压缩成几个音节。不仅如此，它们也是整个拉玛莱拉人生活方式的语言缩影，如果拉玛莱拉人的文化衰退，它们将是最先消失的词汇。

安索和马塞尔花了整整十分钟的时间来诱骗蝠鲼，才使其再次进入鱼叉手可攻击的范围。奥特站在竹制平台上，将他的鱼叉放到海里，但在蝠鲼接近小船的过程中保持不动。猎物的眼睛转动着，盯着位于其上方的捕猎者，而忽略了武器。奥特等待着，直到蝠鲼从矛头下几英寸的地方经过，然后轻松地将其刺伤。鱼叉手往往通过演示而不是说教来传授经验，奥特将长矛与蝠鲼置于同一平面，指出这种做法可以避免被水的折射误导，并提醒乔恩，捕猎时，鱼叉手并不总是需要跳跃。鱼叉手就像弓上的箭，如果打偏了，重新准备好需要一定时间。

蝠鲼翻了个筋斗，试图再次逃离，这时乔恩从VJO跃起，在蝠鲼“飞行”途中刺穿它。此前的失误有多尴尬，这一击就有多惊艳。这条蝠鲼疯狂地扇动着胸鳍，在一片血云中消失。现在有了三根鱼叉绳，船员们不再担心蝠鲼会逃跑。他们把它拖到VJO上。然后，乔恩被把他的剥皮刀放在它的头鳍之间，用刀刃锯了起来。起初，蝠鲼用双翼连续而均匀地击打着VJO，像在击鼓一样，乔恩被浸在红色的泡沫中。刀子划过蝠鲼的头骨，发出尖锐的吱吱声，然后以一声柔和的裂开声结束，就像打开了一颗椰子一般，这时蝠鲼甩动的声音停止了，大家喘了口气，只剩下波浪拍打着船身的声音在回荡。

由于这条蝠鲼太大，无法拖上船，他们只好用钩子刺穿它的双翼，把鱼钩绑在船上支撑它。同时他们踩着水，在它的鱼鳃底部划

乔恩用他的剥皮刀宰杀黄色的蝠鲼。

了一圈，将整个头部移开，之后又将双翼从躯干上砍下来。最后，他们将这条蝠鲼的四个部分堆放在船底，就像一个被拆散的拼图。有一段时间，这具尸体仍然闪闪发光，仿佛有一种水下的魔力，但不久之后，太阳就把它那丝滑的皮肤晒成了公路上的焦油。它那圆鼓鼓的眼睛雾蒙蒙的，像烧坏的灯泡。

在一公里外，另一艘乔森正瞄准东方，追逐着他们目前还看不到的猎物，尽管他们可以看到鱼叉手和他的长矛在阿塔代山紫色背景下的剪影。奥特用弗兰斯的圣水为大家祝福，船员们念着《天父》来感谢蝠鲼的牺牲，乔恩拉上了发动机的绳索——他们飞快地重新加入了狩猎。

在随后的几个月里，乔恩练习了他看到奥特在刺杀海豚和蝠鲼时使用的技术。他模仿奥特根据自己与目标的距离，将双手在鱼叉轴上下摆动，以延长或缩回鱼叉，以及将一只手掌放在鱼叉底部，以增加投掷距离。他学会了在击杀像蝠鲼这样的大型目标之前让自己处于兴奋的状态，这样才能刺穿它们厚厚的皮。他也学会了在攻击飞跃的海豚时要进入放空的禅定状态，在这种情况下，准确性比力量更重要。但要成为鱼叉手，乔恩必须掌握的不仅仅是身体技能。相比狩猎技术，鱼叉手之道更重视培养鱼叉手与整个世界之间的精神平衡，因为如果一名鱼叉手尊重祖先，捍卫部落的团结，鱼儿就会心甘情愿地向他投降。

然而，乔恩有时发现鱼叉手之道令人困惑。因为没有正式的规则手册，只有口头相传的传统准则，所以在他看来，祖先对许多现代情景似乎没有提供一丁点建议。他是否应该像某些长者建议的那样，不使用手机？尽管他看到一些成功的鱼叉手也在用手机聊天。他是否真的必须避免任何人碰他的脚，以免他们破坏他的精神平衡？私下里，他认为禁止鱼叉手在公海捕猎季期间做爱的规定可能只是一种迷信（反正霍尼在几百英里之外，没有人可以和他测试一下）。在他看来，有时鱼叉手之道似乎要求他成为超人。怎么可能有人能做到完全不对自己的族人生气呢？他不像本，他没有父亲来指导他。尽管奥特非常擅长捕猎，但他并不善于与人谈心以及从哲学角度开导别人。最终，乔恩决定，他必须从现有的许多传统准则中挑选一些，形成自己的鱼叉手之道。

整个11月，乔恩的捕鱼技术有所提高，但当12月的第一阵湿润的风吹拂着萨武海时，他意识到，他不会在这一年成为鱼叉手。在数千英里以北的亚洲屋脊上，戈壁沙漠正在冷却，呼出的西风将向南吹去，在太平洋上空收集水分，并在圣诞节之前将季风吹到拉玛莱拉。各氏族开始安装绳索系统，将捕鲸船和乔森从地面上抬起来，放到船棚的屋檐下，以躲避可能到达海滩后面挡土墙的风暴浪潮。乔恩看着一棵紫胶树干枯的树枝，告诉自己要有耐心。在四个月后，厚重的红色花蕾将点缀着整片树林，新鲜的绿叶也会长出来，海面会变得平静，部落将再次出海狩猎。然后，他向自己保证，那时他会成为一名鱼叉手。

第二部分

2015年

第八章

新的一年

2015年4月至2015年5月2日

弗兰斯—西普里

对拉玛莱拉人来说，时间是一个周期性螺旋上升的过程，而不是线性的。四季轮回，抹香鲸迁徙，活着的人离开了，但以祖先的身份回来。每当紫胶树的芽中吐出新叶时，祖先之道的真理就会重新建立起来。公海捕猎季总是会回来的。

在雨季，村庄看起来很阴森，沾满泥浆的狗在空荡荡的巷子里嬉戏，暴风雨引发的海浪侵蚀着荒凉的海滩。妻子和孩子们挤在潮湿的房子里，裹了一层又一层纱笼。由于许多男人加入了山的另一头的建筑工队，只有零星几条舢板在岸边捕鱼，准备在台风来袭时冲刺回家。不过，如果抹香鲸经过该岛，且海面足够平静，那么总是可以紧急召唤捕鲸船船员出动的。1月到3月是最潮湿的月份，被称为饥饿季。那一年，一些山区部落还没来得及收获他们的木薯，木薯就因泡在过多的雨水中而腐烂了。在这一连串潮湿的日子里，拉玛莱拉人努力在肉发霉之前把它们晒干。为了养活自己，部落的人会把玉米和大米都塞到一个巨大的藤篮里，常年挂在壁炉上方，烟雾可以杀死所有渗入的象甲。但人们仍然变得骨瘦如柴，且流感开始扩散。

4月终于到了，南半球的冬天来临，澳大利亚的沙漠变得寒冷，迫使干风向北吹过印度尼西亚。海面平静下来，捕鲸者们纷纷返家。现在，海滩上熙熙攘攘的人在锻造鱼叉，船员们用干燥的树髓重新为他们的船只铺设船体，为捕鲸季做准备。

像往常一样，弗兰斯让凯纳普卡号早早做好准备，率先出发捕猎。但有一天，当奥特用鱼叉刺杀一只海豚时，船上的“灵魂之绳”破裂了，必须用丛林材料来编织新的“灵魂之绳”。这是一件大事，因为它具有重要的象征意义，而且需要很长的时间才能完成编织。到21世纪初，尼龙绳已经取代了除“灵魂之绳”以外的所有天然绳索，因为尼龙绳更换起来更容易（尽管不一定更坚固）。弗兰斯命令他的船员们从高大贝叶棕和芙蓉树上剥离树皮，而氏族的妇女则用丛林棉纺出无尽的线。然后，这些材料被部落的长老们编织成一条强大的“灵魂之绳”，他们欢快地唱着现在很少有机会唱的劳动歌曲，而年轻人则附和着他们可以跟上的那几个片段：“赐予我们力量！赐予我们棕榈酒！”在两天的时间里，“灵魂之绳”一英寸一英寸地加长，最后有三百英尺那么长。最后，氏族成员用蜂鸟树的树液覆盖“灵魂之绳”，在海水中固化后，树液变硬变黑，在“灵魂之绳”表面形成了一个保护壳。

通常情况下，弗兰斯会密切关注这种繁重的工作，绳子必须扭动准确的次数才能赢得祖先的认可，但他已经远渡四岛之外，参加他的大女儿作为修女的圣职授予仪式。众所周知，拥有这种需要庄严誓言的永久职业是一项重要的成就，他后来甚至举办了一个节日，让整个部落的人都来庆祝它。看着女儿戴上面纱，他感到无比自豪，但也体会到了一种父亲在把女儿交给新郎时的悲伤。他更加想念明年该搬回家的小女儿贝纳，因为他所有的孩子现在都住在部落之外：大女儿在修道院，贝纳在上大学，而他唯一的儿子，在海上从没表现出太大的天赋，如今在遥远的岛屿上的一所小学教体育。

弗兰斯在召开海滩理事会的前一天回到拉玛莱拉时遇到了一群亲戚。他们帮他把几个装有香料和食用油等稀有物品的密封胶带纸箱搬到他家，然后一起坐在他家的门廊上，喝着咖啡，欣赏着他带回来的一个有缺口的二手珐琅保温瓶。弗兰斯显然很激动，他详细描述了他在邻近岛屿上看到的密密麻麻的手机信号塔和成群的摩托车骑兵，并非常担心拉玛莱拉也会出现这些景象。其他长老抱怨乔森，很快理事会开始讨论是否应该像西普里要求的那样禁止乔森。一名男子问弗兰斯，西普里是否加入了当年的海滩理事会，暗指黑山羊的诅咒，因为没有人有足够的勇气直接询问。弗兰斯什么也没说，只是露出神秘的微笑，对大家来说，这意味着一切都很顺利，尽管弗兰斯不告诉他们到底发生了什么。萨满故意保持神秘，即使在拉玛莱拉长老面前，也不会透露一点风声。

只有弗兰斯和其他几个氏族首领知道，另一名使者为前一年“三巨头”氏族的违规行为道歉后，乌戎人，即“大地之主”，已经收回了对该部落施咒的威胁。巴陶纳氏族首领库帕缺席了前一年的捕鲸召唤仪式，但他已经被悄悄说服了，回到了他在另一个岛上的老家，而另一个更受人尊敬的族人将接替他的位置。这一点大大安抚了乌戎人。

更重要的是，发出警告的西普里正在被他五十二岁的儿子马西亚努斯·杜阿·乌戎赶出“大地之主”的行列。马西亚努斯认为，他父亲威胁施下黑山羊的诅咒属于反应过度，并将这件事作为证据向他的亲属争辩，称他的父亲已经七十多岁，正在变得衰老。马西亚努斯还利用了其他乌戎人对三年前他们在悬崖上安装手机信号塔的不满。由于乌戎人拥有这块土地，手机公司向西普里支付了五千美元的巨额建塔费。马西亚努斯和他的族人曾希望平分将这笔钱，但西普里把它全部留了下来。他说，他需要给中风的妻子买药，以及支付一些项目的费用，例如修复“灵魂之家”，这将使所有人受益。就此事而言，许多族人一直不原谅他。除了侵吞这笔钱，他还很虚伪，自己享受着莱沃勒巴的现代便利设施，却强迫他的部落成员按照古老的方式生活。马西亚努斯利用这些不满赢得了族人的支持，主持鲸鱼召唤仪式和领导海滩理事会，成了乌戎人实际上的首领。

弗兰斯和“三巨头”氏族发现与马西亚努斯打交道更容易。他的父亲坚持传统规则，不愿妥协，而马西亚努斯虽然也保守，支持回归原来的航海和划桨方式，但他并不反对部落的选择。“我必须住在拉玛莱拉，靠鲸鱼填饱肚子，”他曾经说，“我父亲却并非如此。”

但就在弗兰斯享受着化解了黑山羊的诅咒带来的喜悦时，在岛的另一边，一种恐惧纠缠着西普里，仿佛祖先也在他的耳边低声警告。他已经把“大地之主”的职责交给了马西亚努斯，但他的儿子真的准备好领导海滩理事会并主持鲸鱼召唤仪式了吗？起初，西普里按捺住了他的担忧，但随着夜色渐浓，他认定只有他的心与祖先有足够的默契，能正确主持仪式。拉玛莱拉人和马西亚努斯不会期待他的到来，但他必须面对他们。第二天早上，他叫来了一个侄子，让侄子用摩托车把他送到火山的另一边。

当天下午晚些时候，马西亚努斯没有意识到父亲即将到来。

为了准备领导海滩理事会，他坐在海滩中央新近重建的小教堂最上面的台阶上，那里曾经耸立着抹香鲸头骨的图腾，现在矗立着一块十八英尺长的头骨碎片，就像一块骨碑被凿进沙子。他的眼睛因为长时间盯着海上闪闪发光的太阳而变得通红，他看着他的族人来到并坐在他面前。“三巨头”氏族的三位首领跪在楼梯底部。与此同时，一百多名捕鲸者脱掉凉鞋，在海滩上成排蹲下。一个只有一条腿的男孩因年纪太小，还未意识到自己已经残疾，在一场追逐游戏中幸福地跳来跳去。然后一位长者大声地呵斥他和他的玩伴，叫他们不要再扰乱仪式的准备工作。

奥特也在人群中。他的目光追逐着两个悠闲走过的少女。另一个捕鲸者注意到他，并取笑他：“你的侄子需要一个母亲。”作为回应，奥特从沙子里拔出一个被切断的蟹钳扔向他，但自己却龇牙咧嘴起来，因为他的手在抓住一头虎鲸拖着的鱼叉绳时被刮掉了皮，现在缠上了破布。马西亚努斯站起来，抚平他的蓝色仿制Polo衬衫的领子，伊格内修斯让本和其他几个喋喋不休的年轻捕鲸者安静下来。而得了流感的乔恩正在家休息。

马西亚努斯以“我是‘大地之主’”这句话宣布理事会开幕，并发表演讲欢迎大家的到来，强调他将作为祖先代表听取大家的问题。

“三巨头”氏族的其中一位族人回答说：“我们是渔民。我们要求明天举行鲸鱼召唤仪式。请把我们的祝福和愿望带给祖先，因为我们需要鲸鱼的到来。”

作为仪式的一部分，马西亚努斯和“三巨头”氏族交换了装满干玉米棒、棕榈叶香烟和蒌叶槟榔的编织藤篮。然后，捕鲸者们一个接一个地开始向理事会报告他们的问题。起初，大多数抱怨都是和具体的狩猎活动有关，不同的船长逐一详细叙述了自己船只的蝠鲼或鲸鲨是如何被对手的船员偷走的，马西亚努斯和长老们则解决了由此引发的争吵。这场会议结束后，大会重申了长期以来的规则，即只有捕鲸船可以捕杀抹香鲸。然后，大会解决了更有争议的问题。一些人希望在捕猎季期间可以用漂流网捕鱼，但理事会还是决定维持禁令到9月。鲸鱼召唤仪式与一个预定的天主教会仪式相冲突，针对是否应该将鲸鱼召唤仪式推迟一天，人们进行了激烈的争吵。一些长老强烈反对推迟，说这个日期是由祖先确定的。但最终理事会决定将鲸鱼召唤仪式改在释放微型捕鲸船的天主教弥撒之后举行。

最终，大会回到了争论已久的问题上，即部落是否应该停止使用乔森。该讨论的本质其实是拉玛莱拉人的身份意味着什么，以及这个部落该如何继续生存。杰弗里·“杰波”·巴陶纳（Jeffery“Jepo”Bataona）取代了缺席的首领，成为“三巨头”氏族代表的最新成员，他建议部落寻求政府或慈善机构的赞助，为大家支付生活费，让他们出海而不是使用由发动机驱动的乔森，这样他们的传统知识就不会丢失。一些长老热情地表示同意，但另一些人表示反对，他们说，年轻人应该做正确的事情而不是为了得到报酬。一群年轻的捕猎者出于不同的原因对这一想法提出了异议。他们辩称，即使部落能找到赞助方用金钱鼓励捕鲸者不使用发动机出海划船，这一提议仍然应该被拒绝。有了马达，乔森捕捉小型猎物的效率会更高，此外，整个世界都在现代化，拉玛莱拉应该跟上步伐。

然而，这些问题中的任何一个都不会进行正式投票，衡量大家是否达成共识仅仅是看支持或反对某个想法的人数和激烈程度。几乎所有的狩猎采集者都以某种形式实行这种真正民主的治理方式，拉玛莱拉社会也因此比工业社会更加平等和民主。但这种平等也使他们非常难以控制，因为他们彼此之间没有正式的权力关系。即使是所有氏族中最有威望的“三巨头”，也没有立法工具可以保证族人按照他们的判断行事。部落的决定只能通过社会压力来推动执行。即使如此，也不可能根除轻微的违法行为，比如有人决定在公海捕猎季期间进行漂流网捕鱼。（不过对于重大的违法行为，如谋杀，整个部落可以做出一致的判决，通常由萨满做出惩罚。）归根结底，部落没有真正有效的办法来阻止现代化。即使西普里或其他强硬派成功地禁止了乔森，但只要有一个相当大的群体继续使用发动机，他们也无计可施。

当然，拉玛莱拉人想要什么是个很复杂的问题，因为他们没有一个统一的愿望。对西普里、弗兰斯和乔恩来说，拉玛莱拉人这个身份的意义有很大的不同，没有人能就变化的好坏达成一致的判断。乔恩和奥特认为不必在烈日下划船几个小时是一种好处，但西普里认为这是一种生存威胁。随着讨论的深入，一些捕鲸者感到无聊就离开了，因为他们知道，没有决定本身就是一种决定，就像之前每一年的情形一样。最终，这场辩论陷入僵局，然后不得不留到下一届理事会上再次讨论。

一只公猫折磨人的交配叫声回荡在耳边，马西亚努斯用古老的拉玛莱拉方言朗诵祈祷，就连弗兰斯和其他长老也只能模糊地听懂一点，记得他们的父辈在久违的仪式上说过这种话。炽热的闪电在雾气弥漫的火山高处噝噝作响，但没有雷声响起，仿佛连大自然都屏住了呼吸。马西亚努斯请求聚在一起观看仪式的幽灵祖先在两天后回来参与鲸鱼召唤仪式。南十字星在干雷暴留下的一条狭长的天空缝隙中闪烁着生命之光，此时捕鲸者们开始朗诵主祷文。然后，马西亚努斯爬上悬崖，来到了乌戎人的“灵魂之家”。他发现西普里在那里等着。

云层遮住了星星，使夜色更浓，但没有一点雨滴。到了七点，人们已经回到了自己的家中，许多人准备睡觉。杰波光着膀子坐在他家砖砌院子里的一张竹椅上，乔恩和许多人一年前就是在这里观看世界杯的。他正和小女儿玩躲猫猫，而蝗虫和青蛙在他们身后的丛林里演奏着交响曲，合唱渐入佳境，然后突然中断，似乎是感觉到即将发生的骚乱。在一片寂静中，噼里啪啦的脚步声在巷子里回荡。

弗兰斯大步走进院子，低着头，耸着肩，仿佛准备用头撞开挡路的人。他每天都穿破旧的T恤和足球短裤，这些衣服通常是供应商从美国廉价购买的被工厂损坏或出于其他原因无法出售的衣服。但今天的他穿着一件漂白的、闪闪发光的白色T恤和一件整齐的绿色格子纱笼。“站起来！”弗兰斯命令道。杰波把女儿放到地面上，问发生了什么。弗兰斯告诉他：“我们有一项重要的任务。西普里刚到！”杰波急忙把女儿送到屋里，然后穿着迷彩裤和T恤出来，他那蓬乱的山羊胡子被一根橡皮筋束着。他跳上他那辆鳄鱼绿的摩托车，然后发动了它，摩托车车灯的光芒直直刺入黑暗。弗兰斯把他的纱笼绕在膝盖上，跨坐在后面。接着杰波把车开上了岩石土路，在悬崖上回旋。两人都很害怕这位年长的萨满是来执行黑山羊的诅咒的。

杰波和弗兰斯发现西普里和马西亚努斯已经在乌戎的“灵魂之家”等待他们。这座建筑的竹墙和草屋顶在村里其他铁皮屋顶的砖瓦房中显得不合时宜，因为“大地之主”知道他们的祖先不会住在现代化的房子中。一盏鲸油灯在墙上投下篝火的影子，从上方照亮了萨满，使他们的眼窝显得更加深邃。在弗兰斯见到西普里的这一年里，这位老人越来越消瘦了。他的脸颊边缘明显突出，好像他的皱纹皮肤被真空密封在头骨上一样。

杰波和弗兰斯大谈特谈见到西普里有多么惊喜，但西普里什么也没说。杰波说，他很感谢西普里的到来，并承诺给他买一只鸡，让他在鲸鱼召唤仪式上祭祀。弗兰斯把工厂制造的进口香烟递给西普里，人们公认这种烟比干棕榈叶卷制的香烟更高级。然而马西亚努斯却静静地坐在角落里。西普里仍然饱受病痛的折磨，眼睛会变“辣”，泪水不断地从他的眼睛里流出来。他用自己的紫色纱笼擦拭眼睛，直到双眼泛红。

最后，西普里叹了口气。“幸好我来了，”他说，“否则仪式就会在错误的时间举行。当我的孩子告诉我仪式将在5月2日举行时，我很惊讶，像这样的日程变化是非常重要的！”在得知鲸鱼召唤仪式被推迟后，西普里对马西亚努斯大发雷霆，并宣称祖先警示他回来是天意，否则可能会有灾难。然后，西普里派了一个侄子去召见弗兰斯和杰波。

现在他命令弗兰斯、杰波和马西亚努斯复述捕猎者们在理事会委托“大地之主”转告祖先的信息。西普里决定，几个小时后，将由他而不是他的儿子把这些信息带上火山，交给祖先。他警告说，祖先对拉玛莱拉人失去了耐心，因为他们没有停止使用乔森，也没有充分尊重乌戎人。

西普里的长篇大论近一小时，弗兰斯担心他会施下黑山羊的诅咒，为了安抚他，弗兰斯和杰波尽量同意他的要求。最后，西普里终于安静下来，他的听众和他自己都已筋疲力尽。他没有提到那个诅咒，这让弗兰斯大大松了一口气。杰波在会议结束时正式请求西普里第二天主持鲸鱼召唤仪式。当他们离开“灵魂之家”时，弗兰斯想知道为什么西普里没有兑现他的威胁。他断定，这位老人肯定认为部落在纪念祖先方面已经做得很好了，只需要纠正一些不当行为，不必受到惩罚。

随后，西普里、马西亚努斯和氏族的年轻人匆匆忙忙地准备他们的祭品，用芭蕉叶包裹棕色外壳的鸡蛋和蒌叶槟榔，并从“灵魂之家”的藤盒中取出祖先的传家宝。虽然“大地之主”通常会在那天晚上开始攀登，睡在半山腰另一个部落的村庄里，但现在开始爬山已经太晚了。南十字星像时钟指针一样在夜空中旋转，萨满设法断断续续地睡了几个小时。黎明前，西普里唤醒了马西亚努斯和他的孙子们，让他们面对祖先。

黎明时分，西普里来到了果园。丛林仍然很远，因为乌戎人开始攀登拉巴莱康火山的时间比平时晚。周围的腰果树让西普里感到不安：在黑暗中，他能够想象这些紧密排布的树林依旧和他童年时的原始丛林一样。但在阳光下，人们不可能忽视现在绵延数英里的农场。尽管使用了“龙之矛”作为拐杖，但每走几百英尺，他就不得不停下来休息。（在莱沃勒巴，他最近开始使用一把剥去伞盖和伞骨的雨伞作为拐杖。）马西亚努斯继续前进，懒得再等他的父亲。每当他回头瞥一眼时，他眉间的静脉就会夸张地跳动。很快，大家就明白，等他们到达通常举行仪式的海角时，天色就太晚了。西普里在一块较低的圣石前停了下来。他努力确保大家能遵循祖先之道，但有时他也得面临不完美的选择：要么晚于祖先规定的时间举行仪式，要么在错误的地点举行仪式。

他希望祖先能理解，他尽了最大努力，但他的身体正在衰老，世界也在辜负他的努力。如果拉玛莱拉人不听他的指挥，他又怎么能拯救他们？当他威胁要施下黑山羊的诅咒时，他是认真的，但冷静下来后，他知道自己永远无法做到。他的目标是拯救他的族人，而不是毁灭他们。但现在他吓唬拉玛莱拉人的把戏被识破了，他没有办法强迫部落去做对他们最有利的事情。无论他如何努力，变化都在强力破坏村庄。他明白，这几乎是他最后一次主持鲸鱼召唤仪式了。他的族人！他的族人！他害怕自己离开后，他们会遭遇不幸。

不过，他还是会尽可能地按照祖先之道来维持部落的发展。他计划熬过未来的一年，出席下一次海滩理事会。当时，他做了一件事来挽回事态，即使效果只是暂时的：他用一端被红布包着的鼓棒敲打生锈的祖先之锣。尖锐的回声挥之不去，唤起了过去。他希望当他成为祖先时，他终于有能力迫使部落做正确的事情。

那天晚上，低沉的云朵笼罩着天空，给夕阳镀上一层蔚蓝的滤镜，近一千五百名拉玛莱拉人聚集在海滩上，参加一年一度的天主教弥撒仪式，即为迷失的灵魂举行的弥撒。这一年的仪式和以往一样，罗莫神父按照相同的顺序念出了在海上丧生的灵魂的名字；唱诗班重复着标准的赞美诗，直到喉咙沙哑；神父、辅祭员和部落成员把装满蜡烛的微型捕鲸船放在水流上，这样他们的希望就能被带入夜里。

因流感咳嗽的乔恩没有出席仪式。他坐在悬崖上，裹着纱笼，看着数以千计的火焰在下面燃起。雨季期间，他开始厌倦了给奥特当学徒的日子，开始计算霍尼还有多久回家。为什么他总是要等待？他再次梦想着搬到雅加达去，他希望在那里，自己能像在印尼肥皂剧中看到的所有年轻移民一样，有一番作为。

同时，伊格内修斯祈祷本最终能与伊塔结婚，并祈祷他也能成为鱼叉手。他感觉到，过去的一年就像过去了几十年一样，让他疲惫不堪。他希望在与心爱的特蕾西娅相聚之前，能看到他的儿子实现这些目标。

这一年，本的愿望越来越符合他父亲的心意。他的朋友原本计划在巴厘岛开辟一条小巴车路线，但没能实现。尽管一开始他很失望，但在过去的几个月里，他越来越享受在拉玛莱拉的生活。当然，也有一些时候，如两个年幼的孩子不听话或他父亲的命令激怒到他时，他仍然想着要逃到莱沃勒巴去。不过他已经开始想成为一名鱼叉手。也许他已经越过了某种无形的成熟线。

从对黑山羊诅咒的恐惧中解脱出来后，弗兰斯祈求捕鲸者们能在狩猎季满载而归，也希望家人和氏族成员身体健康。还有，他的女儿贝纳几个月后终于要从大学毕业了。弗兰斯希望她不会在一个遥远的岛屿上找到工作，而是遵守承诺搬回家住。尽管她最快可能也要到明年才能回家，因为她需要在国外处理一些未完成的事项。

伊卡有着恋爱中的年轻女子通常会有的那些朦胧梦想：结婚生子，拥有一个属于自己的家。她已经开始偷偷地与村里的一个年轻人约会。尽管她内心有一部分仍然希望完成教育并过上更现代化的生活，但突然间，离开部落的前景已经失去了大部分吸引力。

祈祷结束后，承载着蜡烛的小船消失在黑暗中，拉玛莱拉人开始悄悄地离开海滩。很快，只有虔诚的人和可怜的人仍然在海滩上跪着，风在他们周围掀起火花。然后潮水入侵，淹没了火场，把掉队的人赶回了村子。烟雾弥漫了整个海滩，天空中的“吊灯”一如既往地闪闪发光。

黎明时分，拉玛莱拉人又回到了海滩上，踩着被掐灭的火柴棍、被海水冻成怪异的半融形状的蜡烛，以及祖先“还”给他们的几条破船。他们正在为开放公海而集会，这是对未来的庆祝，而天主教弥撒仪式是对过去的纪念。

布道结束后，罗莫神父用剃须刀制成的洒水器将圣水洒在所有捕鲸船上，每条捕鲸船都用丛林藤蔓装饰着。接下来，他伸出双手为大海祈福，就好像是一个正在施咒的巫师一样。最后，莱拉奥纳氏族（Lelaona）推着普拉索沙邦号下海，其象征性的第二船尾巧妙地用棕榈叶作为装饰，剩余的船只将在第二天下水。普拉索沙邦号总是在捕猎季开始的第一天独自捕猎，这是祖先的决定，它的渔获量将预示着今年接下来的情况。船员们以深沉的划桨声向家人展示着自己的力量，高呼着有节拍的口号，尽管不像歌谣时代那样真正地唱歌。岸上的拉玛莱拉人看着这条红白蓝三色的船慢慢地变成了一根树枝那么小。经过环绕岛屿的水流后，普拉索沙邦号就升起了两脚架桅杆，将卷起的风帆拖到顶端，船长用一根绳子拉着展开棕榈叶帆。倾斜的船帆像信号灯一样在地平线上凸显出来，标志着拉玛莱拉人又开始捕猎了。

每个人都在等待，看祖先会从萨武海的地平线上给他们送来什么。令人不快的是，普拉索沙邦号一无所获，部落中有人开始窃窃私语，说也许祖先不高兴了。西普里在莱沃勒巴听到这样的说法时，也表示同意。

第九章
NEKAT

2015年5月至6月

乔恩

饥饿季期间，每当下起瓢泼大雨，乔恩很少能用鱼叉捕猎时，他就在邻居家看电视。经典的印尼肥皂剧情节很迷人：一个年轻的印尼人从农村搬到雅加达，立即取得了难以置信的成功。这种幻想是对残酷现实的美化，现实中，无数迁往印尼新兴城市的年轻人在需要付出血汗的工厂里上十二小时的班，睡在地板上，然后再起来工作。但乔恩不知道这些“移民”的真实经历，与电视上摇滚明星的城市生活方式相比，他不禁对自己的贫穷感到不满。

虽然他仍然希望成为一名鱼叉手，但他发现自己越来越讨厌长辈和祖先之道。他很难不把海滩理事会看作是过时的事物，因为那些老家伙甚至都不遵守他们自己的规则。还有种虚伪现象特别令人讨厌，他们每年都会重新规定，最先看到猎物的人对猎物拥有独占权，但当一条船抓走从另一条船逃跑的蝠鲼时，冲突就会不可避免地出现。乌兰多尼港口项目的码头已经完工，只剩下海关大楼有待建造。乔恩和其他年轻人希望旱季结束、港口完工时，立马就会出现可以赚取现金的工作。但那太遥远了，乔恩现在就想到达未来。

然后，乔恩第一次获得了一条真正可以通往雅加达的路线。萨雷斯的哥哥也是在国外侨居的拉玛莱拉人，他是联合利华印尼雅加达分公司的高管。这位老人在访问部落、参加开放公海的弥撒仪式时，对乔恩产生了好感，并提出雇用他在其大城市的豪宅里当警卫。当时，由于不确定这个提议是否只是个玩笑，乔恩没有抓住机遇。但在他对部落生活感到特别沮丧的日子里，他会调出手机里存着的老人的号码，并思考如果他拨打这个电话，会有什么事情发生。

不过，公海捕猎季还是唤醒了每个捕鲸者心中对捕猎的渴望。在整支船队被允许下水的第一天，乔恩驾驶着VJO，奥特则在VJO上挥舞着鱼叉。虽然普拉索沙邦号前一天的单独捕猎一无所获，但捕鲸者们还是设法给自己创造好运，包围并宰杀了一群蝠鲼——大多数船只都捕获了几条。乔恩跟在奥特后头插上第二根鱼叉，捕获了三条小鳐鱼和一条蝠鲼，赢得了长辈们的认可。

当天下午，部落成员窃窃私语，说乔恩Nekat——这是一个印尼动词，意思是为了实现一个目标而冒很大的风险。但长老们用它来形容一个在竹制平台补插第二根鱼叉的年轻人，把他放在其他使用长矛的人前面，也许甚至跃到了鱼叉手本人前面。“作为长老，我们可以判断谁能成为鱼叉手，”伊格内修斯表示，“乔恩还没有完全达到要求，但他有那种积极的精神——Nekat，而且越来越接近了。”

在捕猎季开始后第一次捕猎的傍晚，太阳的最后一缕光线闪耀着，然后变暗，就像一支耗尽了油脂在吞噬烛芯的蜡烛一样。伊卡下到海滩上，帮助乔恩把鳐鱼拖回位于悬崖上的家中。只是这一次，一直陪伴着乔恩的捕猎者阿洛伊修斯·恩加·“阿洛”·克罗法为她扛起了那盆肉。回家的路上，伊卡一直忍不住傻笑。

前一年的下半年，约瑟夫·博科收到了大量向他孙女求婚的信件，但是伊卡对任何一个追求者都没有兴趣，包括奥特。然而，伊卡意识到自己在找到男朋友之前都不会得到安宁，所以她决定找一个假男友。大多数拉玛莱拉人都不觉得阿洛是个有魅力的人，因为部落的审美标准更偏好比他的木炭色皮肤更浅的肤色。更重要的是，阿洛是克罗法氏族的成员，自从该部落的第一任酋长塔纳·克罗法被克罗哈玛罢免并被禁止拥有捕鲸船，该氏族就一直很贫穷。然而，伊卡并不介意：首先，她没有打算真的嫁给他；其次，她把这件事浪漫化，因为她认为高尚的阿洛遭受了不公正的待遇。虽然她知道祖先已经下令对克罗法氏族进行无休止的惩罚，但她内心依然质疑这种惩罚的合理性，就像她质疑仅仅因为自己是女性就被剥夺了许多机会是否公平一样。虽然她永远无法改变整个部落对待克罗法氏族的方式，但她觉得她和阿洛在一起的这种微妙反叛在某种程度上纠正了一个错误。

此外，阿洛身上也有迷人之处。伊卡喜欢他的肌肉，喜欢他时尚的朋克服装，喜欢他笑起来时白色的牙齿与近乎黑色的脸颊形成鲜明的对比。而且，每当他们相遇时，阿洛的傻气总能让她的心扑通扑通地跳。自儿时起，每当阿洛在街上看到伊卡，他就会说些玩笑话来嘲弄她，而她也会反驳。然后两个人都会大笑起来，以至被部落贴上了“笑匠”的标签。

在休渔期开始前的一个下午，拒绝一个求婚后不久，伊卡在一条通往水井的荒凉小道上遇到了阿洛，她将心中的计划告诉了他，问他是否愿意加入。

“不是真正的男朋友。”他笑着说。

“是假男友。”伊卡坚持道。

阿洛同意了。

因为阿洛总是和其他女孩约会，甚至在和她调情时也是如此，所以伊卡认为阿洛只是把她当作朋友来喜欢。在设计了这段感情的几个月之后，阿洛承认自己真心爱她，这让伊卡很惊讶。（后来，她不禁怀疑是她一直下意识地计划着这一切，还是说阿洛以某种方式欺骗了她。）圣诞节前夕，在小教堂的晚间礼拜结束后，伊卡把阿洛哄到家里。阿洛把额头按在约瑟夫·博科的指关节上，他面色通红，神情愧疚，偷偷地看了一眼皱着眉头的老朋友乔恩。伊卡煮咖啡的时候，三个男人正式确定了伊卡和阿洛的恋爱关系，尽管乔恩明确表示，他妹妹的婚礼要在他和霍尼结婚后才可以举行，这样伊卡就可以在婚礼前继续照顾他的外祖父母。

很快，阿洛大部分空闲时间都与乔恩和伊卡待在一起，帮助他们家建造新房子。阿洛和伊卡干活的时候总是黏在一起。有一天，乔恩注意到伊卡在一丝不苟地清扫木屑，开玩笑地问她：“你为什么又清扫那个角落？因为阿洛在那里？小心别把他扫走了！”

多年来，乔恩和伊卡非常担心他们的房子会坍塌，但修复被虫蛀坏的柱子和生锈的屋顶贵得吓人。然后，奇迹般地，在雨季接近尾声的时候，村子里的首领收到了国家福利机构发的房屋修缮补助金，他给了乔恩将近一千美元，因为哈里奥纳家的房子是该地区最破旧的。乔恩先把生锈的金属屋顶换成了新的镀锌板屋顶。然后，他决定大胆一点，直接拆除了房子的整面南墙，在这个位置用绿色的树苗搭起了一个脚手架，设计的这个加建部分使房屋面积几乎增加了一倍。公海捕猎季才刚开始， 他就已经用自己做的砖头砌好了一道齐腰高的墙，并固定了门框，就像在空中绘制的蓝图。

乔恩喜欢在未完工的房间里闲逛，畅想自己的未来。他将和霍尼住在这个有宽大窗户、可以俯瞰海湾的套房里。他们现在住在同一片空间里隔出来的小隔间，但新房子建成后，伊卡在嫁给阿洛并搬到他家之前，可以一直住在那个墙壁延伸到天花板的独立房间里。乔恩的外祖父母则会在环绕式门廊上休息。他的孩子们会为他们的家感到自豪，这种感觉是乔恩未曾拥有过的。

乔恩尽量过好当下的每一天，这体现出拉玛莱拉的一句话："心存希望，但不要奢望。"然而现在，作为奥特的鱼叉手学徒，他的名声越来越大，他似乎真的可能成为一名鱼叉手，而且新房子已经初具雏形，他开始想象一直在拉玛莱拉生活会是什么样子。霍尼一直担心他又在脸谱网上面勾搭其他女人，尽管他其实主要是在看雅加达的日常生活照片。现在他不再使用该软件，并把密码告诉了霍尼。他不再幻想接受萨雷斯哥哥发出的工作邀约。他和伊卡以及一个邻居凑了一些积蓄，在他的卧室外开了一个小卖部，出售一分钱的糖果、酱油包、小袋洗发水和散装香烟。人们爬上悬崖楼梯，喊出需求，他或伊卡就会赶去为他们服务。他们的利润微薄，存一小部分钱给玛丽付学费，但大部分钱用来购买建房用的水泥和钉子。他开始觉得，为部落生活投资可能是值得的，特别是如果他能成为鱼叉手，他不仅可以得到更多的肉，而且作为私生子，在拉玛莱拉等级制度的底层生活了这么久之后，他发现部落成员开始对他怀有敬意，这比在雅加达赚的所有财富都更有价值。

但是，在5月中旬，奥特告诉乔恩，凯纳普卡号出海后，他就会回去，由于船员们要编织新的"灵魂之绳"，这条船的捕猎工作被耽搁了。乔恩试图说服奥特继续为VJO工作，他指出，奥特拥有VJO的永久领导权，但他在凯纳普卡号上仍然处于试用期。然而几天后，在黎明时分，乔恩、阿洛和VJO的其他船员还是看着奥特和贝迪奥纳氏族的人乘着凯纳普卡号离开了，他们使用了挂在船尾脚手架上的舷外发动机，使得这条捕鲸船变得像一条巨大的乔森。

可以使用马达是弗兰斯在几年前做出的让步，那是一个特别令人沮丧的日子，当时每个使用机械辅助工具的氏族都捕到了一头鲸鱼，而忠于祖先之道的捕猎者却一无所获，如果船再不进行现代化改造，几个船员就拒绝再次出海。因为有几个氏族没有乔森，比如贝迪奥纳，所以部落允许他们在传统捕鲸船上安装发动机，猎取除抹香鲸以外的所有动物。不过一旦鲸鱼出现，发动机就必须卸到另一条船上。现在，任何出海的捕鲸船在猎杀鲸鱼之外的猎物时都使用这种方法，不过乔森一直都采用这种方法，因为有了发动机，船的水动力性能更好。

乔恩看起来被奥特的背叛打击到了。他曾以为他们的友谊会赢得奥特的心。但在其他拉玛莱拉人眼里，奥特的决定毋庸置疑：领导捕鲸船比领导乔森的声望要高。然后，在这名明星鱼叉手离开后，又有两名学员走了。乔恩自被父母抛弃后隐藏在心中的敏感情绪爆发了。他向阿洛发誓，第二天他们在VJO上的渔获量将超过凯纳普卡号的渔获量。他短暂地考虑过拿起奥特的鱼叉取代他的位置，但他知道这样做越界了。没有人可以宣布自己是船上的鱼叉手，乔恩必须受他人邀请才可以领导这条船。于是，那天晚上，他开始挨家挨户地敲门，试图为VJO招募一名新的鱼叉手。但最知名的那些鱼叉手都以自己已经收到其他邀请并做出了承诺为由，温和地拒绝了乔恩的邀约。

事实上，乔恩并不是很失望，因为当剩下的船员，也就是阿洛和另一个忠诚的年轻人明天出现时，他们中的一个可能会要求他来挥舞鱼叉。那天晚上，他睡在海滩上，这样到了黎明时分，他就可以处于招募新船员的最佳位置。船上总共需要六个人，他还需要招募三个船员，即一名鱼叉手和两个普通船员。如果他做鱼叉手，就还需要三个普通船员。当然，在部落的三百多个渔民中，总会找得出三个相信他的人。

第一道曙光照亮了海面，今天的大海适合捕猎。来到海滩上的大多数人已经在船上工作了，但其中大约三分之一的人是自由捕猎者。乔恩、阿洛和另一个年轻人站在VJO的船棚前，在公告牌上标明他们缺人手。乔恩双手背在身后，假装凝视着大海。但实际上，在墨镜的掩护之下，他在监视着海滩上所有的自由捕猎者。太阳缓缓爬到悬崖之上，光打下来，将海滩分成明暗两个部分。毒辣的阳光晒在乔恩身上，很快他赤裸的背部就汗如雨下，但他没有退缩。而这时，阿洛和另一个船员躲进了船棚的阴影，更多的是为了躲避他们受到的目光，而不是炎热的天气。但那些年长的自由捕猎者并没有靠近他们。大家想在有满载而归的实绩的船上工作，并且想和久经考验的鱼叉手一起。许多捕鲸者意识到乔恩想做鱼叉手，但没有人替他说话，因为虽然他作为后备鱼叉手的名声越来越响亮，但除了乔恩自己，没有人觉得他已经做好了领导一条船的准备。

奥特从乔恩身边走过，没有和他打招呼，然后凯纳普卡号下水了，奥特站在了竹制平台上，弗兰斯掌舵，船员大多是白发苍苍的人，上一代人在他们这个年龄已经退休了，但这些船员还在工作，因为没有人可以填补他们的位置。

布里科洛隆氏族的乔森卡尼巴尔号向大海西边驶去，本站在鱼叉手平台的前端，双手紧握在背后，肩膀蜷缩，膝盖弯曲——这与他父亲站在竹制平台上时的姿势一模一样。那天，伊格内修斯给了他最小的儿子第一次领导乔森的机会。乔恩为他的朋友感到高兴，但又忍不住希望自己能处在本的位置上。

随着太阳慢慢升起，越来越多乔森驶向海的另一端，海滩上的自由捕猎者越来越少，最后仅剩的健全的船员是本的长兄约瑟夫和一对总是在船上打架的年轻恶霸。约瑟夫的脚伤仍未完全愈合，使他本来就很暴躁的脾气更加糟糕，所以没有人愿意忍受他。最后，乔恩不再保持雕像式的姿势，他僵硬地走过坐在教堂前的三个自由捕鲸者，距离如此之近，以至不跟他打招呼，似乎是不礼貌的。他的反光太阳镜遮住了他的眼睛，但他的嘴角却露出一丝笑意。汗水顺着他的脸和裸露的躯体滑落。由于他不像奥特那样强壮，也不像本那样有关系，他认为要想获得成功，唯一的方法就是比对手更努力。他没有想到，他的勇敢在其他捕猎者眼里是傲慢。

最终，在无视再次从他们面前经过的乔恩后，连约瑟夫和两个恶霸都被当天最后一条捕鲸船选走了，他们帮忙将这条船推入了萨武海。乔恩像一个孤立无援的水手，看着船队向阿塔代半岛上空涌现的淡紫色风暴云驶去。乔恩的两个朋友在VJO等着他，但他没有回去，而是从海滩的另一端离开，朝着家的方向走去，愤怒和悲伤凝结在他的心中。

当天晚上凯纳普卡号和奥特空手而归时，乔恩有种复仇的快感。

但成绩不佳的不仅仅是奥特，整支船队似乎都陷入了困境。自开放公海的弥撒仪式以来，部落没有看到一头鲸鱼。一些人回忆起普拉索沙邦号令人失望的首次狩猎，大多数人将此事归咎于一个韩国纪录片团队，他们在4月底乘坐自卸卡车抵达部落，车上装载着三十个包装箱，里面装满了IMAX（巨幕电影）风格的摄像机、潜水压缩机和潜水设备、便携式炉子、睡袋，以及装着韩国食物的冰箱。这不是第一次有外人来访。拉玛莱拉人以前曾接待过几个电影摄制组，他们通常很乐意外来者到他们的村庄。但是，韩国人在村子里四处游荡，未经许可就闯入私人仪式和人们的厨房。拉玛莱拉人开始称呼韩国人为“Biawak”，意为一种食腐蜥蜴。不仅仅是因为他们穿着五指鞋，每个脚趾都有护套，使他们看起来像爬行动物。乔恩尤其感到不安的是，他们似乎无时无刻不在使用无人机，这使他怀疑他们是想抓拍他的尴尬时刻。他其实很喜欢让外国人给他拍照，但前提是必须先等他梳好头发，穿上他最喜欢的皇家马德里球衣。伊格内修斯非常生气，他用石头砸了一名正在拍摄德摩沙邦号出海过程的摄影师，尽管后来他对此不屑一顾。他说：“我甚至都没有把他砸到流血。”不久后，弗兰斯就严肃地预言道，在摄制组离开之前，鲸鱼是不会来的。

自20世纪90年代以来，就经常有游客和记者造访拉玛莱拉，每次人数不多，最初是看了一位与该部落生活在一起的人类学家制作的纪录片慕名而来，后来又有几部相关电影吸引了大家。到2015年，每年约有两百名外国背包客在拉玛莱拉过夜，他们主要在捕猎季期间来访，不过许多人在意识到这里没有现代设施，而且可能需要等待数周才能看到捕鲸活动后，只停留一天就离开了。与此同时，为了国内有更多人能到该地区旅游，政府资助了一些文化旅行团，将大概两千名印尼游客带到了部落，但他们在几个小时内就逛完了易货市场和村庄，从来不在当地过夜。

一些长者担心年轻人会被外国习俗侵蚀，如外来女性在海滩上穿着比基尼，但外国游客逗留时间短，加上语言障碍，村里的生活基本上没有改变。这些访客甚至没有真正影响部落的经济，因为背包客每天只花大约二十美元，大部分是给了三大寄宿家庭的主人。政府的旅行社从雅加达人那里收取了大部分的钱，村长对每位游客只收一美元。在见过来来往往的游客之后，拉玛莱拉人对这些游客往往很客气，甚至可以说有点冷淡，他们的生活继续着，不会过多关注这些外来者。

不过，随着韩国人在拉玛莱拉度过的一个月接近尾声，该部落对他们的忍耐已经到了极限。摄制组出高价希望各船只能带他们一起出海，寻找仍然毫无踪影的鲸鱼，却遭到了乔恩和其他乔森船长的拒绝。拉玛莱拉人对祖先暂时扣留他们的鲸鱼感到庆幸。部落被剥夺了最重要的猎物，所以当摄制组在6月初失望地离开时，捕鲸者们松了一口气，认为他们的运气终于要开始好起来了。

然而，当韩国人离开后，奥特在凯纳普卡号上仍旧一无所获。因此，他最终回到了VJO，并认为问题在于凯纳普卡号的船员身上——他们老眼昏花，无法发现猎物。在奥特回来之前，乔恩大部分时间都在修缮房子和用刺网捕飞鱼。现在能再次猎取大型猎物了，他欣喜若狂。但这次重聚并没有持续多久。弗兰斯很快就说服了奥特回到他的船队，并解释说问题出在氏族的新“灵魂之绳”上，编织时出了点差错，弗兰斯自己已经重新缠绕了绳子，所以绳子现在不是偶数次缠绕，而是奇数次，这象征着可能性而不是结束。乔恩很生气，但这位年长的萨满治好了他的腿，所以他把愤怒再次转移给了奥特。虽然将来他们会以商业伙伴的身份再次一起捕猎，但两人在乔恩担任奥特的助手时所享受的亲密友谊已经消失了。

当奥特第二次放弃VJO时，乔恩决定要为他的目标拼一把。他首先尽了自己的职责，四处请求其他鱼叉手挥舞奥特的鱼叉，尽管他早已知道他们不会答应。走完过场之后，他就开始向VJO的船员们抛出隐晦的建议。“我一直在寻找鱼叉手，找得头都痛了。”他说，“还有谁可以问？”但是，阿洛和其他人都没有听懂他的暗示，于是乔恩宣布他已经完成了对所有鱼叉手的请求工作，只是他们不答应，现在将由他取代奥特的位置。他绞尽脑汁，找到五个亲戚和朋友承诺做他的船员。尽管乔恩无视习俗，但拉玛莱拉规则的唯一执行者是社会舆论。因此，如果一个人能够让足够多的人打破规则，他就能逃脱惩罚。但在他们准备出海的前一天晚上，乔恩的一个新船员改变了主意，嘲笑他是个山里人，并反悔了。然而，即使不是理想状态，只有五个船员也是可以运行乔森的。所以乔恩度过了一个不平静的夜晚，希望其他人都能信守承诺。再失去一个普通船员，就无法出海了。

5月25日，乔恩在鸡鸣之前起床，穿上他最喜欢的皇家马德里球衣和最新的牛仔裤，在柴火上为自己煮咖啡。伊卡起床后，强迫他吃了几把碎爆米花，不过他太紧张了，吃不下。然后，他在黎明前灰蒙蒙的天色下，抱着一罐汽油走下台阶，几乎是跳着走的。VJO闻起来就像是船棚里的洗碗机，因为乔恩在前一天下午已经把它的每一个部件都拆开并用肥皂洗过，他还仔细检查了鱼叉绳、矛头和鱼叉竿。现在，他坐在鱼叉手的平台上，看着淡蓝色的海洋在深紫色的天空下沉淀，就像沉重的液体从较轻的悬浮物中分离出来，并等待着看他的船员们是否会出现。

一个身材瘦削、胸部凹陷的老人首先出现，他已经退休了，但同意加入乔恩的船员队伍。接下来出现的是乔恩的一个邻居，他的酒量比他的航海技术更有名。然后是阿洛和伊卡，但他们没有轻声调情，只是安静地看着天空泛起红晕，阿塔代半岛的山脉上吹来的云彩像羽毛一样轻飘飘的。乔恩一直朝路上看，寻找第四个也是最后一个船员——伯纳德斯·“波利”·塔普纳，一个肌肉发达、声音尖锐得令人吃惊的男人。波利经常和VJO一起用漂流网捕鱼，乔恩他们用金枪鱼换取海洋游牧人两条大鲨鱼的那天，他也在场。

此时，其他乔森和捕鲸船已经在风平浪静的海面上前行了。像往常一样，奥特在推凯纳普卡号入海时甚至不稀罕看乔恩一眼。

最后，波利尖声细气的嗓音从船棚后部传来。“谁是鱼叉手？”

因为波利住在村子的郊区，所以乔恩没有费心找到他当面解释整个情况，只是给他发了一条短信，让他当天在VJO上工作。波利以为挥舞鱼叉的是奥特。

“是我。”乔恩回答道。

仿佛一个重物突然砸在肩膀上，波利坐在沙地上，用手指抚摸着胡子。

“萨雷斯说我有权挥舞这条船的鱼叉。”乔恩说。他承认，他有时会失手。但即使是像奥特这样伟大的鱼叉手也有失败的时候。“但我可以叉中鲸鱼。”他坚持说。

波利仍然坐着，避免与乔恩的目光接触。他的想法可能与许多拉玛莱拉人的想法相似。乔恩才二十岁出头，而男人在当上鱼叉手之前，一直当学徒到三十多岁是很正常的。波利本人也有三十五岁了，是一名传奇鱼叉手的儿子，十多年来，作为后备鱼叉手的他一直在努力争取船的终身领导权。从逻辑上讲，有机会在船上挥舞鱼叉的应该是他，而不是乔恩。乔恩比他更早得到该权利的唯一原因是萨雷斯给了他船长这个职位。

在没有任何证据证明乔恩能把鱼带回家的情况下，波利希望跟随一名曾经成功捕猎鲸鱼的鱼叉手是合理的，毕竟，他有两个孩子和一个怀孕的妻子要养活。

乔恩预料到了波利的反应，采用了他对未婚妻霍尼采取过的同样策略，即先发制人，放弃了波利。“如果你想加入另一条乔森，”他告诉波利，“那不是问题。我没什么损失。你想走就走吧。”但波利与霍尼不同，波利叫停了他的虚张声势，站起来走了，连句再见都没有说。

乔恩不愿看着他离开。他感觉很糟糕，不仅因为他搞砸了成为鱼叉手的机会，还因为支持他的三个人可能会失去那天的捕猎机会——几乎所有乔森都已经出海了，海滩上只剩下一条乔森。

“你们也可以加入另一条乔森。”乔恩对他的朋友们说道。

“你来吗？”阿洛问道，瞥了一眼乔恩，又看了看伊卡，再然后是最后一条被推到水线上的乔森。

“不，我留下来。在岸上有工作要做。”

阿洛和另外两个船员从VJO拿出水瓶、零食和烟草容器，跑向即将离开的摩托艇。伊卡悄悄溜走了，她知道乔恩想一个人待着，如果她打扰了他，他很可能会发火。乔恩坐在船棚里，看着船队追逐着在离海湾不到四分之一英里处跳跃的鱼群，距离如此之近，他甚至可以分辨出哪些鱼叉手正在用鱼叉捕杀猎物。最后，他从萨武海转过身，拧开固定在VJO舷外马达的夹子，把马达放到一个用屋顶金属碎片建造的储物柜里，然后将其锁在里面。（有几个部落打造了类似的建筑，但只有萨雷斯上了锁。）捕猎季结束之前，VJO将一直放在干船坞里。乔恩告诉自己，他晚些时候再回来，把绳索和鱼叉收好。此时此刻，他并没有心思整理船上物品。

乔恩回到家，把他的幸运装换成了破旧的工作服。然后，他把从海滩上挖出的一些沙子和水以及水泥混合在一起，开始用一个木框塑造砖块形状，小心翼翼地用铲子铲平它们粗糙的边缘，因为他知道，大家都会看得到这些在悬崖上的砖块。他试图无视正在捕猎的船队，但他总是忍不住看过去，嘀咕着如果他也出海了，肯定会有收获。

萨雷斯打电话问乔恩那天早上是否出海了。“没有足够的船员，”乔恩告诉他，“我只是在做砖头。”他停顿了一下，然后建议最好只是把鱼叉和绳索存放在金属棚里。他说：“我这个捕猎季的鱼叉捕猎活动已经结束了。”尽管他还要为萨雷斯的姐妹们用刺网捕飞鱼。

当伊卡和他的外祖父母问他是否在为某事烦恼时，乔恩龇着一排被烟染黄的方牙，做了个鬼脸，叫道：“谁说‘烦恼’了？我并不‘烦恼’！那是你说的！”

就在这时，邻居家的一只公鸡从他那排在阳光下晾晒的砖头上大摇大摆地走过，它的爪子在还未干透的混凝土上留下了痕迹。乔恩用足以致命的力量向它扔了一块石板，但它及时地跳开了。

那天晚上，乔恩的手机屏幕上出现了一个他已经好几个星期没有想过的号码——萨雷斯哥哥的号码，就是那个提出要雇乔恩在他的豪宅做警卫的人。如果部落对他努力成为鱼叉手的尝试嗤之以鼻，他还不如离开这里。真的，所有的长老都是伪君子。他们向年轻的捕鲸者施压，让他们留下来，使捕鲸的传统得以延续，但他们又从不让年轻的捕鲸者真正做些什么。当年轻人决定去其他地方寻求更富有和更便利的生活时，他们为什么会感到惊讶呢？是长老们自己在毁灭拉玛莱拉，而不是他。

这一次，乔恩不仅仅是盯着手机屏幕上的号码而已。在家人不知情的情况下，他打了这个电话。令乔恩欣慰的是，这位商人信守诺言，他甚至愿意支付乔恩前往雅加达的机票。他们两人同意在捕猎季结束的一个节日里亲自敲定细节。届时，萨雷斯的哥哥将再次来到拉玛莱拉。几个星期过去了，乔恩对他的朋友和家人隐瞒了前往雅加达的计划。他担心有“大嘴巴”泄露他的计划，但也害怕最亲近的人可能会劝他放弃这一计划。

慢慢地，他开始退出部落，避开海滩和仪式。尽管他人依旧留在拉玛莱拉，但心已经离开了。

第十章

婚姻

2015年5月9日至6月7日

本—伊格内修斯

5月9日上午，伊格内修斯的次子翁杜醒来时发现自己的眼睛像被抓伤一样刺痛，阿米巴虫一样的太阳黑点悬浮在他的视野中。拉玛莱拉人将这种症状称为“烧眼”，是由于连续几天盯着反射太阳光的大海造成的。在那个捕猎季，奥特和其他许多捕猎者的“烧眼”症状都特别严重，眼睛甚至不能聚焦。唯一的治疗方法就是休息。翁杜不得不告知父亲，他那天无法带领卡尼巴尔号了。与此同时，约瑟夫最近扭伤了脚踝，而且又和伊格内修斯吵架了。实际上，伊格内修斯仍然拥有乔森的永久领导权（就像他仍然拥有德摩沙邦号的领导权一样），所以谁来担当鱼叉手由他决定。以前，他总是叫他的表弟、年迈的自由鱼叉手斯特凡努斯·森加吉·克拉夫来帮忙。去年伊格内修斯与伊塔父母谈判时，就是斯特凡努斯负责领导他的捕鲸船。但这一回，他第一次召唤了本。其实他一直在寻找机会来召唤本，因为他注意到他的小儿子对出海越来越上心了。而且，自从斯特凡努斯的手臂被鲸鱼的尾巴折断，他的胳膊就弯曲了，连一些容易的目标都无法击中。

本同意了，压抑着的自豪感爆发了。本月早些时候，伊塔的父母接受了布里科洛隆氏族永远拿不出他们要求的高昂彩礼这一事实，并同意两个孩子在这个捕猎季结婚，自此，似乎一切事情都在按本的意愿发展。本、伊格内修斯和他的船员们划着家族的乔森卡尼巴尔号，驶出了珊瑚花园。然后，当本的一个邻居发动引擎时，他站在高高的竹制平台上，面向萨武海，背对船员们、他的父亲以及乔恩。乔恩在岸上嫉妒地盯着他，因为他试图组建一支船员队伍、成为鱼叉手的努力失败了。站在竹制平台上与站在其他地方的感觉完全不同。本的脚趾紧紧抓住平台的前端，他面前只有银色的海洋、无边的海平线和万里无云的天空。乔森在他身后咆哮，风拍打着他的脸颊，他几乎就像在飞一样。他不自觉地模仿了父亲在那个地方采取的姿态，手指交叉在身后，额头向前伸，只不过本的脚跟稳稳地站在地面上，而他的父亲习惯用前脚掌来保持平衡。

伊格内修斯站在本的正后方，担任他的后备鱼叉手。他抬起松软的渔夫帽的宽大帽檐，观察着他的儿子。他仍然坚持认为自己可以驾驭竹制平台，但在过去的一年里，他曾经像树干一样的脖子已经瘦得只剩下一根茎，他的肌肉已经枯萎，看起来就像当初的自己的模型。无论伊塔和本如何悉心照顾他，这名以前看起来似乎战无不胜的鱼叉手只会变得更老更弱。他的体重下降很大程度上是由于倒数第三颗牙齿断了。他必须先把米饭和肉干泡软再吃，即使这样他也觉得很痛苦。只要他坐上几分钟，手脚就会开始颤抖。他不停地踱步，直到精疲力竭时才停下来，不一会儿他又继续反复地走来走去。现在，当卡尼巴尔号出海捕猎时，他经常毫无怨言地留在家中，早上修补渔网，下午在自家院子里的一棵树下的阴凉处打盹，过往的行人都能看到，因为他相信他的遗产已经得到了很好的照顾。

去年11月，在巴厘岛当旅游小巴车司机的计划落空后，本找了一份用皮卡在莱沃勒巴附近运输砖头的工作。虽然他仍然对他的准岳父母感到愤怒，但习俗规定他必须在他们家过夜，即使在伊塔第一次怀孕后他们争吵最激烈的那段时间里，他也必须这样做。一天晚上，本的准岳父卡罗洛斯·阿蒙托达（Carolos Amuntoda）问他是否想在政府工作。卡罗洛斯曾在拉姆巴塔岛的林业局做了三十三年的行政助理，他承诺可以为本争取到一个职位。在印度尼西亚贫穷的社区，能在政府就职就像中了彩票一样，因为工资、保障和福利都相对较高。但本说他必须和他的父亲商量一下，于是他回到拉玛莱拉，向伊格内修斯说明了发生的一切。

"如果你成为一名上班族，"他的父亲说，"那谁来照顾我？翁杜和约瑟夫有他们自己的家。"

"我会按照父亲的意愿去做。"本回答说，"我的感受和父亲的感受是一样的。"

做完这个决定后，本惊讶地发现，他说的话其实是真的。尽管他一直觊觎拉玛莱拉以外的世界，渴望过上花天酒地的生活，但雨季期间开着建筑卡车在莱沃勒巴附近转悠时，他没有像以前那样去酒吧或与漂亮女孩调情。现在他看透了自己曾经的幻想，因为他发现随着岁月的流逝，当初那些追求享乐的高中同学中，大多数人最终都被淘汰了，落得一个贫困潦倒、茕茕孑立的下场。到了周末晚上，本没有偷偷溜到莱沃勒巴狂欢，而是千辛万苦回家照顾伊塔、两个孩子和他的父亲。拉玛莱拉的物质生活可能比较贫穷，但对他来说重要的人都在这里。他对现代世界越是失望，就越想投身于祖先的传统，毕竟虽然贫穷，但是这些传统让他的父亲和其他年长的亲戚过上了充实的生活。他想成为一名鱼叉手。他开始想象，他刚学会走路的儿子卡罗洛斯，也可能成为一名鱼叉手。

现在，卡尼巴尔号远离了拉姆巴塔岛的背风处，在辽阔的萨武海上，风呼啸着，白浪翻滚。本朝着风的方向倾斜着身子，看起来风似乎在支撑着他。

然后有人喊道："是无刺蝠鲼！"

本看到它沿着海面下方翱翔，它的角戳向起泡的海浪。因为他挡住了驾驶员看猎物的视线，而且发动机的咆哮声盖过了他的声音，所以他用左手描画无刺蝠鲼的潜水、上升和螺旋式运动等动作，就像在空中为驾驶员画出它滑翔的全息图一样，他的右手则紧握鱼叉。就像管弦乐队的指挥一样，他的手势能够传达重要的信息，例如，若挥手时手腕僵硬笔直，就表示该猎物进行了比手腕灵活柔软时更急切突然的转弯。突然，无刺蝠鲼折了回来，从船头的右侧划过。本用双手把鱼叉拿下来，刺穿了它的躯干。伊格内修斯掌控着绳索，另一个人用船钩钩住了它的嘴。本用剥皮刀终结了它的生命，然后回头看了看伊格内修斯。如果他有任何做得不好的地方，他的父亲肯定会大叫着批评他。但伊格内修斯笑了，露出了他剩下的两颗牙齿。在伊格内修斯那里，没有比沉默更高的赞美了。在整个捕猎过程中，这位老人的目光从未离开过他的儿子。本后来描述说，在那一刻，他的"肩膀上卸下了重担"——这种感觉如此普遍，以至印尼语和英语中都有同样的表达。

那天晚上，海滩上的每个人都称呼本为"鱼叉手"——长老们这么说是在生硬地表达敬意，妇女们是在开玩笑地警告他不要被成功冲昏头脑，年轻女孩们是带着暧昧的颤音说出的，而那些还不是"鱼叉手"的年轻男子则感到尴尬，他们既嫉妒又为他高兴。每次别人指出伊格内修斯的所有儿子现在都是鱼叉手，并问他是否感到骄傲时，伊格内修斯只是笑笑。在晚餐时，伊格内修斯教训本，说他在抓到第一条鳐鱼后错过了另一条，但本没有纠结于此，因为他已经证明了自己。

本带领卡尼巴尔号整整一个星期，终于在一次捕猎中，他捕到了一条翻车鲀、一条无刺蝠鲼和一条鳐鱼，他踉踉跄跄地走回家，眼睛红得好像喝醉了酒一般，还流着泪，仿佛悲从中来，难以抑制。伊塔煮了达玛树的椭圆形叶子，本把这一小桶海绵状的东西按在脸上，用一块抹布盖住他的脸颊和敷料，然后，他吸入了几分钟带有堆肥气味的蒸汽。他疲惫不堪，整个身体都瘫倒了，只有手臂仍然紧绷着支撑药物，他的赤褐色皮肤都泛红了。最后，混着绿色的眼泪喷涌而出，他抬起脸，把眼珠往脑后方转动。出现这样的症状通常要休养三天，其间，翁杜回来接替他在卡尼巴尔号上的位置。翁杜站在船头，直到再次被太阳晒伤，然后本再来替换翁杜的位置，如此反复。无论是哪个位置的捕鲸者，他们的双眼多少都会被灼伤，但鱼叉手特别容易受到影响，因为他们的工作就是眯着眼睛寻找猎物。因此，大多数鱼叉手的眼睛都是凹凸不平的，眼球永远留下了爆裂的血管，这就造成了白内障，许多老人因此失明，如约瑟夫·博科。本的眼睛一直感到刺痛，他的视力甚至在这么短的时间内就开始恶化，但他认为这是值得的。毕竟，这是鱼叉手的印记。

在本成为鱼叉手不久前，伊塔的父母曾给伊塔打电话，抱怨他们等彩礼最终敲定“等得人都瘦了”。在过去的一年里，两家人始终没有商量出一个结果。伊格内修斯写了封信给主教，恳求其在解决两家争端的时候偏向他这边，但信件没有得到答复。最终，伊塔和本仍旧处于事实婚姻的状态。但现在，伊塔的父母阿蒙托达夫妇告诉伊塔，他们已经同意接受伊格内修斯之前提出的一千美元彩礼。他们叫伊塔把电话交给这名老鱼叉手。寒暄过后，伊塔的父亲告诉伊格内修斯："我一直在想，是时候让我们的孩子结婚了。你准备好了吗？""我准备好了。"伊格内修斯回答。

伊塔也准备好了。七年前，还是十几岁的时候，伊塔怀孕了，她和本坐着公共汽车前往拉玛莱拉，公路两旁竖立着海豚头骨。伊塔意识到她正在离开自己所熟悉的印尼中产阶级世界。她再也不会和母亲一起看肥皂剧或去岛外上大学了。在一天之内，她就从现代生活过渡到了狩猎采集生活。她想回家，但她实际上已经被她的父母抛弃了。然而，在经历了几个月的绝望之后，她有了一个发现，虽然这不是她期待的生活，但这是上帝给她规划的路。她尽力融入拉玛莱拉人的生活，忘掉以前的生活习惯。她学会了打柴而不是用电饭煲，学会了从井里提水而不是打开水龙头，学会了用抹香鲸鱼肉交换其他物资而不是在超市购物。她来自克当族，因此一开始不会说拉玛莱拉语，但最终她学会了把f音变成v音，用鼻子强行发出辅音，还学会了所有关于鱼叉捕猎的词汇，这些无穷无尽的词汇只有细微差别。特蕾西娅去世前，伊塔和她与其他拉玛莱拉妇女走得很近，慢慢地，她的孤独感减少了。她爱上了本、她的孩子和伊格内修斯，渐渐地，这个村子有了家的感觉。

当伊塔的父亲提出要两个人正式结婚时，她已不再希望回到莱沃勒巴：她在拉玛莱拉的生活是上帝赐予的，她要好好珍惜。在她眼里，这桩婚事将切断她与过去人生之间的联系，使她正式成为拉玛莱拉部落的一分子。她在井边对其他妇女感叹道："我迫不及待要穿上婚纱了！"

翁杜代表本和伊格内修斯第九次前往阿蒙托达氏族，这还没算上伊格内修斯自己进行的五次拜访。闲聊一小时后，这场跨越七年的谈判终于尘埃落定。翁杜回到拉玛莱拉并宣布婚礼将在大约一个月后，即6月5日举行。唯一的小插曲是，婚礼将在莱沃勒巴而非拉玛莱拉举行。阿蒙托达一家坚称，如果伊塔的未来公婆要在他们的“灵魂之家”举行婚礼，他们将把原来的彩礼提高三倍。虽然每个人都有点紧张，记得之前婚礼曾在最后一刻被取消过，但布里科洛隆氏族还是欢呼起来。本这段不纯洁的关系从来没有让他感到困扰，事实上，他一直暗自享受着这段关系给他带来的恶名，因为其他年轻人都高看他一眼。但随着婚期临近，他发现自己意外地期待着正式结婚。而且伊格内修斯几乎不敢相信自己的运气：他的小儿子不仅成了鱼叉手，而且终于要结婚了，这一切仅发生在几周之内。

这也使他变得更加大气。5月逐渐过去，他发现自己几乎完全处于阿蒙托达一家曾经面对伊塔的处境。他最小的孩子玛丽亚·“埃拉”·布里科洛隆是在大家认为他被魔鬼鲸鱼吃掉的那个晚上出生的，她在山区的护理预科学校上学，最近未婚先孕了。懊恼的孩子父亲请求伊格内修斯把埃拉嫁给他，伊格内修斯得决定要多少钱的彩礼。起初，他怀着不好的想法：不管对方家里给出什么彩礼，他都会收下，然后要求再给更多的彩礼，这是为了惩罚埃拉的男朋友，因为他毁了她的人生。但随后他想起了本和伊塔的痛苦。他不能让埃拉经历那样的事。年龄大了，他的体力正在下降，头脑正在变得迟钝，视野也正在变得模糊，但他不想让自己的格局也变小。他只是象征性地收了一点彩礼，并尽可能地加快埃拉的婚礼准备进程。

婚礼前一周，本和伊塔前往莱沃勒巴参加婚姻课程，这是天主教会开设的课程，用来指导准夫妇了解婚姻的实际责任和宗教义务，所有希望得到教区祝福的夫妇都必须参加。他们被分配到一个专门为未婚先孕的夫妇服务的班级，教会认为他们需要特殊的道德指导。在一间主日学校的教室里，两人挤在适应儿童身材的小桌上，神父开展了一场问答式互动讲座，内容包括如何利用自然节律来节育，如何准备孩子的洗礼，以及如果丈夫不得不到岛外工作，如何应对分居的压力。

在课程的最后一天，一位神父聆听了本和伊塔的忏悔，他冷静地询问他们是否明白自己决定的严肃性。两人都郑重地回答“是”。之后，他们并肩坐在教区的水泥楼梯上，看着一只山羊啃着下面的草，并嘲笑神父的严肃和整个班级的情况。他们在一起这么久了！他们当然知道自己在做什么！真的，整件事情让人觉得有点扫兴。然后他们陷入了沉默，却没有感到任何不适。两人没有不当的身体接触，却散发出一种深深的亲密感，他们看着彼此微笑，仿佛正在分享一个只有他们自己知道的秘密。

前往莱沃勒巴出席婚礼的前一天晚上，伊格内修斯攥着一盒蜡烛，爬上了通往高原地区村落的道路。在黑暗中，他经过部落成员时，只道了一句“晚安”，而通常情况下，他会停下来聊上几个小时。在布里科洛隆氏族的“灵魂之家”外，族长正在焚烧垃圾，伊格内修斯朝他点了点头，但没有停下来。教堂前，巨大的金银花散发出阵阵香味，以往他会停下来好好享受一番，但这一次他擦身而过，凭着记忆在墓地里摸索，因为此时天光已暗。他跪在一个朴素的混凝土盒子前，蜡滴像冰冻的瀑布一样挂在上面。上方鸡蛋花枝开出的白色花朵散落在盒盖上。下面躺着他的祖父母、父母、妹妹和哥哥，甚至他的两个孙子孙女，每一代逝者的骨头都被一层磨损的布隔开。

特蕾西娅还没有和他们一起下葬。在过去的一年里，她一直躺在混凝土坟墓脚下的一口砖制棺材里，她的肉体和软体器官正在融化。只剩下骨头时，它们会被挖掘出来，与祖先的遗骨放在一起。伊格内修斯在他妻子的坟墓前用松散的碎砖砌了一道小挡风墙，然后在后面点了三根蜡烛。他站在那里，亲吻了下方躺着她脚趾骨的那块石头，然后走向棺材，首先亲吻她的肚脐眼所在的位置，然后吻她头骨上方的砖头。最后，他画了个“十”字。

泪水从他通红的眼睛中滴落，他问特蕾西娅为什么把他一个人留在这里。他告诉她，本想现在结婚。“我们从一开始就一起照顾他，”他说，“但只有我一个人看着他结婚。”他告诉她，他对伊塔父母的严厉态度感到不满。如果他们没有浪费多年的时间去争论，特蕾西娅本可以看着她最小的儿子结婚。“我经常想到这一点，”伊格内修斯承认，“我多么希望你在这里。”

廉价的蜡烛很快就烧起来了，冒着气泡，发出嗞嗞声，很快就把烛台烧光了。他一直待到它们燃烧殆尽。夜空中的星星越来越亮，蝗虫的叫声也越来越响，他不禁梦想着再次见到特蕾西娅。

祖先的故事是这么说的：当伊格内修斯去世时，他的灵魂将从他的身体中升起，沿着拉姆巴塔岛的东岸行走，到达阿塔代半岛的一个海蚀洞。那里有一条船在等他，将他渡到祖先之岛。特蕾西娅将高唱欢迎之歌，当她迈出奥亚舞的第一个诱人舞步时，她闪亮的黑发将在腰间摇曳。三个夭折的孩子会争先恐后地抱着他的腰。他将被放在一张用之前的德摩沙邦号的龙骨制作的桌上。到了白天，他还会捕猎，再次与祖先们一起唱起在这个世界上被遗忘的颂歌。

但他的尘世之身仍将居住在拉玛莱拉。一旦时间过了，他的骨头就会被挖出来，用椰子油擦拭，然后放在他妻子的骨头旁边，下方是祖先的遗骨。最后，约瑟夫、翁杜和本的遗骨将被堆放在他之上，然后是他们孩子的遗骨，直到万物的尽头。

第二天早上，当伊格内修斯从汽车上下来，走到莱沃勒巴汽车总站的土路上时，他不确定本是否会在那里等他，因为他没有手机。但他的儿子就在那里，骑着一辆借来的摩托车。当本意识到他的父亲在哭泣时，他也忍不住掉眼泪了。然而，两人都不需要向对方解释自己为何流泪。本点燃了一支烟，他们来回交换吸着这支烟。

第二天，本的兄弟和其他二十几个布里科洛隆人乘坐他们包下的公共汽车抵达莱沃勒巴。约瑟夫和翁杜把一只山羊从车上牵下来，这是他们家贡献给当天宴会的食材，本一开口就问他们最近捕到了什么猎物，这是他在成为鱼叉手之前很少表现出来的竞争精神。阿蒙托达氏族在他们家举行午宴招待拉玛莱拉人。现在，伊塔的父亲生动地讲起了多年来一直与之不和的家族，他用一只眼睛盯着伊格内修斯，另一只眼睛的目光则在游荡，和他的女儿一样，他也是弱视。胖乎乎的卡罗洛斯看起来好像是个球体，而坐在他旁边的伊格内修斯有着结实的肌肉和锐利的五官线条，说明了两者的生活截然不同。事实上，几十年前克当部落就已经与现代印度尼西亚相融合，大多数阿蒙托达人都有双下巴，而且他们都很胖，皮肤苍白。他们穿着牛仔裤和漆皮礼服鞋、高跟鞋或山寨耐克运动鞋。相比之下，拉玛莱拉人被太阳晒黑的皮肤和令人印象深刻的肌肉证明了他们狩猎采集生活的严酷。尽管宴会上他们穿得也很正式，但他们的有领衬衫和丛林棉纱笼看起来令人发痒。

演讲结束后，两家人在院子里社交。一些克当人用印度尼西亚语问伊格内修斯，捕鲸季是否已经开始。他回答说，通常情况下，部落在这个时候已经捕获了好几头鲸鱼，但今年他们的猎物却迟迟不来。然后，他让翁杜在手机上播放了一段伊格内修斯用鱼叉捕鲸的视频。阿蒙托达氏族礼貌地发出了惊叹声，但并没有很震惊。在印度尼西亚，许多中年人出生的时候就过着传统的生活，后来加入了工业化经济的行列。两者会有摩擦是必然的。

宴会结束后，两家人以及所有其他参加婚姻课程的夫妇，乘坐大巴车前往教堂参加彩排仪式。每个人都记住自己的位置后，一位年迈矮小的神父将每个祷告者逐一唤到一把办公椅上，面前是一个真人大小的十字架，耶稣的手脚上嵌有闪烁的绿色LED灯，而不是钉子。耶稣的面孔向下倾斜，仿佛在监视坐在他下面的罪人。很快，就只剩下两对夫妇了，伊塔和本就是其中之一。伊塔的罪孽很快就被驱散了，她匆匆走下过道，没有看本一眼。

然后那个矮小的神父向本招手。本比牧师高得多，他跪下来，拂去额头上的卷发，腾出空间，让神父用沾着圣水的手指在他脑门上画“十”字。阳光洒向地平线，本逐项列举了自己的过错，用一只手在他胸前擦了擦。他穿着黑色Polo衫，上面印有怪物能量饮料的标志，即三个绿色的爪痕。夕阳西下，金色的阳光穿过大楼煤渣砖墙的孔洞，昏暗的教堂越来越亮。本坦白自己曾咒骂过朋友和家人，也曾打过别人，包括他的妻子和孩子。他坦白自己曾计划抛弃父亲前往巴厘岛，以及自己偶尔想去喝酒、与女孩调情和开穿梭小巴车。他现在想把一切都说出来，真正重新开始。他感觉比以前好多了，他终于做好了成为丈夫的准备。

第二天早上7点半，在混凝土大教堂的台阶前，本帮助伊塔从一辆刚打过蜡的三菱皮卡车上下来，这是从阿蒙托达家借来的车。他的西装外套上插着一朵粉红色的兰花，他用白衬衫的领子遮住了一个毛利风格的颈部文身，只留下顶端一点图案。伊塔举起一只手来护着她的发型，防止被大风吹乱。不过喷过发胶后，她的刘海已经变得很硬，几乎纹丝不动。她穿着一件黄色的连衣裙，戴着金耳环，还戴着一条嵌着珠宝吊坠的金项链，这是她父亲刚刚赠送给她的。本向她挥手致意，然后伊格内修斯护送他的儿子进入教堂。他看起来很高兴，但也很严肃。

在教堂里，牧师带领众人诵读："我有罪。我有罪。我有罪。"然后他读着《哥林多前书》的内容："当我是孩子时，我说话如孩童，看事如孩童，思考如孩童；几时我一成人，就把孩童的事丢弃了。"外面的棕榈叶在动荡中相互撕扯，发出哧哧的声音。

伊格内修斯剃掉了他头上的白色毛茬儿，这样一来，支撑他皮肤的骨头就更明显了，就像一个骷髅头从他的脸上凸出来。他用手擦掉脸颊上的一滴泪，愤怒仍在他心中燃烧——都怪阿蒙托达氏族一直推迟婚期，最终特蕾西娅无法和他一起出席婚礼。她等了多长时间！

他试图不去多想，在这一刻，为了本和伊塔而活在当下，但当他被记忆攻击时，他怎么能做到不多想呢？他回忆起那封结束了他在弗洛雷斯岛五年流亡生活的信，当时特蕾西娅的朋友们偷偷地把伊格内修斯寄来的信件给了她，信中写道要特蕾西娅在他回来时到拉玛莱拉上方山区的集市小镇卢卡（Lewuka）去见他。他没有收到答复。尽管如此，他还是背着一个麻袋，把所有的财产都挂在肩上，徒步穿过丛林。夜幕降临，他走向一个朋友为他们留下的空房子，心里满是忧虑，不确定他的心上人是否会出现。然而她就在那儿，他的特蕾西娅，五年过去了，没有一点变化。他们走近对方时，两个人都哭了。

“你在这里做什么？”伊格内修斯难以置信地问道。

“你疯了吗？”特蕾西娅说，“是你叫我来的。我担心如果我不来，你会生我的气。”她解释说，为了不让父母发现，她假装自己是来交换货物的。

然后他们接吻了。此刻无须多言。

他们没有点燃火把来照亮回家的路，因为伊格内修斯熟悉路上的每一处凹槽和每一个转弯。快到村子的时候，他让特蕾西娅先走，这样他们就不会被人看见在一起了。当看着她走进黑暗的时候，他不知道自己最终是否能够说服她的父母把女儿嫁给他。但他知道，她会一直等着他，就像他会一直等着她一样，无论要等多久。现在他唯一的安慰是，当他到达祖先之岛时，特蕾西娅会在那里，准备再次迎接他。

当他看着本终于把戒指戴到伊塔的手指上时，他的思绪又被拉回来了，喜悦之情淹没了他。伊格内修斯双臂交叉靠在他面前的长椅上，把头枕在前臂上，然后开始抽泣。翁杜拍了拍他父亲的背。约瑟夫无法目睹父亲哭泣，只好站起来离开教堂。

交换戒指后，两位新人没有接吻或牵手。本和伊塔在祭坛前拍照时闭着嘴唇微笑，因为拉玛莱拉人认为只有疯子才会在照相时露齿笑。然后他们在欢呼声中回到了座位上。现在只剩下一个步骤，他们就可以离开家庭，自由开辟人生道路了。

回到阿蒙托达氏族的大院里，伊塔和本被请到舞台上，他们坐在精心制作的木椅上，椅子上还盖着手工编织的新纱笼。舞台后面拉着一条横幅，上面写着“爱就是牺牲：本和伊塔”。油布帐篷密不透风，很快伊塔的妆容就开始融化，她的头发也开始卷曲。汗流浃背的客人们一个接一个地走到台前，祝福这对夫妇，并送上装满现金的白色信封。这是印度尼西亚的习俗，近来开始在拉玛莱拉实行，基于克当族的期望，这次婚礼也遵循该习俗。

接待完客人后，这对新婚夫妇走下舞台，正式与父母告别。他们颤抖着走向阿蒙托达氏族，手里攥着手帕，眼睛低垂着。当伊塔走近时，卡罗洛斯和他的妻子颤抖着捂住了双眼。伊塔身着华服跪在尘土中，举起她父亲的手，将额头贴在上面。她抱着他的膝盖，断断续续地大哭，一直哭到喘不过气来。她的父母和她一起哭，三个人都用手帕捂住了自己的脸。从那一刻起，伊塔不再是孩子，她将对自己的命运负责。她向每一位亲人告别，自始至终都心怀悲伤，而本跟在她身后，庄严地向这些亲戚鞠躬，每个吸着鼻子的克当人拥抱他时，他的脸上都没有表情。到最后，伊塔的妆容已经模糊不清，发髻也散乱了。本的黑色西装背部布满沾着尘土的手印。

本走近他的父亲和其他亲戚时，脸皱了起来，似乎很痛苦的样子。然后他放声大笑，笑完又回到痛苦的状态中。他开始哭泣，仿佛快窒息，和伊塔一样在抽泣之间喘着气。他的新婚妻子先跪在伊格内修斯面前。伊格内修斯碰完她的额头后，用手腕擦掉了鼻涕，然后转向他的儿子。伊格内修斯没有像阿蒙托达氏族那样用手帕遮住自己的脸，也没有移开视线。相反，他用探究的目光注视着正在靠近自己的儿子。伊格内修斯没有强迫本跪下，而是抬起他的手去碰他儿子的额头。接着，本把头靠在父亲的肩上，用胳膊搂住这位老人的身体。父子俩紧紧拥抱在一起哭泣。慢慢地，本松开了手臂，但伊格内修斯抱住了他儿子的头。两人闪烁的目光映在彼此的眼眸。伊格内修斯闭上眼睛，轻轻推了一下儿子的头。本自由了。

本和伊塔把自己收拾干净后，婚宴就开始了。每个部落的妇女在不同的厨房里烹制各自的菜肴，并把它们摆放在不同的桌子上。拉玛莱拉人和克当人在院子的两边吃饭，捕鲸者用手指取米饭、煮熟的蔬菜和当地的鱼，而阿蒙托达氏族和他们的亲戚用刀叉吃预先包装好的印尼面条，并浇上瓶装酱汁。拉玛莱拉的儿童（包括本和伊塔的孩子在内）在过道上玩起了“鱼叉手”游戏，即用棍子叉垃圾。克当族的孩子们则玩着父母的手机。

吃饭的时候，卡罗洛斯走到伊格内修斯身边，他说：“不要再担心我的家人了。”伊格内修斯知道这是他能得到的最接近道歉的

伊塔向她的家人告别。

说法。

之后，伊格内修斯和他的儿子们谈到了对特蕾西娅的思念，甚至是在教堂里不忍心看着父亲哭泣的约瑟夫也诉说了自己的想念，他们很少这样敞开心扉。他们无言地喝下婚宴上又臭又甜的棕榈酒。只有约瑟夫拒绝了递向他的用椰壳做成的酒杯，他做了一个悲惨但自鸣得意的鬼脸：他最近宣布自己会少喝酒，打算坚持到底，让家人们对他刮目相看。

不久，本被叫来帮忙修理音响系统，它只发出了少量的音乐。他研究了堆积在一起、形成一堵八英尺高墙的十几个扬声器，并将红蓝相间的电线拼接在一起。瞬间，印尼流行音乐的轰鸣声差点掀翻油布屋顶。桌椅都已清理干净。阿蒙托达氏族和布里科洛隆氏族

伊格内修斯祝福本。

冲到泥地上开始跳舞。没过多久，大多数克当人都瘫坐在椅子上，解开西装的纽扣或用纸盘给自己扇风。然而，拉玛莱拉人的舞蹈才刚刚开始。他们用长满老茧的赤脚有节奏地踩踏着表层土壤，像枯草一样站立。他们把烟头扔到空中，火花像烟花一样散落下来。妇女们把嚼过的槟榔汁吐在地上，就像一种生育仪式。血红色的污渍沾染了拉玛莱拉人的脚趾，看起来好像受伤了一般。大家汗如雨下，土地变成了泥浆。

翁杜和他的妻子跳舞时不停地后退一步，欣赏对方的身材，然后再一次靠拢，感受对方的肌肉；他们深爱彼此，对对方始终葆有吸引力，这在拉玛莱拉广为人知，令人钦佩。约瑟夫蹲着，扭动他的臀部，一只手在泥土中画着字母，另一只手在空中挥舞着假想的套索。他的妻子在他身边学鸟叫。与此同时，本一直控制着音板，享受着多年后再次为莱沃勒巴派对担任DJ的机会。一群年轻的拉玛莱拉人搭便车到莱沃勒巴来参加聚会，他们号叫着加入了跳摇摆舞的行列。然后，木琴发出了颤音，铜锣敲出了狂热的节拍。本表演了多罗舞，这是现代版的奥亚舞。他的部落成员在泥土舞池中手拉手。由于帐篷太小，无法容纳一个大的多罗舞圈，舞者们把自己设计成同心旋转的圆圈，一边跺脚一边摇摆。只有几个老奶奶和伊格内修斯还在保持克制。

伊格内修斯坐在圈外，低着头，陷入了回忆。有一次，他和特蕾西娅跳了奥亚舞，他用指甲划过她手掌上的生命线作为承诺。现在，他的妻子不在了，他不知道自己继续跳舞还有什么意义。他的工作已经基本完成了，本成了鱼叉手，也已经结婚了。伊格内修斯最近公布了他的遗嘱：他的儿子和女儿将在德摩沙邦号获得相同的股份，而本将被委托管理房子。他的大多数老猎友已经在祖先之岛跳奥亚舞了。伊格内修斯告诉自己，他的妻子也在那里，耐心地坐在榕树下的烛台旁，等待她的伴侣出现。如果她在等他，那他在与她团聚之前就不会再跳舞。

尽管他和特蕾西娅上次跳奥亚舞已经是在几十年前，但不知为何，这支舞蹈的另一个版本现在就由他的孩子、侄子、侄女以及孙子们展现在他眼前。这难道不棒吗？他感到很沉重，有一种结束的感觉，但结束也带来了新的开始。来自布里科洛隆氏族的一个表亲出现了，他醉醺醺地眯着眼睛，胡须上沾满了汗水和棕榈酒，手上挥舞着一条黄色围巾。他把围巾披在伊格内修斯的脖子上，勒住他，把他拉向多罗舞圈的中心。起初，伊格内修斯挥舞着双手反抗，但他的表亲一直在拉，整个部落的人都在喊伊格内修斯加入。他任由表亲把自己带到多罗舞圈的中心。他的手摸索着纱笼的结，想把它解开，解放双腿。然后，他从表亲手中抢过那条黄色围巾，摇晃着它，笑得前仰后合。一时间，拉玛莱拉的所有人都围着他转。

宴会一直持续到第二天早上，宿醉的布里科洛隆氏族在黎明的微光出现时才罢休。伊格内修斯低声叫他的侄女给他拿水来。约瑟夫用刀子清理自己在泥土中写字时嵌在指甲里的沙子。本的卷发已经失去了弹性。而几个小时前几乎烧坏了的立体扬声器仍然在发出刺耳的流行音乐。

当本啃着年糕和香蕉时，卡罗洛斯问他是否真的打算当一个渔民并把自己累死。“如果你留在莱沃勒巴，我会给你找一份在有空调的办公室里上班的工作。”或者他也可以为政府职员开巴士。无论哪种，都更轻松、更安全、更高薪，卡罗洛斯向他承诺道。

本感谢他，但说自己想回家。他有责任和翁杜以及约瑟夫一起养活他的父亲。他说，如果他需要挣钱，他可能会在莱沃勒巴开几个月的卡车。但他的妻子和孩子将留在拉玛莱拉。

不久之后，当伊塔和本爬上公共汽车时，她仍然戴着父亲在婚礼上送给她的金耳环和项链。在随后的几个星期里，她也没有摘下它们——砍柴时没有摘下，屠宰灰鲭鲨时没有摘下，用石头和木板擦洗血淋淋的衣服时也没有摘下。它们的光泽随着被剐蹭和碰撞而变暗。尽管她把它们擦亮，恢复了一些光泽，但最终，她发现如果自己一直戴着它们，它们就会被毁掉，所以她就把它们收了起来。那一年，她只回了一次莱沃勒巴，因为家里有太多的工作要做。她的父母也从不去拉玛莱拉看她，觉得那里太脏，又没有电。然而，当她设法偷偷回家住三天时，她又短暂地戴上了她的珠宝。

第十一章

深陷人生风暴

2015年6月13日至2015年9月10日

乔恩

捕猎季已经过去了几个星期，乔恩酝酿着去雅加达以及在萨雷斯哥哥的豪宅里做守夜人的计划，他没有参与捕猎。偶尔，他也会为VJO以外的其他乔森当船员，但大多数时候，他独自在他的舢板上用刺网捕鱼，并继续翻新房子。他一直在等待时机，等到8月，萨雷斯的哥哥将回到部落参加一个特殊的节日，届时他们会安排乔恩离开。乔恩将与拉玛莱拉划清界限，也许也会和霍尼一刀两断，尽管在这一点上他犹豫不决，这取决于他们是否在吵架。从渔网中捞起飞鱼的同时，乔恩梦想着带可爱的女孩去酒吧，去神话般的影院看电影。尽管霍尼坚称大城市的生活并不像电视上展现的那样美好，但乔恩从来不相信。

当然，一开始在大都市里谁也不认识会很孤独，尤其是在大家关系都很亲近的部落里生活了这么久之后，突然到大都市会更感到孤独。但他其实有些渴望孤独，他想为自己而活。他厌倦了照料他人，无论是他的姐妹和外祖父母，还是其他部落成员。他和伊卡的小卖部已经破产了，因为有太多人赊账了。祖先曾指示，永远不要拒绝任何寻求帮助的拉玛莱拉人。每天下午，当他把舢板拉上岸时，那些整天在船棚里打盹的人会说自己要养活挨饿的家人，乔恩就会让他们搜刮自己的水桶，最后剩下的猎物只勉强够自己的家人吃。在这些时刻，他总是会想，祖先之道究竟是在帮他还是在害他。

上个月，乔恩在拖网时拉伤了腰部。疼痛难忍，甚至连弗兰斯的治疗也无济于事。6月中旬的一个星期六，他在极度的不适中醒来，无法出海。整整一天，他都躺在竹垫上，想着自己总是为每个人做苦工，却没有人帮助他。他试着给霍尼打电话，但她没有接。他知道住家女佣相当于家庭奴隶，因为她从早到晚都在工作，一个月只有两个星期天可以休息，甚至未经允许不能离开雇主的豪宅。但在这样的时刻，乔恩很难不幻想她正过着他梦寐以求的雅加达生活。与此同时，霍尼也过度美化家乡的农耕生活。他们都觉得对方过着诗情画意的生活，对彼此产生了怨恨，关系也变得紧张，而这段关系的基础从一开始就很不稳固：他们真正相处的时间只有一周多，其余的两年都是异地恋。乔恩思念霍尼，他知道她也想他。但由于他们的恋爱充满了挫折，他从来不确定她究竟是他不快乐的源头还是解药。尽管如此，他还是不断地给她打电话，如果她不接，他就会越来越焦躁不安。

下午时分，听到伊卡在厨房里打谷，乔恩喊她给他拿杯水，但没有回应。他又叫了一次。未去壳的谷粒发出的嘎吱声停止了，但她仍然沉默不语。那天早上，他们已经吵过一次了，当时他们的罐子空了，乔恩命令她到井边打水。“井也已经干了，”她厉声说道，“还去打什么水？”这基本是事实，通常清澈的水在旱季变成了淤泥状的渣土。而她和乔恩一样，被工作压得喘不过气来，感觉别人并不感激自己的付出。但最终，她还是遵从了他的命令。

乔恩第三次叫她拿水，他的声音因愤怒而低沉，伊卡终于端着一杯混浊的水从厨房里走了出来。当她走到竹垫边上时，乔恩嘴里叼着一根烟。“给我拿个打火机。”他说。伊卡没有回答，把脏兮兮的水递给他。她看起来与几个月前完全不同。她丰满的脸颊凹陷了，露出了凸出的颧骨，疲惫使她的眼袋浮肿起来。始终鼓舞着她的笑声消失了，现在她的脸上挂着阴郁的表情。最近，她没有向乔恩的坏脾气低头，而是一直反唇相讥。随着她和乔恩的生活越来越艰难，她和阿洛的关系也在不断加深，两人似乎每时每刻都在一起，说着彼此间的秘密，一起咯咯笑——这是她唯一能笑的时候了。阿洛已经成为家庭中受欢迎的一员，在村里的建筑项目或海上工作了一整天后，还无私地帮忙劈柴或宰鱼。他的傻气常常是唯一能让家里的阴郁气氛变得轻松的东西。但是，这对情侣越来越不在意礼节了：阿洛经常在他们家待到深夜。“伊卡想快点结婚。”许多长者都这么说，带着意味深长的讥笑，暗指她和阿洛在一起睡觉。与阿洛结婚意味着她会拥有自己的房子和家庭，乔恩和外祖父母相互依靠，照顾他们将不再是她的责任。

乔恩假装没有看到水。“给我一个打火机。”他重复道。

伊卡把杯子推向他的脸。

乔恩从她手中抢过杯子，把它扔到了阳台上。玻璃在下面的岩石上发出叮当声。

伊卡退回厨房里。只修了一半的墙几乎无法把房子里的居民与外界隔开，更不用说住在里面的人了，乔恩可以清楚地听到随后传来的低声吟唱：

静静地划，静静地划，
浪花在岸边荡漾。
静静地梦，静静地梦，
在人生的风口浪尖处做梦，
在人生的风口浪尖处做梦。
如果你被水流冲走，那就祈祷。
祈祷你可以游过这片海洋。
让圣言支撑你。
让它渗入你的内心深处。
你的人生将像大海一样深邃而广阔。

乔恩假装没有听到。他从露台上呼唤路上步行回家的一个女孩，让她去他和伊卡曾经的竞争对手那里给他买一瓶水，那种为偶尔造访的游客准备的水。当女孩把水送来时，他给了她一张一万印尼卢比的纸币，喝下了这瓶奢侈的水，这时伊卡开始唱起：在人生的风口浪尖处……

那天晚上，乔恩拒绝吃伊卡煮的米饭和玉米，这在拉玛莱拉是羞辱的终极标志。他的外祖父母试图说服他一起吃饭，但因白内障而完全失明的他们完全依赖乔恩，乔恩现在很少再听他们的指示。他在朋友纳雷克家里吃饭，正当他准备回家睡觉时，他接到了萨雷斯的电话。萨雷斯刚刚结束旅途回到拉玛莱拉，他要求乔恩到他位于低地地区的边远住所。当乔恩走到主路时，他经过了两个蜷缩在罗望子树下的少女。一个女孩正在安慰她哭泣的朋友。那天下午，这个绝望的女孩得知她没有通过莱沃勒巴高中的入学考试，这意味着她可能会在拉玛莱拉度过她的余生。而她的朋友通过了考试，将离开这里。

为了不引起部落成员的反感，财力雄厚的萨雷斯只建造了一座简陋的双层混凝土墙房，但与周围的单层砖房相比，它看起来仍像一座豪宅。萨雷斯要求乔恩帮他组织一个节日，以纪念他的长兄彼得成为天主教神父二十五周年。他的二哥约瑟夫，也就是乔恩的未来雇主，将回到拉玛莱拉参加庆祝活动。乔恩的任务是组织一群年轻人卷起数以千计的棕榈叶香烟，并在欢乐的气氛中分发香烟。然后，萨雷斯让乔恩发誓对他将在庆典上宣布的事情保密：当年8月，他计划在莱沃勒巴开设一家鱼类加工公司。该公司将从拉姆巴塔岛的渔民那里购买金枪鱼和马林鱼，并出口这些鱼。探索了十多年的项目终于要落地了，萨雷斯难以抑制自己的激动心情。

萨雷斯从神学院毕业时未能获得神父职位，二十多岁时在雅加达一家瓶装水公司担任经理。工作期间，这位“三巨头”氏族的后裔曾注意到，每年都有人在码头上为金枪鱼支付数千美元，而他的部落每年都把金枪鱼晒成肉干。这一认识促使他在2003年回到家乡，立志带领部落人民走上致富之路。他打造了VJO，并率先尝试使用漂流网捕鱼，他和乔恩满载而归，证明了这种捕鱼方法实际可行。但他的野心不仅限于经营一条船。四年后，他当选市长，引导政府官员和商人山长水远地从雅加达来到拉玛莱拉。这段路有一千多英里，当时坐飞机和渡轮需要大约四天时间。每个人都认为，这是一个没有得到充分利用的宝库，但投资者无法想出一种可以将当地的渔获物变现的方法：拉玛莱拉没有冰，也没有足够的电力来运行制冰机，因为该地区所有的发电机都太小了，无法满足这种电力需求。这些鱼甚至在到达莱沃勒巴之前就会变质，没有行之有效的方法可以运送金枪鱼。

即使一年后萨雷斯卸任市长，他仍继续在访问古邦和雅加达期间与投资者和政府官员会面。然后，在2014年，佐科成功当选总统，原因之一是他承诺大力投资印尼东部，外部商人立即开始寻找当地的合作伙伴，以便在即将到来的采矿和渔业热潮中获利。萨雷斯很乐意提供帮助。2015年5月初，在乔森卸下他们的渔获时，萨雷斯再次带领雅加达官员到海滩上。然后，不到五分钟，代表团和现任市长就同意支持萨雷斯的生意。当天晚上，萨雷斯用炖鲸鱼款待这些贵宾，并向他们赠送了用虎鲸牙齿雕刻的戒指。

当萨雷斯叫来乔恩告诉他项目进展时，一家制冰厂和一家国际标准的鱼类加工厂在他的监督下几乎已经完成建设。他已经预聘了二十一名员工，但没有一个是拉玛莱拉人，因为他希望工人至少有高中学历。他别无选择，只能在莱沃勒巴附近建造这些设施，因为用卡车把所有的建筑材料运到山上是不可能的，所以他还配备了一辆装有巨大冰箱的自卸卡车，将鱼从拉玛莱拉和其他渔村运到城市。外出时，这辆车会载着一堆冰块，在村子里换取鱼，这样部落成员就可以在专门建造的混凝土仓库中保存他们刚捕的猎物，直到车子下次载新的冰块过来。不过车子保留了一些冰块，以确保回程中猎物不变质。与此同时，在印尼西部，萨雷斯正在建造一艘千吨级的货轮，将加工好的鱼运往雅加达。他的目标是在接下来的几个月里准备好一切，这样，当捕猎季结束，拉玛莱拉人再次开始用漂流网捕鱼时，他就可以购买他们的猎物。他终于利用了他长期以来一直惊叹的资本的力量。

当然，萨雷斯知道，他的生意会鼓励部落放弃鱼叉捕猎，而他支付给他们的现金将加速拉玛莱拉易货经济的结束。但在亲密好友面前，他提出了一个美好的预言：十年后，拉玛莱拉的每个家庭都将拥有一辆汽车。捕猎季期间禁止使用漂流网的规定已被取消，捕鲸者将主要使用漂流网捕鱼，而部落将因他支付的购鱼费致富。到那时一定会有持续的电力供应，许多游客会入住建在海滩上的国际酒店。他的部落成员甚至可能更喜欢带游客观光，而不是捕猎。是的，祖先之道的许多传统将不可避免地消失，但他觉得只要部落还在召唤鲸鱼，还在用捕鲸船捕猎抹香鲸，拉玛莱拉人这一身份的核心意义就会持续下去。没有必要完全将部落的存亡押在捕猎活动上，毕竟渔获量很难预测。此外，现代化不再是他们可以拒之门外的事物。无论他是否开了这家公司，部落都会很快受到现代化的影响。他只是为了防止部落被甩在后头，或者被那些意图不那么高尚的人利用罢了。他们可以像他那样在变革的海啸中尽情冲浪，或者可以选择被它淹没。

然而，虽然萨雷斯与乔恩分享了这些计划，乔恩只是用沉默来回应他，所以他知道至少在工厂启动和运行之前，最好还是别透露其他想法了。毕竟，放弃短暂的市长职位不是他主动做出的选择，这不是什么秘密。他上一次试图对部落进行现代化改造是七年前，他的努力以灾难告终，他被剥夺了市长职位，并受到死亡威胁，被赶出了小镇。但萨雷斯有信心，这一次，部落最终会准备好迎接外部世界的到来。

6月慢悠悠地结束，部落迎来了7月，然后8月也如期而至，整个部落似乎都陷入了等待。乔恩表面上仍在为伊卡没有尊重他而生气，但实际上他是对自己的整个生活感到沮丧。他在纳雷克家吃晚饭，等待时机，直到他能去雅加达。萨雷斯不耐烦地监视着他的鱼类加工厂缓慢地完工。伊卡急切地想摆脱乔恩和她的外祖父母，屏住呼吸等待阿洛请求他的族长开始一系列的仪式，举办婚礼。尽管他们已经向乔恩承诺，等到霍尼回来之后再结婚。但同时，她也担心性行为导致的怀孕会迫使他们尽快结婚。她希望阿洛是出于爱意而不是因为要负责才结婚的。每个人都焦急地等待着抹香鲸的到来，因为捕猎季期间大家还没有看到抹香鲸的影子。本和伊格内修斯的心情最强烈，父子俩都希望本作为一名新晋鱼叉手能够捕到一头鲸鱼。弗兰斯在部落的要求下请求乌戎人再次召唤鲸鱼，“大地之主”要求他们交出舷外发动机，但遭到拒绝。拉玛莱拉人不再像以前那样饿肚子，但许多人变得很憔悴，因为他们的食物几乎只剩下飞鱼，其针状肋骨经常卡在他们的牙齿之间。人们从潮汐岩石上撬下巨大的藤壶，啜饮着从壳里取出的粉红色的肉。

8月中旬，萨雷斯和乔恩一直在等待的庆祝活动要举行了，短暂地缓解了弥漫在部落里的紧张气氛。一条纪念彼得·巴托纳神父担任天主教神父二十五周年的横幅挂在村口堆积的虎鲸头骨上方，那些身穿贝纳通连帽衫和Zara牛仔裤的人在横幅下走来走去，他们看起来熟悉又陌生，用印尼语聊着天，尴尬地发现自己已经忘记了拉玛莱拉方言怎么说。这次宴会总共宰杀了九头猪，然后是长达三个小时的演讲，大家忍受着，不过被后面的一群老人打断了，他们大声争论为什么鲸鱼没有出现。椅子都被搬走后，人们开始围成三个多罗舞圈，踢起了沙子，他们的兴致极具感染力，甚至连来访的修女也加入其中，她们的白袍下摆都沾满了泥土。而一旁的萨雷斯的哥哥约瑟夫与乔恩关于乔恩搬到雅加达一事进行了深入交谈。

但是，萨雷斯没有宣布他的生意计划，也没有享受派对，而是戴上防尘面具，骑着摩托车向着莱沃勒巴飞奔而去。他之所以提前离开，是因为第二天，即8月17日，是印度尼西亚独立日和乌兰多尼易货市场结束的周年纪念日，他在莱沃勒巴的尚未完工的鱼类加工厂将举办一个有三百人参加的庆祝活动，该省省长也会出席，意在为拉姆巴塔岛迎来一个新的经济时代。然而，事实上，大楼还没有完工，距离开业还有几周的时间，这很尴尬。萨雷斯短暂停留和提前离开还有第二个原因，也许这个原因更重要。尽管他在村里有一座大房子，但自从他被剥夺市长职位，他就尽量少在那里过夜，每次回到岛上就住在莱沃勒巴的一栋别墅里。他的迅速失宠并不是普通小镇政治家会经历的那种失宠。事实上，他的部族人民曾试图用巫术谋杀他。

起初，鉴于萨雷斯成功推广了漂流网捕鱼技术，又拥有“三巨头”氏族血统，他似乎是引导部落平衡传统与创新的最佳人选。但很快，世界自然基金会（WWF）印度尼西亚分会的代表在莱沃勒巴开设了一个办事处，并开始访问该部落，意图作为非政府组织联盟争取将整个地区划为海洋国家公园。考虑到大约二十年前与绿色和平组织的争执，该部落担心WWF也试图终止狩猎活动，尽管它承诺只想帮助拉玛莱拉人发展金枪鱼捕捞和观鲸等生态旅游业务。当萨雷斯得知WWF和其他非政府组织得到了印尼政府的支持时，他决定鼓励部落成员与他们合作，走上致富之路。

问题始于2009年2月，当时一份报纸引用了一位政府官员的话，他说，建立保护区是为了保护抹香鲸免受拉玛莱拉人的伤害。这与WWF的说法相矛盾。突然间，发展援助看起来似乎只是一种欺骗该部落用观鲸取代捕鲸的策略。部落派出一支捕鲸船船队来到莱沃勒巴，用滚木机将其中一条船推过街道，来到岛上的立法中心，向总督提出抗议。生活在国外的拉玛莱拉人，包括一些像萨雷斯哥哥一样已经成为成功的政治家或商人的人，在国家媒体上发起了支持捕鲸的宣传活动。在萨雷斯的斡旋下，WWF在古邦与拉玛莱拉人举行了一次会议，重申尽管报纸上引用了那段话，但只要鲸鱼数量保持稳定，海洋保护区就不会限制拉玛莱拉人的狩猎活动。拉玛莱拉人还是不信这个说法，于是WWF派遣了一个公关团队到拉玛莱拉，但他们的卡车在接近村庄时，被大约五十名捕鲸者挡住了去路。捕鲸者们扒开车门，叫嚣着让保护主义人士离开，并宣称他们不在人世后才会放弃捕鲸。该组织很快关闭了在莱沃勒巴的办公室，几个月后，萨武海海洋保护区正式成为印尼最大的海洋保护区，但其边界绕过了拉玛莱拉周围。

后来披露的WWF内部文件显示，拉玛莱拉人是正确的，该组织并没有完全坦白其意图。尽管WWF的最终目标确实是让拉玛莱拉人致富和保护他们的环境，但他们也把观鲸和其他发展项目看作是逐步淘汰鱼叉捕猎的方式。正如WWF莱沃勒巴办事处的负责人给其他保护主义人士发的电子邮件所说："拉玛莱拉人需要的是改善经济、限制捕鲸，这样他们的文化才能持续，并发展生态旅游。"他最后说："这就是WWF在该地区正在做的事情！"

WWF的代表被赶走后不久，与WWF合作的拉玛莱拉人，包括萨雷斯，在布里科洛隆的"灵魂之家"，排成一排站在整个部落面前。萨雷斯用带有爪哇口音的拉玛莱拉语，为曾经欢迎这些外来者而道歉，解释说他不知道他们的真实意图。但部落并不满意。

"三巨头"氏族派了一名使者到拉姆巴塔岛一座遥远的火山处，从牧民放养的羊群中购买了一只绵羊。然后，拉玛莱拉的一位萨满将这只绵羊献祭，实施了比黑山羊的诅咒更致命的咒语，因为在拉玛莱拉巫术中，最强大的魔法燃料是绵羊，甚至超过了山羊。萨满召唤祖先，将不幸和疾病甚至死亡降临到这个"异教徒"身上。为了逃避族人的愤怒，萨雷斯辞去了市长的职务并搬到了莱沃勒巴，还患上了神经衰弱和其他健康问题，拉玛莱拉人认为是他们的巫术生效了。那些在村里为WWF做低级行政工作但没有萨雷斯富裕的人无法离开，只能忍受着多年来的排斥，因为他们的部落成员不与他们交谈，也不邀请他们参加仪式。慢慢地，他们还是重新融入了集体，但他们从未被完全原谅，六年后，当其中一个被诅咒的人可能是因心脏病发作而死亡时，一些人低声说，“绵羊的诅咒”起作用了。

即使后来萨雷斯从崩溃中走了出来，他也从未真正在拉玛莱拉有过家的感觉。他继续为捕鲸者和保护主义人士之间的冲突感到悲哀，因为他认为海洋保护区提供的额外保护可以减少附近的炸药捕捞和非法延绳钓，而且发展援助可能会改善人们的生活。他确信，如果他们能找到一种合作的方式，这对每个人都是有利的。但他发现，双方的世界观差异太大，无法和解，他们之间的冲突将一直持续，除非人们不再捕猎，或者外国人最终放弃。

拉玛莱拉人和保护主义人士之间的对抗并不罕见，因为地球上有六千多个国家公园，大多数都是通过限制原住民部落的传统生计或迫使他们离开这些领土来发展的，通常是为了让他们的土地能够产生生态旅游收入，但这些收入的大部分最终往往落入当地官员和商人的口袋，而不是落入流离失所的部落的人手中。正如联合国原住民权利特别报告员所说，“世界上最脆弱的人正在为如今的保护工作付出代价”。

这一冲突的核心在于双方对如何利用自然资源的看法相矛盾。对拉玛莱拉人来说，保护鲸鱼的想法本身就是陌生的：毕竟，如果鲸鱼是祖先的礼物，那么只有在神灵的善意被用尽了的情况下，这些资源才会衰竭，而拒绝猎杀祖先提供的动物就是对祖先的侮辱。

此外，拉玛莱拉人认为，他们的捕猎活动几个世纪以来一直是可持续的，破坏他们生态系统的主要因素是污染、过度捕捞和气候变化，而这些问题都是保护主义人士自己的社会造成的，为什么保护主义人士把矛头对准了他们，而不是影响更大的不良行为者？此外，拉玛莱拉人担心结束捕猎会造成他们的毁灭，这种担忧并没有错。历史一再表明，剥夺原住民的生计往往直接导致他们的灭亡，他们在一代人的时间内就会失去自己的身份。毕竟，哪有不捕鲸的捕鲸者？

保护主义人士则认为，拉玛莱拉人和其他原住民在漂流网和舷外发动机（对丛林部落而言则是链锯和枪）等新工具的帮助下，正在加速攫取资源，从而对生态环境造成重大破坏。一些保护主义人士建议，他们应该尝试更现代化的生存方式，不要影响脆弱的生态系统。当然，大家没有挑明的一点是，在许多活动人士眼里，猎杀鲸鱼是不道德的，即使这样做对维持一种古老的文化至关重要。

这种冲突看起来难以解决，但最终传统文化被全球化完全侵蚀时，这种冲突不可避免地会得到解决。但世界银行和其他机构的分析表明，当原住民与政府合作共同管理他们的领土时，这种保护往往更有效、成本利用率更高。这种伙伴关系可以改善脆弱的生态系统、稳固传统文化。但这需要双方达成共识。拉玛莱拉人有了与WWF合作的经历之后，现在对待西式保护还是一种愤怒、恐惧和厌恶的态度。

萨雷斯从他哥哥的庆典中提前离开后不久，乔恩跌跌撞撞地走出多罗舞圈，拍拍背后绣有骷髅头的领子衬衫上的灰尘。当他在人群中穿行时，一个老人将他拉到一边，这个老人的身体发育不良，就像小时候挨过饿一般，却大腹便便。这个老人就是约瑟夫，萨雷斯的哥哥。

“你怎么还没到雅加达？”约瑟夫开玩笑说。他告诉乔恩，乔恩唯一的工作就是看守大宅。他不需要打扫卫生，有女佣做这些事。

但乔恩承认，他实际上还没有完全准备好搬到首都。他问是否可以在季风期开始时再工作，并解释说他需要额外的时间来为他的家人安排一些事情。约瑟夫说，这不是问题。

尽管乔恩仍然生伊卡的气，并对外祖父母站在她那一边感到愤怒，但还是决定在他开始从雅加达寄工资之前，储存肉干帮助家人渡过难关。他还想建好房子再走，作为临别礼物。捕猎季收获寥寥，却加速了建房的进度。由于连使用刺网都捕不到几条鱼，乔恩大部分时间都待在家里，这周捣鼓混凝土砖，下周把它们固定在地基上，墙体的增长就如同定格动画一样。同时，他一点一点地把屋顶的碎片拼接起来。

乔恩的坏脾气疏远了朋友，所以现在他独自工作，只有他的外祖父一直试图帮忙。乔恩仍然对与伊卡的争吵耿耿于怀，一开始他对外祖父说话很粗暴，说因为白内障影响视线，外祖父最多只能帮倒忙。但是约瑟夫·博科似乎对他外孙的不悦视而不见。他花了几个小时凭感觉分拣不同长度的钉子，或者费力地把一块块砖头搬到乔恩面前，拖着脚步以避免被任何东西绊倒，松垮的皮肤像运动衫一样挂在骨骼分明的手臂上。最后，乔恩放弃了将外祖父赶走的想法，因为他知道这个七十多岁的老人只是在贯彻祖先对拉玛莱拉人的首要指示：为有需要的人提供食物和住所。

近五十年前，当约瑟夫·博科向外祖母弗兰西斯卡求婚时，镇上的神父要求新人在结婚前必须拥有一套房子。但由于每一寸平地都已被人抢占，约瑟夫不得不创造一个新的空间。每个星期天，他都在松散的土崖底部堆放大石块，做成一堵六十英尺长的挡土墙，然后用土回填。一年的时间里，他在第一层的基础上又建了三层，为自己和他的准新娘创造了大约五百平方英尺的空间。他和弗朗西斯卡在上面搭了一个竹屋，用深色和浅色板条交替在墙上设计了鲸鱼图案。他们有一个儿子和两个女儿，最大的女儿就是乔恩的母亲。最终，在20世纪80年代末，他们用砖和混凝土翻新了房子，而乔恩就是在新房子中出生的。

乔恩十几岁时曾劝说约瑟夫·博科退休，担心人们会说他不能靠自己的力量养家糊口。但现在，在他挖苦约瑟夫·博科的视力后，他忍住了，没有叫外祖父退休，因为他看到他的外祖父正试图减轻自己不得不被人照顾的耻辱感。这个沉默寡言的捕猎者曾经以教官般的威严统治着他的家庭，就像他在海上指挥船员们一样。在他年老的时候，他变得健谈起来。他们工作时，他喋喋不休，仿佛在自言自语，尽管他知道乔恩在听。令乔恩惊讶的是，他的外祖父为他年轻时的粗鲁行为道歉了。他承认，他不该阻止露西亚与乔恩父亲结婚。他很后悔批评他的儿子（即乔恩叔叔）航海技术不稳定，后来乔恩叔叔逃到古邦，死前再也没有见过自己的父亲。有很多事情在当时看来是祖先想要的结果，但现在他认为都是错的。能养育伊卡和乔恩长大，他十分感激。他在其中发现了一种近乎神圣的恩典，仿佛上帝在特别关照他的外孙，给他们提供了比父辈更好的条件。他多么希望自己能做更多的事情，而不是每次都只能把家里的手工碎片给乔恩。然而，他安慰自己，他已经建造了新房子所处的土地。他将永远是他们的后盾。

外祖父在说这些话的时候，乔恩从未回答过他，因为他不知道该如何回应老人评估他的生活所引发的原始情感。他从在莱沃勒巴的工作经历中了解到，无论他的家人令他多么难过，他都会在离开的那一刻拼命想念他们。那个时候，他的外祖父母会叫伊卡给他打电话，流着泪问他的归期，尽管他们三个人几乎很少能进行文明的对话。他觉得自己被这样的矛盾困住了，如果他留在拉玛莱拉，他会与伊卡和外祖父母争吵，但如果他去雅加达，他会非常想念他们。最重要的是，他明白，鉴于外祖父母的健康状况越来越差，离开就意味着与他们永远告别。外祖母弗兰西斯卡的情况甚至比约瑟夫·博科还要糟糕，尽管赤道天气炎热，但她还是整天用纱笼把自己裹了一层又一层，因疟疾而浑身发冷发抖，偶尔还会出现幻觉。

乔恩为他们储备食物的计划并没有成功。人们仍然没有看到一头鲸鱼。由于捕猎季期间，捕鲸和使用刺网捕鱼的收获非常不如意，所以人们很早就开始用漂流网捕鱼了。乔恩和许多其他拉玛莱拉人在8月打破了暂停捕鱼的规定，比这一规定正式结束的时间早了一个多月。仿佛是对他们的惩罚，祖先并没有赐予他们满满的渔获量，乔恩只能更加努力：在夜间进行漂流网捕鱼，在早晨屠宰微薄的猎物，然后把萨雷斯的那份交给他的姐妹，之后顾不上清理黏在身上的血和鳞片，短暂地睡上一觉，然后在整个下午为房子做更多的砖，最后驾驶着VJO走向夕阳，重复这一切。他的腰部一直在痛。

他试着不要过多地纠结于未来。坚持不懈地关注当下是他多年来学到的一种应对机制。如果他过多担心当晚需要捕多少鱼，或者距离去雅加达还有多少天，他的精力就会被耗尽。现在思考是没有用的，他像念咒语一样反复对自己说，只需要工作。他一反常态地低调，不再盛气凌人，似乎终于放弃了证明自己是一个真正的拉玛莱拉人而不是一个山里人。他第一次愿意承认，他在那年早些时候力争成为鱼叉手，是违背了礼节。然而，他的怒火却越烧越旺。他与其他年轻人打了两次架，并开始在电话中与霍尼进行长时间的争吵。长老们在背后嘲笑他说，他在捕猎季初期做出的承诺正在丧失。然而，无论他私底下究竟做何感受，乔恩公开表示，他不在乎自己不再使用鱼叉捕猎了。

尽管乔恩不断威胁要把VJO的鱼叉放进仓库，但他从未真的这样做。即使一个鱼叉头被偷了，它的空绳圈被扔在甲板上，就像嘲弄一样，乔恩也没有把鱼叉存放起来。相反，他把鱼叉头放在船头的绳索堆上，像罗盘上的箭头，指向大海，随时准备下水。而一旦重新开始使用漂流网，他总是用一只手遮住眼睛，一边掌舵一边观察海平线，等待运气变好。

在接近8月底的一个清晨，拉玛莱拉人终于喊出了：Baleo！Baleo！这是大约五个月以来第一次听到捕鲸号召声。载着漂流网的乔森被摇摇晃晃地拖出来后，船队沿着海崖追逐一群鲸鱼，妇女们则在高处观望。一头数吨重的鲸鱼在受到攻击时，跳出水面，然后猛地往下砸，引发了一场小型海啸，把捕鲸者击退。由于一些年长和经验丰富的鱼叉手最近退休了，几条捕鲸船由新的鱼叉手领导，他们不顾一切地指挥船员们，以至船只总是不经意地相互碰撞。结果，船队只成功击中了一头年轻的抹香鲸，其余的在捕鲸者设立的警戒线下潜行而逃脱。但经过这么多个月的失望后，捕鲸者很高兴至少得到了祖先的一点祝福。

乔恩和德摩沙邦号一起捕猎，但布里科洛隆氏族并不在叉中鲸鱼的四个氏族之列，这意味着他与伊格内修斯和本一样，都失望地空手而归。（因为部落首领和拖拽乔森的船主之间有纠纷，哈里奥纳氏族的波利沙邦号没有在那一年出海。）弗兰斯和凯纳普卡号的船员们也同样不走运。因此，当鲸鱼被宰杀时，四个人都不得不在一旁等待，看他们能否得到一点馈赠的份额。

也许是因为捕猎季收获寥寥，人们普遍抱怨鱼肉分配不公，个人鱼肉份额和馈赠鱼肉份额悄然变化。许多长者指责乔森。虽然像捕鲸船一样以公司形式运营，但乔森一般不属于整个部落。与捕鲸船不同，乔森的鱼肉不需要分给别人，只属于船上的五六个人，他们足够富裕，可以集中资金购买一个几千美元的舷外发动机。21世纪初，由于乔森逐渐取代了捕鲸船，那些完全依靠捕鲸船馈赠鱼肉份额的家庭受到了影响。即使部落捕到了鲸鱼，可供分配的鱼肉也变少了，因为拖着叉中鲸鱼的捕鲸船的乔森会要求分得两份鱼肉，作为拖船和汽油的补偿。

最终，最贫穷的拉玛莱拉人因福利减少而受到最大伤害。8月的那个下午，许多收到鱼肉份额的家庭会被带着一盘玉米粒或炸面团的老妇人靠近。这是交换份额，妇女们用象征性的供品换取一份鱼肉。这是一种不平等的交换，实际上是做慈善。以往，只有少数妇女迫不得已交换份额，但近年来，这种做法越来越普遍，因为许多曾经依靠鱼肉份额的人不再觉得它可靠。而且每个人的储藏室都空荡荡的，需要鱼肉，没有人知道他们是否会幸运地收到馈赠的鱼肉份额。

然而，乔恩很幸运地收到了二表哥送来的鲸鱼肉礼物拼盘，包括鲸鱼排和内脏，他与伊卡和外祖父母分享。虽然没有人道歉，但他现在又和他们一起吃饭了。他坚称这是因为叫别人给他做饭是不现实的，尽管实际上他只是想念家人了。他把外祖父母的鱼排切成小块，方便他们咀嚼，但他却是整块一起吃进去的，咬破贯穿烤肉的血管，那味道就像腌渍多年的牛肉，中间他曾停下来说，祖先肯定会给他们提供更多的猎物。

第二天黎明，“大地之主”锯开了鲸鱼的头，前一天，这头鲸鱼还完好无损，今天身上的肉就被全部剥离，只剩脊柱。伊卡和部落里的其他妇女一起在鲸鱼后方排队。一种带有杏仁香味的黄色液体从鲸脂的穿孔处涌出，伊卡装了满满一桶。19世纪时，就是这种精油吸引了长年累月环游世界的欧美捕鲸者，因为燃烧这种精油时无烟，光线又很稳定，是电力发明之前最好的照明方式。拉玛莱拉人仍然使用其照明，不过更多时候用来烹饪和制药。在鲸鱼的头部被抽干，鲸脂和肉被凿掉后，乌戎人将裸露的头骨和其他残骸一起堆放在海滩的尽头，从而召唤更多祖先的礼物。

但在击中另一头小鲸鱼后，船队接下来的两次捕鲸行动都以失败告终，鲸鱼甚至在拉玛莱拉人有机会攻击之前就消失了。捕鲸者们眯着眼睛用双筒望远镜观察海平线，直到旱季结束，他们的好运也同时结束了。该部落今年总共只捕了六头鲸鱼。

乔恩前几个月的生活感觉像是一个循环，但突然间，时间螺旋似乎被敲成了一条线，几乎每个月都会发生前所未有的事情。渔业部统计了部落的所有船只和捕鲸者数量，很快，捕鲸船就和长线渔船一起被列入了国家数据库。乌兰多尼港口的码头终于完工，但努阿莱拉人和卢基人之间的冲突仍未解决，这意味着客运站还没建好，要到明年才能投入使用了。同时，为了利用山上新铺的沥青路面，弗兰斯的一个被称为拉玛莱拉守财奴的老亲戚进口了一辆装有空调的十五座三菱面包车，与公共汽车抢生意。他付钱给一位萨满，让他砍下一只公鸡的头，并用鸡血涂抹白色的车身，给他的“公路版捕鲸船”洗礼。

潮湿的西风吹来，季风期要开始了，乔恩终于可以前往雅加达了。他已经储存了足够多的飞鱼，在他汇出部分工资给家人之前，他们也不会挨饿。然而，当萨雷斯的哥哥打电话来时，乔恩要求再给他一点时间，为他的家人建好房子再走。虽然东面的墙还没有完全建好，但房子的其余部分已经颇具雏形。但乔恩建房时已经不再像以前那样狂热了。他很早就拿引导线来当晾衣绳了。有时，他看起来甚至根本不打算建好这座房子，只是在四处游荡，拖延时间。

最近的一些事态发展表明，他应该留在家里。他还没有和家人谈论去雅加达的计划，但当他告诉霍尼时，她哭了起来，威胁要终止婚约。起初，他以为她是害怕他在雅加达找新女友，他很失望，因为最近事情进展顺利，他希望她不要再质疑他的忠诚度。但当他重申他对她的爱永恒不朽时，霍尼的回答让他惊讶，她说想到他在拉姆巴塔岛，并想到自己未来可以和他重聚，她的思乡之情就会减轻。一方面，他认为这有点傻，因为无论他是在拉玛莱拉还是在雅加达，他们都是异地恋。另一方面，他也很感动，因为在她心里，乔恩就代表着家。两人的争吵甚至促使霍尼萌发了解除合同、提前一年回家的念头。这是他留在拉玛莱拉的另一个动力。

与此同时，阿洛的母亲在一个早晨出现，告诉乔恩，伊卡怀孕了。由于害怕乔恩生气，阿洛和伊卡一直不敢亲自告诉他。乔恩对伊卡步母亲的后尘感到失望，他也对阿洛做了这种事而生气。但他们是他最好的两个朋友，而且他看得出来他们彼此相爱。无论他是否同意，孩子都会出生的。他要求他们在他和霍尼结婚之后才能举行婚礼。他们同意后，乔恩将不再就怀孕这事责怪他们。事实上，即将降临人世的宝宝拉近了所有人的距离。乔恩开始期待有一个侄女，并且他和阿洛因为一起分担劳动，比如帮伊卡从井里打水，而进一步加深了关系。

更重要的是，随着他的外祖父母不断衰老，在他妹妹卧床待产期间，这个家庭显然需要额外的支持。虽然他今年没有成为鱼叉手，但下一个捕猎季总是可以再次尝试的。然而，他之所以犹豫不决，更重要的原因是拉玛莱拉人是他的族人。在这里，部落成员互惠互利，这意味着他从不缺乏帮助，无论是需要免费的食物还是需要捕鱼伙伴，族人都会伸出援手。他听说，雅加达人冷酷无情。他甚至不确定祖先是否能够在城市里照看他。没有了祖先之道的指导，他怎么知道在城市该如何生活呢？

然而，外部世界的物质优势是不可否认的。很快，他需要当机立断，确定自己究竟想过哪种生活。

科学研究显示，传统社会的人在许多方面比工业化国家的公民更能感到充实，但乔恩不需要研读论文，凭直觉就能感受到这一点。因为传统社会更加平等和包容，每个人都在群体生活中发挥作用，他们的成员更少提到自己感到孤独或抑郁，或患有创伤后应激障碍等基于社会的心理健康疾病。狩猎采集者的工作时间也比现代的每周四十小时工作制少得多，具体取决于采集者的生活方式、季节和其他考虑因素，因纽特人的作息时间就和卡拉哈里布须曼人的作息时间截然不同。一般来说，狩猎采集者每周工作约二十小时，不过也有明显的例外，比如伊卡几乎一直在劳动。工作之余，狩猎采集者的时间投入艺术、休闲、社交，特别是宗教活动中，这种平衡佐证了人类学家的观察，即狩猎采集者的精神生活比现代公民丰富得多。

尽管如此，工业社会也有明显的优势，它吸引了无数传统社会的成员加入其中。即使是西方国家的贫穷公民也能享受到狩猎采集者无法想象的便利设施，如空调、超市等。有了发动机、链锯、电话等工具，一个人就可以完成曾经需要大量人力才能完成的工作。国家社会也比传统社会安全得多，因为在没有警察部队的情况下，传统社会的每个人都必须自己伸张正义，这就会引发卢基人和努阿莱拉人之间关于乌兰多尼港的冲突等事件。与传统社会相比，现代社会的妇女等少数群体往往享有更多的自由。也许最重要的是，尽管狩猎采集者的健康状况和体能更好，但他们的婴儿死亡率却比工业化国家的高出许多倍。而且在老年时，他们的衰老速度比西方公民更快，后者的平均寿命要比前者长十年。哪种生活方式能吸引更多的追随者，并将在未来占据主导地位，传统或现代社会的人都无法抵挡这个趋势。

当第一场雨开始时，乔恩一直在比较两种生活方式的优点。有时他会盯着手机里萨雷斯哥哥的号码看上好几分钟。

不久后，在一个天还未亮的早晨，一辆黄色的自卸卡车在从莱沃勒巴到拉玛莱拉的火山上颠簸着，它的车床上焊接了一个冷藏箱。黎明破晓之际，一对留着辫子的男人从堆在沙滩上的鳐鱼旁走过，没有多看鳐鱼一眼，他们都是萨雷斯的雇员。但当他们看到一对小金枪鱼时，他们递上了列出本周价格的层压纸。渔民们抱怨说他们应该得到更高的报酬，但他们接受了两张五万印尼卢比的蓝色钞票，约合十美元。

第二天晚上，在从其他农村部落拿完鱼后，这辆黄色的自卸卡车轰隆隆地穿过一个简陋的村子，来到萨雷斯的冷冻工厂。这家工厂有一百米那么长，它的巨大排风扇和外部金属通风管看起来很有未来感。尽管时间已晚，但在仓库外，建筑工人还是在赶着建第二家这样的工厂，旋转锯劈开钢筋时喷出了火花。当自卸卡车驶入收货区时，几十名穿着牛仔裤和工装的工人从宿舍里冲出来迎接它。

当这些戴着面具的工人将三条巨大的剑鱼从一个铁皮槽中滑落到工厂的中心地带时，一名身穿紫色蜡染衬衫和高档皮革凉鞋的雅加达监督员惊恐地问萨雷斯："拉玛莱拉人就这样把剑鱼都晒干？"萨雷斯证实了这一点。他们都使用了英文单词"Swordfish（剑鱼）"，因为他们用英文名称呼所有的出口鱼。他们知道这些鱼每条都价值几千美元，并开始猜测他们能从这些鱼身上赚到多少钱。很快，萨雷斯就计划租一架飞机，将这样的优质品种从拉姆巴塔岛送到雅加达的国际机场，这样它们就可以在二十四小时内出现在东京或纽约的盘子里。一旦工厂完全投入使用，他预计每月将加工超过一百二十吨的鱼。

现在，拉玛莱拉和全球市场之间的最后一环已经通过萨雷斯连接在一起。乔恩在盘算着如何逃离他的部落去外部世界的时候，其实外部世界已经朝着他飞奔而来。

第三部分

2016年

第十二章
新凯纳普卡号

2016年4月

弗兰斯—贝纳

4月的一个星期天，弗兰斯坐在他的前廊上修补漂流网，同时竖起耳朵听汽车靠近时的隆隆声，以及蝗虫的鸣叫声，雨季里仍然有成群结队的蝗虫。他的妻子玛丽亚用一把稻草扫帚在他们的院子边扫来扫去，其实只是为了在路边徘徊。偶尔，她会弯下腰去拔一截草。对拉玛莱拉人来说，郁郁葱葱的草坪不是一种体面的标志，光秃秃的土地才是，证明他们披荆斩棘，开辟了文明的道路。丛林在季风的吹拂下变得更加茂盛。弗兰斯咕哝着让玛丽亚不要太辛苦。2月，在去市场的路上，她从摩托车上摔下来，头部严重受伤。弗兰斯自己的伤势使他的医治能力大打折扣。他们在莱沃勒巴医院住了将近一个星期。虽然她已经基本康复了，但他还是不断地担心着她。弗兰斯预感到他五十多岁时受的伤很快就会变成终身残疾，这个曾经洒圣水治疗自己被鲸鱼打骨折的手臂并立即返回工作岗位的人，几乎成了一个疑病症患者。

一声雾号的喇叭声在山下回荡。他刚刚大学毕业的女儿已经到了。自她上次回家之后，他和玛丽亚已经一年多没有见到她了。他希望她的归来和即将到来的捕猎季能带来新的开始，因为悲剧已经束缚了米库兰古·贝迪奥纳氏族，也就是弗兰斯的氏族分支。上一个捕猎季结束时，他们的捕鲸船被毁。这一损失巨大，只有他最宠爱的孩子搬回家带来的幸福才能弥补这一损失。玛丽亚兴高采烈地笑着，沿着小巷跑到路上。但弗兰斯仍然坐在砖砌的门廊上，这个位置看不到汽车停靠的地方，他皱着眉头听着那些赞叹的问候声。然后，他实在是忍不住想看一眼女儿，就站起来，靠在门廊上，以便能够看到聚集的人群。那是他的小天使贝纳，被玛丽亚和七名氏族成员簇拥着，大家争先恐后地搬着用绳子绑着的纸板箱。他的脸上露出了笑容。在他们看到他之前，他匆忙回到自己的座位上，重新装出一副严肃的样子。

贝纳冲上台阶，用额头去碰弗兰斯的右手。他点了点头，阴沉的嘴角抽动着，露出了笑容。贝纳在十多年前就离开了家。因为村里当时还没有建起高中，且她的父母无力支付莱沃勒巴高中的学费，所以问她是想读完中学就算了，还是接受一位叔叔的提议，和他一起住在遥远的新当市，用他的钱完成学业。她含泪告别父母，承诺会搬回来，因为即使才十二岁，她也知道作为最小的孩子，她有责任给父母养老。她在外学习的时间比预期长了五年，因为叔叔为她争取到了大学奖学金，让她读师范专业。现在，尽管她获得了学位，但她仍在履行她童年时的承诺。

“欢迎回家，我的孩子！”弗兰斯用正式的拉玛莱拉语说道，“欢迎回家！”

聚会上，当其他成员在长椅坐下时，已经二十出头的贝纳却扑通一声坐到了父亲的腿上。在拉玛莱拉，这种行为并不罕见，因为即使是成年的孩子，在父母面前也会表现得像小孩一样。当大家问起贝纳在新当的生活时，她高兴地谈论着网吧、社交媒体和比萨，弗兰斯则沉默不语，用炯炯有神的眼睛审视着她。同时，玛丽亚的手一直放在女儿的大腿上。除了每隔几年回来待上一两周，他们已经大约十年没有见过女儿了。

弗兰斯觉得他一直很了解他的女儿，然而很明显，她已经不是以前的那个她了。一直待在室内的贝纳丰满白皙，粉底使她的皮肤更白。她穿着紧身牛仔裤和黑白条纹上衣，戴着米老鼠耳钉，涂了粉色的指甲油。她看起来像其他拉玛莱拉人后来说的那样——“很洋气”。

傍晚时分，弗兰斯送走了客人，并提醒贝纳，她已经回家了，需要点燃蜡烛。他们爬上了拉玛莱拉高原地区的教堂墓地。特蕾西娅去世近三年，伊格内修斯仍然经常去那里，为他的妻子点燃蜡烛。贝纳跪在祖先的坟墓旁，点燃了三根蜡烛。印尼语中用来描述她所做的事情是“配对”：火与骨、生与死、现在和过去配对。在回家的路上，弗兰斯带他们驶离主路，来到海滩上。由于船棚没有灯，贝纳只能看到氏族的新捕鲸船的轮廓。新鲜油漆的化学气味和令人舒心的木屑味弥漫在空气中。弗兰斯整个雨季都在重建这条船。贝纳试探性地把手放在船头，仿佛它是一只巨大的、跳跃的动物，他们进行了祷告。

在吃过炸飞鱼、红米饭，喝完辣木叶汤后，贝纳躲进了她的旧房间，关上了门。她打开行李箱，里面装了几双高跟鞋，包括带蕾丝边的粉色高跟鞋，化妆包和Hello Kitty手提包，带有三个扬声器的音响以及一台笔记本电脑。很快，她就说着带有新当口音的印尼语，在手机上和朋友聊个不停。电话一结束，凯蒂·佩里的《上个星期五晚上》就从她的音响中响起，壁虎们纷纷逃向砖缝里。虽然不理解歌词，贝纳还是唱起了这首美国的派对主题曲，展现了在新当天主教唱诗班训练过的嗓音：“是模糊的一个黑块，但我肯定上个星期五晚上一定是美妙的一晚！”

在这个寂静的村子里，每个人都能听到她的声音。若是从前，弗兰斯会很生气，但现在他躺在玛丽亚身边，两人都听着女儿唱歌。虽然他相信遵循祖先之道应该足以让任何拉玛莱拉人感到幸福，但他私下担心，有了海外经历，贝纳可能会对部落生活感到不满。他知道，虽然她不会抱怨回家照顾父母这件事，但她牺牲了在新当的美好未来。她拥有稀缺的高学历，找到了在小学教书的工作，不会缺钱。但她能在村里找到她需要的一切吗？

如果弗兰斯或其他人问她，贝纳就坚定地说，她很高兴能回家：家庭和传统是第一位的。但几个星期过去了，他仔细观察了她，可以看出拉玛莱拉的生活比她记忆中的要更加艰苦。她抠着额头上冒出的粉刺，并试图用化妆品来遮盖。由于已经习惯了吹空调，她不断地出汗。曾经爬火山很轻松，现在却让她筋疲力尽。虽然她喜欢和以前的朋友们一起玩耍，但这些年轻妇女现在的身份首先是母亲，不能长时间陪她。即使是少数还没有孩子的人，比如伊卡（虽然她已经怀孕了），也有很多家务事要做，没办法陪她玩。还有一个显而易见的问题，受过教育的单身男士少之又少，令人担忧。弗兰斯想知道：贝纳难道会愿意和一名鱼叉手在一起吗？大多数晚上，吃完晚餐后，贝纳会回到自己的房间，发短信、打电话和刷脸谱网，话费很快就用完了，每隔几天她就会恳求国外的亲戚和朋友帮她充话费。

二十多年前，魔鬼鲸鱼使凯纳普卡号报废后，弗兰斯在漂流时看着平平无奇的大海，迷失了方向。弗兰斯抬头看到云层散开，南十字星显现，这是拉玛莱拉人回家的向导，于是他朝那个方向驶去。弗兰斯祈求能够活下去，这样他就能看到贝纳长大成人。现在他确信，祖先和上帝保护了他，让他为贝纳和她那代人的未来做好准备。在他成年后的大部分时间里，他一直领导部落与现代世界周旋，协助谈判使乔森可以合法拖拽捕鲸船，并一再安抚乌戎人。他决心确保像贝纳这样的人能融入部落生活。但他知道怎样才能让一个城市女孩幸福吗？祖先之道能否为一个现代女性带来有意义的生活？即使在他努力向前迈进的时候，过去的阴影也在笼罩着他，特别是当他按照祖先的要求重建凯纳普卡号时，遇到了不少问题。现在，当他亲身面临着融合传统与现代的挑战时，他不禁担心，他长期宣称的两者可以共存的信念可能是错误的。

上一条凯纳普卡号最后一次出海是在2015年，当时的狂风巨浪使船队无法追赶繁殖期的鲸鱼群。捕鲸船回到岸边时，潮水已经退到低位，涨势加剧。通常被水覆盖的岩石和东部岬角之间的石化熔岩滑道此刻暴露无遗。由于没有其他途径可以进入位于海滩另一侧的船棚，而且留在海上太危险了，每条船都在排队，等待可以直接将它们冲到沙地上的巨浪。错过捕鲸召唤声的弗兰斯在岸上看着捕鲸船一条接一条地冲上滑道，然后船员们跃出，将船推到安全地带。

最后，只剩下凯纳普卡号了。我们不可能知道，如果弗兰斯是船长，他是否能够成功引导船进入滑道，但岸上的他立刻就能看出，凯纳普卡号的船员们失算了。海浪在海滩前落下，将捕鲸船狠狠地摔在岩石上，木材的破裂声在海湾中回荡。船员们跳了出来，试图将船推向陆地，但他们的脚在湿滑的海藻上挣扎着。他们只有几秒的时间，马上下一轮波浪就会朝他们涌来。弗兰斯无助地看着海水涌入滑道，船员们争先恐后地逃离汹涌的海水。奥特是唯一留在船上的人。他蹲在竹制平台上，试图用鱼叉轴撑起船，但又一波海浪涌过他的头顶，他跪在地上，紧紧抓住平台。水流使捕鲸船沿着黏土层刮擦，木材破裂，然后又把它撞向三块巨石。而大海仍未平息。反冲力将凯纳普卡号再次拖入滑道，就在这时，一波更大的浪头涌了上来。捕鲸船再次被抛向岩石，然后又被拉回危险区。到了第三波海浪袭来时，水不再沿着船边流下，而是直接穿破了船。

在海浪每次涌起之间的平静期，海滩上的每个人都急忙把船拖到安全地带，只有弗兰斯呆呆地站在岸边。当他检查海滩上破碎的捕鲸船时，他感到自己的心似乎也遭到了同样的蹂躏。船的龙骨被劈开，木板被剥落，留下一个比他张开的手臂还宽的洞。伊格内修斯确认这些裂痕无法修补。对弗兰斯和他的族人来说，这就像他们眼睁睁地看着一个家庭成员死亡。捕鲸船的一员、和乔恩一起使用漂流网捕鱼的朋友安索好几周都在深夜里哭泣，辗转难眠。

弗兰斯没有像西方人所说的那样忘掉过去、继续前行，而是试图再现过去。他打捞了所有能打捞到的木板，用防水布包裹起来，放在曾经停放船只的滑道上。他将无法保存的木板堆放在以前的凯纳普卡号腐烂的木头上，这些木头躺在船棚的后面，就像祖先坟墓中的骨架一样，大约每一代人都会重建一条捕鲸船。12月，弗兰斯与他的族人在阿塔代半岛上航行，花了三天时间，在那片偏远海岸的原始丛林中砍伐了十三棵树。他选择了防水的缅甸红木作为船体下部的材料，砍伐了更柔软的木棉树干作为船体上部的材料。他找遍了几十棵黄荆树，终于找到了一棵已经弯成龙骨形状的树。一月至二月，雨水从船棚的茅草顶上滴落，弗兰斯监督着新凯纳普卡号的建造，这条新船完全以凯巴科普卡号为蓝图建造。凯巴科普卡号是该部落最初的捕鲸船，其他所有捕鲸船也都是以它为基础建造的。

这也许是这年弗兰斯作为氏族领袖和造船匠最重要的工作。船棚的椽子上用木炭画着上次重建凯纳普卡号的日期——“1989”。那条船是1994年与魔鬼鲸鱼的战斗中唯一幸存的船，当时，弗兰斯曾向一位高级造船师学习如何修复它损坏的船体，二十二年后的今天，他的所学派上了用场。村里上次建造新的捕鲸船已经是七年前了，从来没有观摩过造船过程的孩子们都看得入了迷。长者们则过来帮忙，享受这种古老的技艺。

弗兰斯和他的族人不是用链锯或其他现代工具，而是和祖先一样用锛子来雕刻船体的三十二块木板，准备好船的所有部件。一周又一周过去了，他们把船身的木板卡在龙骨上，船体的两端雕刻成可以搭接的钩子，这样木材就可以更加紧凑地拼在一起。在整个过程中，弗兰斯非常严格，确保工人遵循祖先之道。如果他发现一块木板的形状哪怕有一个微小的瑕疵，他都会命令重做。造船时没有使用一颗钉子，因为祖先没有使用它们，建筑材料完全来自丛林。弗兰斯唯一同意使用的现代工具是电钻，因为它们能钻出更完美的孔，而且比祖先使用的锤子和锥壳钻孔快很多倍。

最后，为了压紧所有的部件，大家用藤绳将船包裹起来，然后把绳索缠在木条上，持续好几天敲打连接处，直到它们融为一体。这种捆绑的方法是青铜时代在亚洲和欧洲发展起来的。但到了欧洲殖民扩张的时候，这种方法很大程度上已经被淘汰了。拉玛莱拉人是如今已知的最后一个大规模使用这种方法的民族。为了确保这一传统得以延续，弗兰斯格外重视对安索的指导。有人说，三十五岁的安索正在被培养成下一任氏族领袖和造船匠。几十年后，若弗兰斯不在了，将由安索来负责重造捕鲸船。

弗兰斯不仅规范成员造船时的做法，监督他们参加纪念祖先的仪式，还努力解决氏族中的人际纠纷，因为拉玛莱拉人相信任何分歧都会干扰新船的孕育。建造新的凯纳普卡号不仅仅是一种体力锻炼，更是一种精神享受，就像孩子的出生一样神圣。旧的凯纳普卡号被摧毁后，弗兰斯把一些被打碎的木板运到了“灵魂之家”，并举行了萨满仪式，在新的船体建成之前，让旧船的灵魂在那里休养生息。船在建造过程中会慢慢获得人类的特征：船头两边钻了一些孔，代表它的耳朵；船头支柱的中央凿出一个凹槽，代表嘴；眼睛被画在船头破浪处；船棚就像子宫，孕育着一个新的生命。

随着台风减弱为小雨，捕猎季越来越近，弗兰斯从“灵魂之家”取走旧凯纳普卡号的木板，搬到新船那里，寓意将旧船的灵魂转移到新船体上。他在造新船时就已经用了旧船几块未破损的木板，以便灵魂找到熟悉的感觉。但这条新船还没有做好面世的准备。就在捕猎季开始之前，族人将举行一个全村性的节日活动，在活动结束时，新船将会顺着原木制成的“产道”滑入萨武海。尽管重生在即，弗兰斯却从不称这条捕鲸船为“新”船。对他来说，它不是新船，而是其前身的转世。更重要的是，它体现了他与过去的盟约。如果他被迫在其他方面向现代变革低头，那么捕鲸船则证明，在这个动荡的时代，有些东西永远不会改变。

最近，贝迪奥纳的年轻人恳求弗兰斯建造一条乔森，这样他们就可以用漂流网捕鱼了。因为弗兰斯的坚持，米库兰古·贝迪奥纳氏族是没有摩托艇的少数几个氏族之一。见识到漂流网捕鱼的优势，弗兰斯最终妥协了，他们在建造新捕鲸船的同时建造了一条乔森，使用了他在制作圣船时禁止使用的螺丝和链锯。新乔森完成后，贝迪奥纳氏族面临着一个新的挑战：把它放在何处。在海滩的另一边，捕鲸者们开玩笑说现在面临着“乔森僵局”，因为该部落现在拥有三十五条乔森，而且几乎没有任何空间可以停放新船，这导致了像哈里奥纳人和努德克人之间那样的空间纠纷。为了加宽船棚以容纳新船，贝迪奥纳人花了一周时间重新安置支柱和重新堆砌岩石挡墙，非常辛苦。即使如此，空间还是太窄了，无法并排停放捕鲸船和乔森。鉴于乔森的使用频率远远高于捕鲸船，弗兰斯被迫做出一个艰难但实际的决定，他知道这个决定意味着什么：凯纳普卡号被安排摆放在后面，乔森则停在前面。

在捕猎季开始几天前的一个午夜，弗兰斯被家旁边的水管里传来的水声惊醒：山区部落意外地打开了山上的蓄水池，为拉玛莱拉的公共水龙头注入了难得的液体。这些水龙头原先几乎都是干的，村民们不得不到遥远的水井打水，很不方便。尽管在短短几个小时后，他就必须主持纪念新凯纳普卡号完工的活动，但他也有照顾家人的责任，因此弗兰斯带着一打塑料罐到外面。由于水压很低，水滴以极慢的速度滴入他的容器中，要到早上才能装满所有的容器。不久，玛丽亚来了，坐在他旁边的一块石头上，她的肩膀上围着一条纱笼。她这是在无声地提议，让她来装水，这样他就可以休息好再参加仪式了。

“去睡吧。”他说。

“我会的，一会儿就去。”

五分钟后，他重复道：“去睡觉。”

“马上。”她回答。

一直到将近五点，他们才把十二个罐子全部装完。满月的光辉逐渐消逝，他们没有说话或触碰彼此，但他们却散发出夫妻间来之不易的满足感，他们从对方那里得到了一切，只求能有更多共处的时光。

弗兰斯穿上他最好的纱笼，于黎明前的黑暗中在前廊里踱步。他不停地竖起耳朵听着聚集在海滩上的族人的交谈声，但只听到公鸡的尖叫。他叫刚刚醒来的贝纳去取一桶海水时，天色已经渐白。她冲他笑了笑，表示理解父亲不想在族人面前显得太急切，然后代表他大步走到海滩上。几分钟后，一声尖叫在巷子里回荡，接着是赤脚奔跑的声音。贝纳冲进院子，浑身湿漉漉的，后面跟着一个头上顶着水桶笑嘻嘻的年轻人。当那个年轻人看到怒发冲冠的弗兰斯时，他愣住了，水从桶沿洒到他身上。他的表情一半得意一半惊恐，然后飞奔离开。

以往，拉玛莱拉高原地区和拉玛莱拉低地地区的年轻人会通过一场混战来启动捕鲸船节日仪式，以激发捕鲸船的勇气，但教会已经禁止了这种暴力行为。如今，斗殴已被打水仗所取代：任何来自东道主部落的人都是目标，特别是其年轻女性，男人们将水浇在她们身上，以示对她们的喜爱。贝纳把水从她卷曲的头发上拧下来，噘着嘴表示弗兰斯的成员在海滩上等着他。不过，当她走进屋里，离开她父亲的视线时，她满脸笑容。

贝纳换好衣服后，弗兰斯带着她来到海滩，米库兰古·贝迪奥纳氏族的人像保镖一样围着凯纳普卡号。人们用虎纹字母将船的名字涂在船头，熠熠生辉。弗兰斯用圣水祝福了这条船，然后男人们用滚木将其拖到海滩上。很快乌戎人就到了。由于马西亚努斯外出捕鱼一个月，这次是他的儿子带来一头用藤蔓捆绑的小猪。这就是“鲸鱼猪”，代表为纪念捕鲸船而捕获的抹香鲸。弗兰斯批准了这一祭品后，“大地之主”立马在它的心脏上划了一刀，然后用燃烧的棕榈树叶摩擦它的身体，烧掉毛发。接下来，包括伊格内修斯在内的十几个造船匠，将烧焦的猪切好分成几份，就像瓜分鲸鱼那样，然后把肉交给贝纳和贝迪奥纳的其他妇女去烤。弗兰斯从毁坏的捕鲸船里设法打捞出了破裂的涅菲板——最长也是最重要的木板，并将其铺设在原木上，做成了一张宴会桌。宴会结束后，弗兰斯向其他氏族的船员们宣布："我尽量遵循祖先的模式。若有任何错误，请予以纠正。"

努德克人的首领乔戈是第一个用凿子敲打新船的人。尽管他自己不是造船匠，但他是最早的造船匠少数还在世的后裔。然后，造船匠们围住了新船，有的爬上了船顶，有的在船下蠕动。伊格内修斯敲打着船身，把爪子一样的指甲伸进木板的缝隙里，测试其平整度。有几个造船匠甚至削了一块木板上的木片，这与其说是为了修补缺陷，不如说是为了维护他们对这条船的权利。

弗兰斯站在人群后面，双臂交叉，面色阴沉。伊格内修斯完成了他的检查，对弗兰斯笑了笑。其他造船匠也证明弗兰斯忠实地再现了原来的船，逐一对他郑重点头表示祝贺。但大家都知道，真正的评判来自抹香鲸。因为拉玛莱拉人相信，那些祖先的使者会袭击任何与原版船不同的地方。

纪念了过去，是时候庆祝一下未来了。贝迪奥纳的男男女女把一盆盆爆米花分给部落里所有的孩子。同时，男孩们舀起一桶桶海水，浇向贝迪奥纳的女孩们，女孩们笑得前仰后合。贝纳偷袭了她的远房叔叔——拉玛莱拉最下流的男人之一，十个孩子的父亲，就像她在向他求爱一样，在人群中引起了极大的欢呼，人们都笑翻了。弗兰斯假装没有看到一帮年轻人在偷袭他，当他们抓住他时，他只是象征性地反抗了一下。这些年轻人把他拖过岬角，不是把他

拉玛莱拉人把贝迪奥纳的族人扔进海里，庆祝新船的诞生。

扔进萨武海，而是和他一起倒在海里，在海浪中溅起了水花，并大声欢笑着。然后，这群人把贝迪奥纳的其他男性成员都同样扔进了海里。

在部落继续庆祝时，弗兰斯却坐到一旁，抽着烟，他浑身湿透，疲惫不堪。凯纳普卡号将带着新一代的贝迪奥纳捕鲸者出海。他可以骄傲地说，他的捕鲸船不会像几个船棚开外的另一条捕鲸船一样溅满鸡屎、沾上青苔。回顾他近六十年来的经历，弗兰斯可以指出那些导致那条捕鲸船年久失修、无人在意的变化是如何累积起来的，每一次变化似乎都不重要，但最终却改变了很多事情。他感叹，那些曾经看起来极为糟糕的转变现在看起来是不可避免的，即使不一定是好的，但至少也是可以接受的。因为不管乌戎人和其他顽固的保守派怎么说，拉玛莱拉一直在发生变化。祖先从邻近部落学会了锻造金属鱼叉头，取代用巴西木制作的鱼叉头，这不是变化是什么？甚至连博德神父都在莱拉乌兰的宗教中加入了天主教的元素，这也并非是一成不变的。

几个世纪以来，拉玛莱拉人的推理逻辑——“这是正确的，因为一直以来都是这样的”——其实是一种生存策略。在拉姆巴塔岛这样艰苦的环境中，社会变得保守，因为人们有强烈的动机不去改变已经成功的东西。即使是一个小错误也会导致人们失去重要的食物，让人们处境更加艰难，甚至饿死。弗兰斯儿时就经受了一场饥荒。生死就在一线间，所以每条捕鲸船的建造都要严格遵守原始捕鲸船的模型，容不得一点马虎。

但是，当一个静态的环境开始迅速转变时，保守主义对社会的优势就消失了：在这种情况下，生存的关键是适应而不是墨守成规。弗兰斯已经接受了无论怎么努力都无法使过去重现或冻结现在的事实。那么，唯一的选择就是要进化到什么程度。因为如果变化是不可避免的，他就想取其精华去其糟粕。这是有可能实现的：部落在2001年围绕批准使用乔森进行的谈判就是一个典范。海滩理事会这样的机构将使捕鲸者们可以继续协同，融合过去与未来。

弗兰斯已经认识到，只有拉玛莱拉人继续实践祖先之道，并与现代世界保持平衡时，祖先之道才能延续。正因如此，弗兰斯向安索和其他年轻的贝迪奥纳人传授了重建凯纳普卡号的一切知识，同时也同意了打造乔森。不过，最终，部落应该如何实现现代化很快就不受他的掌控了。要靠贝纳、安索这一代人来确保祖先之道尽可能地延续。

正因如此，新凯纳普卡号的完工引起了弗兰斯内心的不安。他已经履行了传承祖先之道这一主要责任。他并没有完全停止出海，但在接下来的日子里，他越来越多地留在岸上，声称他有氏族事务要处理。不过，有时他还是得照顾他的侄孙，一边摇晃着婴儿，一边吟诵希望起风或者鲸鱼投降的祷告词。这是唯一可以唱老歌的场合了。尽管孩子长大后会忘记他曾经听过这些歌，但祖先的音乐将在他的潜意识中永远回响。

在庆祝节日当天的深夜，当火星像琥珀一样在东方闪耀时，弗兰斯和贝纳回到了船棚。新凯纳普卡号上方的椽子挂着一个裸露的灯泡，一根电线蜿蜒伸进最近的房子里，因为拉玛莱拉人认为，新的捕鲸船就像小孩一样，可能会怕黑。新船第一次出海时，捕鲸者会寻找像蝠鲼这样的小猎物，因为船的“胃”还小，不能处理较大的食物，以后再慢慢升级为抹香鲸。弗兰斯赶走了在沙滩上嗅着宴会残羹剩饭的狗，他和女儿坐在黑暗的海滩上，看着潮水向他们涌来。贝纳手机的屏幕光照亮了两人的脸庞，弗兰斯静静地看着她给遍布印度尼西亚群岛的朋友们发短信，沉浸在一个对他来说陌生的世界里。

像许多其他年长的拉玛莱拉人一样，弗兰斯经常好奇现代化及现代工具是否已经改变了年轻人的生活。当然，他能感觉到它们对他本人的影响。年轻时，他把注意力集中在部落成员和祖先之道上，享受着精神和自然世界相统一的感觉，很少感到慌忙。但现在，他不断地担心未来，并感到他与自然和祖先的联系被削弱了。原先的生活很简单，只需养活自己和家人，但现在还要考虑纳税、摩托艇等大量事物。这实在是太繁杂了。同时，他可以看到，年轻人越来越受手机、电视和其他设备的影响。他认为，他们的大脑运作方式可能与他的不同。

贝纳最近也在思索她和父亲之间的鸿沟，因为回到童年的家之后，她很难判断究竟是自己变了还是拉玛莱拉变了。她怀念新当的超市、全天候的水电供应、电视和网络，以及在课堂上结识的朋友。村子炎热肮脏，让她感觉身体受到攻击，无比渴望以前的生活。

但随着时间的推移，她已经适应了。她再次习惯了干体力活，她的身体也逐渐适应了村里的压力。其他拉玛莱拉人能听懂她的城市俚语了，她那件印着动漫人物图案的衬衫也不再吸引人的目光。在市场上以物易物时，她记住了用拉玛莱拉计数单位而不是西方数学单位来计算。尽管找到了一份在小学教书的工作，她还是会全心全意地准备庆祝新船的节日，协助她的女性亲戚做数百道菜。她认为，她是可以同时过现代生活和传统生活的。最终，她会忘记自己曾经历过的两种生活之间的冲突。和大多数人一样，贝纳确信，她的生活方式是自然的。她本能地将过去和未来融入她的现在。

这些天，她无论走到哪里，都会散发出热情的气息。作为最受宠爱的小女儿，贝纳恃宠而骄，在玛丽亚做饭时，捏着她的脸颊，在父亲修补渔网时，坐在他的腿上。在新凯纳普卡号庆典上的传统力量竞赛中，她同样兴致勃勃地挑选了一只山羊奖励给获胜者。她在网上浏览不同颜色的指甲油，让一个表亲寄给她。她过得很自在。

潮水渐渐逼近，贝纳专注于玩手机，弗兰斯几乎敬畏地注视着她，仿佛除了看着女儿，他别无所求。然后贝纳抬头看了一眼星星，它们与新当上空的廉价亮片完全不同，就像一堆钻石被撒满了整个天空。她把头靠在父亲的肩上，请他像小时候那样讲讲祖先的星座故事。“那个是什么星座？”她问，“那一个呢？”

弗兰斯弯曲的手臂顺着天空划过，最后瞄准了南十字星。“那是指针。”他说。这是二十多年前他在追捕魔鬼鲸鱼失败后、在海上漂流时关注的星座，起初是为了让它引导他回家，回到家人和婴儿贝纳身边。然后，他确信自己肯定活不下去，他盯着南十字星看是为了知道家人在哪里，尽管可能离他很遥远。“那些，”他对他的女儿说，“是显示我们归属地的星星。”

弗兰斯讲述祖先的故事时，他的氏族成员躺在铺在沙地的竹席上，或围着一罐棕榈酒。月亮升起时，它的光像一束金色的聚光灯一样划过萨武海，可以看到贝纳正头枕着父亲的肚子睡觉。

午夜时分，族人被潮水的啸声惊醒。妇女们点燃了被鲸鱼油浸泡过的、用破布包裹着的一把把竹子，形成一条通往海洋的燃烧着的火巷。男人们用力抬着船，“嘿哟！嘿哟！”凯纳普卡号沿着原木轨道滑行，坡度非常陡峭，以至竹制平台倾斜，船尾上升，紧紧抓住船尾的弗兰斯被吊到空中。然后，捕鲸船顺畅地滑入萨武海，仿佛回到了家乡，完成了重生。

在拉玛莱拉人看来，这不是它的首次旅程，而是一次艰辛旅程的延续——从勒班巴丹岛到拉玛莱拉，再到古邦，然后返回。这是一次会持续到未来的旅程。弗兰斯举起祖先的麻布旗帜，然后和族人划着凯纳普卡号进入了黑暗。

第十三章

打败利维坦

2016年4月21日至2016年5月2日

乔恩—本—伊格内修斯

最后，乔恩没有离开拉玛莱拉，甚至没有去莱沃勒巴当建筑工。他飞快地完成了他的房子，在乌云密布之前拧下了最后一块金属屋顶材料，然后在狂风肆虐的几个月里用漂流网捕鱼。尽管雅加达很诱人，但他始终无法抛弃他的外祖父母和伊卡。在他即将离开的时候，部落生活中的一切美好事物——社区、传统，甚至是那令人抓狂的族人，都突然显得弥足珍贵，无法放弃。而今年似乎更容易实现成为鱼叉手的目标。为了激励乔恩留下来，萨雷斯打造了一条新的VJO，乔恩多年来一直在劝说他换新的，因为原来那条已经用了近十年了，它翘曲的木板上沾满了钉子的锈迹。但萨雷斯换新的VJO是出于双重考虑：一是为了安抚乔恩，这样他就不用再招一个人来替他监管拉玛莱拉这边的事务；二是为了测试一个理论。他认为，很快拉玛莱拉人将同时用鱼叉捕猎和漂流网捕鱼。他的新乔森非常适合这一情形。

新船“小VJO”的每个细节都是由萨雷斯详细规定的。它长二十英尺，宽四英尺，比原先的VJO短了三分之一，而且更窄，更符合流体力学，这意味着可以更高效地追逐海豚，并且消耗的汽油也更少。由于鳐鱼的数量减少，拉玛莱拉人已经开始关注海豚。萨雷斯为新船修改了一个关于乔恩的老笑话，称它“和船长一样短小却性感”。最让乔恩兴奋的是，由于体积小，新船只需要三个船员就可以操作。之前，仅仅由于缺少一个船员，他想成为一名鱼叉手的梦就破碎了，但为新船配齐船员更容易。

在捕猎季即将到来的两周前，乔恩、阿洛和另一位朋友科尼利厄斯·塔普纳（Cornelius Tapoonã），在太阳从地平线升起时启动了小VJO。阿洛启动了发动机，乔恩蹲在竹制平台上扫视大海，手放在眼睛上方遮住阳光。他终于有成为鱼叉手的机会了。他决定留下来后，就减少了酗酒和其他不当行为，又回到了以前不辞辛劳的工作方式。长老们已经注意到了这些改变，弗兰斯甚至对乔恩说，他很快就会赢得成为捕鲸船二级鱼叉手的机会。一些长老甚至开始用已婚男人的代词来称呼他，以示尊重。乔恩觉得他需要对得起这样的代词，但他也值得这样的称呼，他认为自己现在可以算是已婚了。因为他打算在今年的捕猎季结束时，穿越群岛，把霍尼带回家。雨季期间，他似乎变得更有威严。虽然他没有增重，但青春的轻盈仿佛已经凝固成了成年的负担。

当小VJO在光滑的海面划过时，它溅起了似乎是水滴的东西，但这些水滴实际上是小飞鱼，它们并非以弧线的方式落下，而是以直线的方式飞走。海天一色，浑然一体，让人有一种远处的火山漂浮在大气层中或被淹没在海洋中的错觉。离岸约两英里处，他们在海面上铺了一层白色的刺网。与此同时，三个人还在观察广袤的海域，寻找更大的猎物。

在萨雷斯改良小VJO之前，单人舢板和乔森之间有严格的界限，前者使用刺网捕鱼，后者则用鱼叉捕鱼。如果乘坐乔森进行刺网捕鱼，那很不划算，因为燃料昂贵，飞鱼的收益又比较有限。即使捕猎季期间没有禁止使用漂流网捕鱼，人们也会在晚上进行，因为晚上不可能用鱼叉捕鱼。但有了小VJO，乔恩可以在浮标上撒网，用鱼叉捕鱼，即使他没有捕到任何东西，也可以收网带着飞鱼回家。而任何可以用来做寿司的渔获物，不管是用鱼叉还是用网捕到的，都可以卖给萨雷斯的新工厂。

乔恩狂热地凝视着大海，仿佛在用意念召唤一条蝠鲼或者海豚跳出来。半透明的水母飞驰而过，它们的器官看起来像四个同心圆，又像海藻一样是绿色的、毛茸茸的。然后，一只海龟的头部潜入了小VJO。乔恩夺过他的鱼叉，但那只海龟潜入水中，没有重新浮出水面。

当乔恩终于发现十几条飞旋海豚向他们的渔网冲来时，早上平静的海面现已起伏不定。几秒钟内，他做好了准备，阿洛启动了发动机，科尼利厄斯把网从船上解下来，让它们自由地漂浮在水面上，只能通过支撑它们的浮标看到它们的位置。三个水手把这群海豚吓跑了，只得在翻滚的海面上追赶它们。

经验丰富的鱼叉手在驾驭竹制平台时看起来毫不费力，即使乔森在海浪中摇晃，也能很好地适应它的倾斜和偏航。乔恩缺乏这种优雅姿态，尽管公平地说，小VJO的条件限制了他的发挥。萨雷斯没有预料到的是，由于小VJO没有大型乔森那么重，它在海浪中难以保持稳定，鱼叉手想在竹制平台上保持平衡更加困难。当船撞上一个特别高的卷浪时，乔恩向前倾倒，差点从平台上摔下来。

海豚向北游去，追逐一群鲭鱼，当小VJO转过身来，背对着来自南边的卷浪时，局势扭转了。现在，海浪非但没有和乔森作对，反而把他推向了猎物。乔恩坚定不移地站着。他小腿上的肌肉痉挛着，脚踝上的血管突起，但脚并没有移动。鲭鱼陷入了困境，因为海豚在它们的下方盘旋，它们只好跃入空中。海豚被自己的猎物所吸引，没有注意到自己被捕猎者盯上了。乔恩现在离得很近，他可以看到它们黑色的眼睛和噘起的气孔。一条海豚旋转着朝天空的方向游去，激起了螺旋状的水花。乔恩模仿奥特投掷鱼叉的姿势，双脚张开蹲下，右手滑到鱼叉的底部。海浪和风都在身后助他一臂之力，仿佛连大自然都在保佑他。阿洛和科尼利厄斯大叫着让他出击。但他离攻击点还差那么几英寸远。

突然间，海豚转过身来，追随跳动的鲭鱼。小VJO与它们一起旋转，又回到了逆风的状态，逆着海浪前进。当船撞上第一波卷浪时，乔恩不得不用鱼叉底部抵住竹制平台，以免落水。在相反的旋流中，海豚超过他们，消失了。

乔恩不顾朋友们的反对，要求大家继续寻找海豚。然而，最终，阿洛让大家转向渔网。飞鱼挂在上面，一动不动，闪闪发光，像被困在蜘蛛网中的蜻蜓一样。科尼利厄斯收网时，乔恩把鱼一条条穿过网眼，并在这个过程中，扯掉它们精致的、闪亮的双翼。偶尔，乔恩会停下来，咬掉飞鱼的一只眼睛，像嚼口香糖一样嚼着它，同时观察着大海。几个小时后，他们第二次收网又是收获满满。但他们再也没有瞥见过任何比海豚更大的猎物。六个小时的工作，他们已经捕到了大约三百条飞鱼，可谓是不虚此行。

下午天色渐暗，阿洛驾驶小VJO沿着拉姆巴塔岛的边缘前行，乘着返家方向的水流，越过吞噬石化熔岩悬崖的巨浪。即使是在那个很少有海洋动物涉足的暴力地带，乔恩也一直站在竹制平台上观察。只有当耸立在丛林之中的拉玛莱拉教堂出现在视野时，乔恩才终于把鱼叉头从轴上拧下来。

但他正在卷起绳子时，突然发现了什么，大叫起来：“在那里！在那里！”乔恩抓起刚刚放好的鱼叉竿，用手掌疯狂地把鱼叉头按回竹竿里。阿洛给发动机加了油。乔恩把鱼叉对准了在白茫茫的大海中上下晃动的背鳍——然后又把武器放下了。只有一根打了结的、腐烂发黑的木头在海浪中扭动。

“你现在开始用鱼叉叉木头了，乔恩？”阿洛笑了起来。

乔恩勉强挤出一个露齿笑。

“你需要我的眼镜吗？”科尼利厄斯笑着说，然后拿出了他的山寨版雷朋眼镜。

但乔恩已经重新开始盯着海面了。

一个星期六的下午，伊卡从午觉中醒来，一只手托着孕肚。她的肚子已经很大了，把她Hello Kitty T恤的字母O都撑大了，肚脐眼也凸了出来。没有专业的医疗服务，她也不知道胎儿的确切周数，但她至少有七个月的身孕。随着伊卡的肚子越来越大，她身体的其他部分开始逐渐萎缩，曾经胖乎乎的脸颊变得憔悴，手臂变得纤细，肘关节看起来像钉子一样锋利。她的眼睛下面印着深深的黑眼圈，动作也很慵懒。但无论她多么疲惫，晚餐还是要做的。

伊卡一脸不情愿地托着肚子穿过新房，用另一只手撑着墙，光着脚拖着步子在泥地上走动，扬起一片灰尘。虽然在房子完工之前还有一些工作，包括铺设混凝土地板，但乔恩已经完成了墙壁、搭好了新的镀锌铁皮屋顶。他没有改良用作厨房的竹棚，只是在其他几个人的帮助下，把竹棚抬起来，向东挪了二十英尺，为扩建后的房屋腾出空间。

在厨房的棚屋里，伊卡把四处游荡、咯咯叫的小鸡赶到角落。

她弯下腰，用一只手托起肚子，用木屑和垃圾搭建了一个圆锥体。她用打火机点燃了一块一英尺长的绿色塑料碎片，然后让熔化的塑料像汽油一样滴在木柴上。当她看着翡翠色的火焰时，她想到了她那个来自美国的朋友林赛。

三年前，当伊卡带着货物去乌兰多尼市场时，一个肥胖的年轻白人女子用印尼语问她是否可以陪伊卡一起去。这个女孩叫林赛，是一个来自阿拉斯加的学生。她休学一个学期去旅行。在前往市场的漫长步行途中，她们交换了彼此的故事，伊卡很高兴看到她们的生活有不少相似之处：伊卡每天早上砍柴，而林赛在她家附近用链锯锯树；伊卡腌制飞鱼，林赛则熏制三文鱼。在接下来的一周里，林赛每天早上都会出现在伊卡的家里，给伊卡一小盒她喜欢却买不起的炼乳，然后帮伊卡做家务，如捡拾木柴和宰鱼，同时拍摄照片发布在脸谱网上。但是，他们在一起的时间越长，伊卡就越频繁地听到林赛提起攻读大学学位和环游世界的那些计划，她就越发意识到她们的生活实际上是多么不同。

在林赛离开的几个星期后，一个写给伊卡的破破烂烂的信封被送到了村长家里（拉玛莱拉没有邮局)。里面装了一张圣诞贺卡和一张照片，照片里伊卡和林赛在笑。这个美国女孩背着伊卡的一担柴，高高地站在伊卡上方。伊卡把照片夹在《圣经》书页之间保存，但最终它廉价的墨水会褪色，就像她的记忆会慢慢消退一样，最后这两个人物变得模糊，只有她们的轮廓依然清晰。

伊卡盯着火光时，她在想自己和林赛的命运是如何分化的，或者说她和其他人的命运是如何分化的。如果玛丽比她早出生，那么应该是玛丽攒钱支撑她上高中。现在，她的老朋友贝纳是一名教师，并且正在被部落里条件最好的单身汉们追求着。伊卡告诉自己怀孕是上帝的旨意。虽然一开始她认为这是一条通往自己的家庭、房子和自由的道路，但她现在后悔自己和母亲一样未婚先孕，而且她担心她的孩子也会步她的后尘。她甚至没办法期待一个正式的婚礼，因为努德克氏族的首领，即她的二叔乔戈，是她最亲近的母系亲属，因此是负责为她确定彩礼的人，定了一个非常高的价格，理由是，阿洛和伊卡相爱，并不意味着乔戈和其他长辈亲戚就不能获利。她的人生怎么会走到这一步？

伊卡尽可能地躲在屋子里。当她不得不去海滩上给乔恩收鱼时，她不会停下来和其他妇女闲谈，而是匆匆赶回家。她不去教堂，害怕罗莫神父会责怪她，尽管她渴望参加圣餐并重新加入唱诗班。她再也不独自放声歌唱了，而她的邻居们也很怀念在小巷中回荡的赞美诗。她也很少笑了，就算笑，似乎也是在嘲笑她自己或这个世界。一颗蛀牙导致她连微笑都感到痛苦。怀孕期间，她经常抽筋和头晕，所以乔恩和阿洛承担了她的一些工作，比如从井里打水。但她似乎有着无穷无尽的责任，日益虚弱的外祖父母需要更多的照顾。在对他们感到厌烦时，她提醒自己，有一天她也会变老，她的孙女会像自己照顾外祖父母一样照顾她。但她经常会不由自主地大哭，然后她的外祖父母也会开始流泪。

伊卡对未来感到恐惧。怀孕后，她曾去过莱沃勒巴的社会服务办公室，得知她的母亲从未为她办理过出生登记。因此，严格意义上讲，她并不存在。这意味着，虽然她正努力快速通过一个复杂、令人困惑且昂贵的公民身份登记程序，但她很可能无法在莱沃勒巴的公立医院生产。她唯一的选择是拉玛莱拉医院，该医院有兼职护士，但没有什么药品。伊卡不确定孩子的性别：一位医生告诉她是个女孩，但护士摸了摸她的肚子，说是个男孩，因为胎儿偏向子宫的右侧。但伊卡认为从某种程度来说，孩子的性别并不重要，因为他的命运已经注定了。在歌谣时代，当一个婴儿出生时，如果是男孩，族人会指着大海，说：“那是你施展拳脚的地方。”如果是女孩，她的姑姑们会指着陆地，说：“这是你的一亩三分地。”尽管这个仪式现在几乎已经不存在了，但伊卡和阿洛决定不告诉孩子他们归属陆地或海洋。也许，如果拉玛莱拉不断变化，以后她的孩子能够选择自己的未来。

雨季期间，萨雷斯的生意取得了一定的成功，但即使在捕捞高峰期，他收到的金枪鱼或剑鱼也不够多，出口到日本成本过高。因此，萨雷斯把它们卖给雅加达高档餐厅的老板。而莱沃勒巴的渔民们通过围网捕获的沙丁鱼给他带来了最大的利润。仅在4月，他就加工了二百五十吨沙丁鱼，其中一部分运往美国。自上一年夏末开业以来，他的员工数量已经翻了一番，达到约七十人，有一百多个渔民定期向他供货。他计划不久后购买自己的三十吨延绳钓船。届时，也许他可以弄到足够的金枪鱼，让他的业务走向国际。

在过去的六个月里，萨雷斯更加确信，拉玛莱拉不可避免地会走向现代化的预言是正确的。乌兰多尼港即将完工，该省省长将宣布一项会吸引更多游客到拉玛莱拉旅游的计划，拉玛莱拉可能成为该国最受欢迎的旅行地之一。政府官员会重新努力说服拉玛莱拉人提供观鲸旅游服务，暂停捕鲸。萨雷斯还得到内部消息称，8月，政府将开始向拉玛莱拉全天候供电。到2017年年初，小学也会配备可以联网的电脑。

有时，为了逃避生意上的压力，萨雷斯会和乔恩一起乘坐小VJO出海。因为不管他选择了什么行业，他本质上仍然是一个渔民。盐雾拍打着他的脸颊，就像他小时候和父亲一起出海时那样，感受着海风。他仍然记得应该如何调整巨大棕榈叶船帆的方向。如果被要求唱老歌，他会停下来回忆，然后断断续续地唱完歌谣。虽然他很现实，但对祖先之道的消逝，他也感到哀伤。但他不认为祖先之道的衰落意味着拉玛莱拉的终结。不，只要人们仍然猎杀鲸鱼，拉玛莱拉就不会终结，它只是会改变。

萨雷斯缺少一个男性继承人。但这些年来，他确保没有父亲的乔恩学会如何使用漂流网和舷外发动机。他一直在帮助这个男孩做好准备，迎接他正在塑造的新拉玛莱拉。

捕猎季开始的两天前，接近中午时，乔恩又在修补织网，这是他的日常工作。他咬住顶线，用脚趾拉伸网眼，这样他就能把流苏状的洞口重新缝成干净的钻石状。他把手机塞进衬衫领子里，这样他就可以在工作时与霍尼通话。自从霍尼的老板同意在那年年底解除她的合同，乔恩和霍尼就不再争吵了，他们用了几个小时制定计划，到时候乔恩会乘坐一周的渡轮穿越群岛，把他的新娘接回家。无话可说时他们也会保持通话，乔恩只是听着她扫地或做饭的声音，就好像她在隔壁房间一样。

就在这时，捕鲸召唤声响了起来。乔恩向霍尼道别，匆匆忙忙地放下渔网。他冲过悬崖顶，来到纳雷克的房子，借来了他的望远镜。当他凝视萨武海时，他看到了一个水柱。纳雷克的妻子问他有多少头鲸鱼。“只有一头，”乔恩答道，“但很大。”的确，这是他见过的所有鲸鱼中最大的一头，它在向东游动时，留下了战舰般的尾迹。

乔恩冲刺回家，穿上衬衫，把烟草纸屑塞进一个破旧的药瓶里，并装满一罐子水。当他跑到海滩上时，本叫他帮忙推卡尼巴尔号下海。（哈里奥纳氏族的捕鲸船波利沙邦号仍然处于停靠状态，因为上一年的氏族内部纠纷还未解决。）乔恩协助本把乔森推入水中，但他拒绝了朋友叫他上船的请求，而是帮助伊格内修斯将德摩沙邦号滑下原木轨道，并拿起了船头的左桨，两年前他的腿就是在船头被压伤的。伊格内修斯已经把鱼叉交给了他年迈的鱼叉手表弟斯特凡努斯。众所周知，在过去几年的捕猎季中，好几次容易攻击的猎物他都没击中。如果斯特凡努斯失败了，乔恩推断，可能他就有机会了。他的对面坐着布里科洛隆氏族的加布里埃尔·奥莱纳（Gabriel Oleona），他划着右桨，是正式的二级鱼叉手。

卡尼巴尔号拖着德摩沙邦号向东走。布里科洛隆人迅速响应捕鲸号召声，只有一条捕鲸船在他们前面，其余的都在后头追赶。包括斯特凡努斯在内的所有捕鲸者都坐好时，乔恩却仍然站着。当他们靠近鲸鱼时，每个人都低声谈论着鲸鱼喷出的水柱有多高。它大得令人生畏：从鼻子到尾巴超过七十英尺，是捕鲸船的两倍长。船队把这头老雄鲸赶到拉巴拉湾，设法将它困在离悬崖约半英里的浅水区。一条接一条的捕鲸船脱离了拖着他们的乔森。然后，就像几个世纪以来那样，这场战斗只剩下拉玛莱拉人、捕鲸船、鲸鱼和祖先。乔恩把双脚靠在船体上，跟着伊格内修斯喊出的节奏划动手中的大桨。 然而，鲸鱼转身离开了德摩沙邦号，转向另一群迎头赶上的捕鲸船。

至此，共有九条船加入了捕猎。当霍洛号捕鲸船足够接近鲸鱼时，它的鱼叉手用鱼叉猛地刺入雄鲸体内，结果鱼叉四分五裂，一块旋转的碎片划破了他的下巴。作为回应，鲸鱼用尾鳍拍打海面，没打中这条船，但掀起的海浪还是差点把这条船淹没。下一个出击的是特蒂赫里号，雄鲸愤怒地用尾鳍回击，若不是二级鱼叉手及时从竹制平台上跳下，他就命丧黄泉了。这头巨兽殴打着两条捕鲸船，捕鲸者们则蜷缩在横座板下。雄鲸突然想逃跑，却发现自己被船队围住了。它喘不过气来，无法下潜，只能不停地跳跃，把头探出水面，身体的其余部分保持在水下。

鲸鱼的头部有鲸脑油，是无法穿透的，因此，捕鲸船争先恐后地攻击它浸在水中的身体。凯鲁斯号从右边冲向鲸鱼，其鱼叉手奥特在竹制平台上保持平衡；而德摩沙邦号从左边靠近鲸鱼。乔恩用力划桨，但凯鲁斯号速度更快，与鲸鱼的距离比德摩沙邦号近二十英尺。当奥特将他的鱼叉叉入鲸鱼体内时，德摩沙邦号的船员们对斯特凡努斯喊道："Adok! Adok！"意思是"趁还来得及，跳起来用鱼叉刺死它！"斯特凡努斯蹲下，但就在他准备跳起时，一个波浪拍打着船头，船只摇晃起来。斯特凡努斯失去了平衡。他的双脚在空中打转，双臂使劲将矛头对准目标。但鱼叉头离目标还差几英寸。斯特凡努斯浮出水面时，鱼叉轴漂浮在他身边，鱼叉头还嵌在里面。

看到整根鱼叉都漂浮在水中，乔恩放下他的船桨，抢在二级鱼叉手加布里埃尔之前爬到竹制平台的前端。他开始双手交替卷起鱼叉的绳子，把绳圈递给加布里埃尔。加布里埃尔在帮忙之前犹豫了

斯特凡努斯滑落，没叉中抹香鲸。

一下，乔恩的大胆行为让他大吃一惊。被拉下水的绳子太长了，无论乔恩往回卷了多少圈，鱼叉都在水中一动不动地漂浮着。

当斯特凡努斯游回船上时，桨手们对他大喊：“这么多船在这儿！我们怎么有下一次机会？”

“我们当然会有下一次机会！”伊格内修斯咒骂他的船员们。

与此同时，在凯鲁斯号上，奥特把他的全部体重都压在鱼叉轴上，双脚支撑着竹制平台，试图将铁制鱼叉头更深地刺入鲸鱼肉体。这时，鲸鱼终于聚集了足够的气息潜入水中，留下捕鲸者凝视着萨武海的深处。乔恩疯狂地继续将一圈圈的绳索递给加布里埃尔，当他接近绳子的末端时，雄鲸突然从凯鲁斯号下方冲出来，撞得船旋转起来，差点把奥特从鱼叉手的平台上撞下来。

最后，乔恩感觉到了绳子上鱼叉的重量。他拉了最后一把，鱼叉从水中竖了起来，他抓住铁制鱼叉头。鲸鱼在不到两米远的地方，疲惫地挣扎着，它的头朝向另一条捕鲸船。它的背部布满了白色的疤痕组织，在乔恩面前展开。他把注意力集中在背鳍下两手宽的肉窝上，霍洛的鱼叉叉在离肉窝几英寸远的地方，血液从周围流下。他犹豫了一下。用鱼叉攻击鲸鱼的难点不在于击中它，而在于用足够的力量击中正确的位置，穿透它那一英尺厚的皮肤。其他人是否都认为他等得太久了？

伊格内修斯打破了乔恩的沉思。“Segêt！”他喊道，意思是“站起来，刺死它！”

然而，乔恩跳了起来，把他整个身体的重量放在鱼叉后面。矛尖刺穿了鲸脂。但随后他的手从光滑的竹竿上滑了下来。当他落入水中时，他能感觉到他的力量几乎没有转移到武器上。他爬上了德摩沙邦号，加布里埃尔大喊着问鱼叉是否叉进去了。

“没有！”乔恩说，“我的手很滑！”（后来，伊格内修斯向乔恩解释说，乔恩离鲸鱼太近了，不能跳上去，因为这样他所有的动力都是向下的，而理想情况下，鱼叉手是以垂直的角度攻击的，这样向前的动力可以把矛头刺入鲸鱼体内。这种情况下，乔恩就需要站起来，然后再刺死鲸鱼。）

加布里埃尔已经准备好了另一根鱼叉，但斯特凡努斯在他出手前重新夺回了竹制平台。加布里埃尔将鱼叉交给了斯特凡努斯，并再次拿起了绳子。当其他船员专注于穿越船队将斯特凡努斯划回合适的攻击位置时，乔恩组装了诺达普卡鱼叉，因为大鱼叉已经用掉了。诺达普卡鱼叉是一种较小的武器，通常用于攻击蝠鲼。这一次，当德摩沙邦号接近鲸鱼时，它突然停止了游动，捕鲸船几乎在它上方搁浅了。斯特凡努斯的鱼叉卡住了。乔恩跳过捕鲸船的栏杆，来到竹制平台的底部，他蹲在那里，举起了武器。

巨大的鲸鱼凸显了乔恩的虚弱，他的体重只有一百一十磅。认为自己能打败比自己重几千倍的生物，他是不是疯了？他只有一个想法：为了自己和部落，确保鱼叉叉进去。

斯特凡努斯再次从竹制平台上跳出，完全水平前进。半秒钟后，乔恩也跟着跳了下来，双腿蜷缩在身下。他裸露的脚底板对着船员们闪烁着。他的鱼叉头叉了进去。当他看到鲜血喷出时，喜悦之情油然而生。铁制鱼叉头已经穿透了鲸脂，进入了鲸鱼的肉体。他还不是一名鱼叉手，但他刚刚在部落的见证之下，迈出了成为鱼叉手最重要的一步。

乔恩拼了命地游回船上，努力躲开鲸鱼的下巴和甩动的尾巴。他爬上船后，意识到自己在这场战斗中的作用已经结束。其他捕鲸船继续与鲸鱼交战。德摩沙邦号现在只是被拖在它后面。乔恩可以

乔恩（左）第一次用鱼叉叉中鲸鱼。

休息了。他已经没有什么需要证明的了。

鲸鱼整个下午都在战斗。它游到凯巴科普卡号下方，把船顶了起来，成功地翻转了这条原始的木制捕鲸船。最后，所有出海的九条捕鲸船都挂在了它身上，但这个利维坦拖着整支船队，好像它们轻如鸿毛一般；它有近七十吨重，可能比所有的船加起来都要重。随着时间的推移，拉玛莱拉人的协作起了效果，它快承受不住了。这些船就像锚一样，产生了阻力，鲸鱼累得不行，无法下潜。一百多人齐心协力一起攻击它，从远处向它刺去，或游到近处用剥皮刀砍它，每当它转身攻击捕鲸船的时候，大家就攻击它脆弱的一侧。海水变成了紫色。到最后，拉玛莱拉人坐在鲸鱼上面，用刀砍向它，深深地刺进去，肘部以下的手臂都进入了鲸鱼身体。鲸鱼最后一次爆发力量时，甩开了坐在它上面的人，并试图咬住折磨它的人，但他们在湿滑的血水中游走了。现在它太虚弱了，抓不到任何一个人。很快，它就永远安静了。

无论现代的压力如何分裂部落，在捕鲸时，拉玛莱拉人仍然是团结一致的，这是他们打败鲸鱼的唯一方法，就像祖先说的那样：同一个家庭，同一颗心，同一个行动，同一个目标。在其他工业化的地方，全球化的无情冲击还在持续，原住民的部落身份被国家身份或国际身份所覆盖，曾经将人们联系在一起、给予他们使命感、帮助他们生存的强烈纽带已经减弱了，使得人们越来越被孤立，既漂浮无依又孤独寂寞，随之而来的是心理疾病的增加，所有这些都在科学文献中得到了充分的证明。

在祖先的时代，人类别无选择，只能依靠彼此。收割稻田、建造大教堂、战胜抹香鲸，都需要群体的力量。拉玛莱拉人在抵抗外部世界的数十年中，在捍卫祖先之道时，更多的是在试图捍卫这种共同的人性。就目前而言，当他们把被打败的利维坦拖回家的时候，他们已经成功了。

德摩沙邦号一靠岸，伊格内修斯和本就背靠船棚的木柱，瘫坐在沙滩上。

“累了。”伊格内修斯带着松弛的笑容说道，就像一个玩得筋疲力尽的孩子。

本以前很少听到他的父亲承认自己很累。其他船员传着烟，开始抱怨斯特凡努斯今天第一次攻击时失手了，这名年迈的鱼叉手已经羞愧地回家了。

伊格内修斯清了清嗓子，大家都安静下来。他说，他仍然拥有德摩沙邦号的领导权，他原先打算选择本做鱼叉手。但当斯特凡努斯出现时，伊格内修斯认为让一个年轻人取代他的位置是不合适的。他向船员们保证，下一次，拿起鱼叉的将是本。

本竭力强忍笑容。他最想让自己的父亲看到他叉中第一头鲸鱼。他相信这一天很快会到来。过去一年在卡尼巴尔号上出海的他已经成为最有名的年轻鱼叉手之一。他不再被父亲和哥哥们的阴影所笼罩，甚至形成了自己的鱼叉风格。本的父亲和哥哥们用柔道动作来弥补身体矮小的不足，以此为基础，本还加入了物理运算，他会计算猎物和鱼叉的重叠向量，直到完美的机会到来时再出手。乔恩和其他有抱负的鱼叉手已经在研究他的技巧。

以前伊格内修斯不让本担任鱼叉手时，本认为这是一种轻视，而现在他把父亲的犹豫理解为爱的表现。随着儿子的鱼叉捕猎技术不断进步，伊格内修斯对他也从建议变成了警告。伊格内修斯警告本永远不要跳到蝠鲼的背上，因为蝠鲼巨大的双翼会把他包裹起来，然后可能会把他拖入深海把他淹死。伊格内修斯还说，本不应该去击打抹香鲸那坚不可摧的额头，否则他的手臂可能会断掉。伊格内修斯鼓励本成为鱼叉手，但也使他的儿子进入了危险的境地，这种危险感突然变得真实。本明白，他的父亲只是想让自己的儿子再多过几天安全的日子。

那天晚上，西边的天空闪耀着藏红色的光芒，父母呼唤在鲸鱼尸体上滑滑梯的孩子们回家，拉玛莱拉的长者们来到海滩理事会。虽然两年前人群挤满了整个海滩，但现在只有大约三十个老人聚集在西普里和马西亚努斯面前。弗兰斯和其他几个老人不停地往后看，寻找迟到的人。他们低声表示，出席率低是因为当天的捕猎行动让大家疲惫不堪。弗兰斯和他的族人没有参与捕猎，因为他们坐着凯纳普卡号给乌兰多尼部落送礼物去了，意在回顾最初部落与武士达托进行的交换，就是这种交换促成了乌兰多尼市场的成立，同时也是为了告诉乌兰多尼部落，他们将使用新的捕鲸船。那年晚些时候，凯纳普卡号用鱼叉叉到第一头鲸鱼，而没有出现任何裂痕，祖先证明它是完美的。

最后，西普里趿拉着鞋走到人群前方，踢掉人字拖，盘腿而坐，把一条飘逸的纱笼像围巾那样围在脖子上，好像很冷一样。马西亚努斯现在实际上已经成为该氏族的首领，并将在第二天主持鲸鱼召唤仪式，但为了尊重他的父亲，他允许这位老人领导仪式。西普里散发出悲痛的气氛，因为他那虚弱已久的妻子“再也感觉不到蚂蚁的叮咬”，这是拉玛莱拉人的说法，意味着她最近去世了。西普里要求他的人民说出他们的忧虑，他会带话给祖先。于是捕鲸者们又开始抱怨别的船偷窃自己的猎物，但也有人表示对鳐鱼和鲨鱼数量减少感到担忧。理事会再次否决允许在捕猎季使用漂流网捕鱼的提议。但理事会决定，可以在海上使用手机，但只能用于与其他船只或岸上的人沟通猎物的位置，绝对不能播放娱乐歌曲或视频。

然后，西普里挥手让大家安静下来。长老们竭力想听清他那被海浪啸声遮盖的嘶哑的声音。他哀伤地问他们，为什么他们出海和划船时没有按照他的命令来行事？但他的声音里没有威胁，只有疲惫和挫败感。

“三巨头”氏族的巴陶纳代表杰波问，是否有人愿意回答“大地之主”的问题。没有人抬头。杰波向西普里道歉，说拉玛莱拉人将尽力在那一年用捕鲸船猎取更多的猎物，但大家都知道这是一个空头承诺。

夜幕降临，人们又开始争论捕鲸船和乔森的使用问题。一个裸露的灯泡在小教堂里闪烁着，照亮了正瞪着眼睛看着大家的圣彼得雕像，它手握一根真正的鱼叉，干燥的鲸鱼和海豚器官散落在其脚边。很快，繁星洒满了天空，黑暗中分不清谁是谁。声音可能来自任何地方和任何人，似乎连祖先也可能加入了这个仪式。没完没了的争论持续不断。捕鲸者们陆续离开，最后只有一小群人继续争论这些老问题。海滩上，海浪来回摆动着鲸鱼尸体的尾巴，它看起来好像还活着一样。孩子们都已经回家了。

经过四十分钟的辩论，西普里沉闷的声音强有力地回荡着。“拉玛莱拉在全世界都很有名，因为我们独特的文化，”他说，“我们决不能失去这个特性，捕猎必须永远延续下去。但乔森只是工具。”他最终允许部落在保留文化特性的同时使用乔森，但必须要谨慎。他已经接受了他们不能完全拒绝现代世界的事实，但是他们可以控制现代世界对生活的影响。就这样，二十多年来一直抨击乔森的“大地之主”、祖先的守护者西普里，正式表示不再反对使用乔森。在他的内心深处，他仍然觉得拉玛莱拉人没有摩托艇会过得更好，但他记得祖先的首要指示：同一个家庭，同一颗心，同一个行动，同一个目标。部落的和谐比打一场他已经输了的仗更重要。即使祖先的狩猎方式消失了，至少部落成员仍会团结一致。而且，他也做不了什么。现在乌戎氏族的权力已经正式转移给了马西亚努斯，西普里知道，自己只是名义上的“大地之主”。

第二天，西普里自发在石鲸旁等待，试图擦掉那些不由自主掉出来的眼泪，他的儿子则带领比他年轻的亲戚穿过丛林去召唤祖先。西普里身体不好，无法再跋山涉水了。但他不知道的是，马西亚努斯在圣石努巴奈拉下方举行了鲸鱼召唤仪式，也就是他父亲前一年被迫举行仪式的地方，当时他们离开村子的时间太晚，无法到达几英里外的传统起点，所以不得不在这里举行了仪式。而马西亚努斯没有这样的情况，他只是不想爬得满头大汗，他为自己辩解说，无论怎样，上一年在这里举行的仪式是有效的。当然，如果西普里知道的话，他会说，祖先之道就是这样慢慢消逝的，与捍卫者的忠诚度成正比。人们说是权宜之计，实际上在逐渐削减不必要的东西，最后几乎什么都不剩。

现代工业生活方式并没有殖民世界，因为它最能满足人类的情感和精神需求。不，其实它征服了所有地方，因为先进的社会比传统的社会更强大，那些当权者贪婪地寻找人民、领土和资源来进一步致富。一旦工业主义在社会确立了地位，它会促进物质财富、教育和医疗保健取得重大进步，以确保没有回头路。现代社会的好处对当代世界的原住民来说仍然是不可抗拒的，常常会吸引他们离开传统的生活方式。毕竟，可以把衣服扔进洗衣机的时候，谁还会愿意在木板上擦洗衣服呢？再比如，美国或日本没有哪个公民愿意回到狩猎采集者所处的社会，没有人愿意看到婴儿死亡率高、寿命短、粮食供应不稳，以及暴力威胁无处不在。而传统社区中的一些弱势群体，包括妇女以及像山里人这样的群体，不出所料会更愿意推翻压制他们的社会秩序。

然而，即使在积极的情况下，也并非所有的发展都是有益的。进步也意味着有些东西被抛在了后头，至少有一半的变化是抛弃。在先进社会中，人们热衷于重新连接过去的自我，从探究原始人饮食，到新时代的通灵术，到荒野隐居，再到从多个方面美化原住民，这表明现代国家的公民直觉意识到他们错过了一些东西。现代化最糟糕的一些方面会让人上瘾，也许祖先之道就是一剂解药。

狩猎采集生活方式与现代生活方式相比有何好处？人们往往想通过这样的辩论确定哪一种生活方式一定比另一种更好。但他们忽略了一点：两种生活方式都有优缺点。相反，我们应该问这两种社会可以从对方那里学到什么。因为尽管两种文化的人都喜欢说他们的生活方式才是自然的，但其实没有哪种生活方式是必然的。对一种文化，我们可以取其精华去其糟粕。这就是拉玛莱拉人在海滩理事会上所做的事情。他们伟大的英雄主义体现在，尽管困难重重，他们仍在努力控制裹挟着全人类的现代化进程。

控制技术和全球化如何塑造我们的能力，可能会是人类幸福甚至生存的关键。目前看来，现代化并不是一个深思熟虑的过程。相反，它是每次新技术进步时的一系列冲动飞跃——一个自然发生的过程，而不是我们能控制的过程。现代社会有可能在海滩上开展他们自己的理事会讨论吗？

无论怎样，保护传统文化，从而保护地球上最脆弱的民族，是一项道义责任。一个人不需要认真观察都能意识到，全球化是一个极其不公平的过程，它的最大回报流向了本身就有能力获取回报的精英阶层，而全世界三亿七千万原住民中大部分人的境况却因此变得更糟，他们被剥夺了祖传的生计和支援网络，换来的是在城市贫民窟或种植园里生存，陷入极端贫困。国家和组织以为自己知道什么对传统群体最好，却往往给他们带来了伤害，它们必须赋予传统群体权利，让他们做出自己的选择。

让每个人选择自己的道路，我们就有可能在未来拯救我们自己。毕竟，每一种传统文化都代表着一项长达几个世纪的自然实验，以确定在特定环境中的最佳生存方式，这些传统文化往往守护着西方科学甚至猜不到的知识。正如生态多样性对生态系统健康很重要，如果全球化导致的文化趋同显露出了致命弱点，就会证明文化多样性对人类的复原力至关重要。而当像拉玛莱拉人这样的传统文化消失时，人类的生活方式就会减少，缩减了我们人类这个物种固有的可能性，因此也缩减了我们每个人的可能性。保护传统社会是为了保证每个人都有权利以对他们来说精神价值最高的方式生活，这是每个人应得的权利。

乔恩、本、弗兰斯和其他拉玛莱拉人正在经历的动荡，是每个现代公民的祖先都经历过的进程，但速度较慢，并导致人类历史上前所未有的时刻——我们即将彻底消灭我们祖先的觅食文化。无论当今世界发生了多大的改变，我们的身体、思想和心灵仍然被数万年的进化和我们狩猎采集者的过去所影响。在过现代生活的时候，难道我们不应该至少尝试尊重一下我们的原始本性？接下来会发生什么不得而知，但如果我们忘记了自己的祖先，我们将失去未来的一个重要部分。

第二天，拉玛莱拉人屠杀了祖先的礼物。海浪将鲸鱼漏出的油溅到男人们的眼睛里，刺激他们，直到他们发怒。分肉的职责通常属于拿下鲸鱼的人，德摩沙邦号的船员们选择了乔恩。他走到人群中心，用双手捧起一块巨大的鱼块，因肉太重，他是弯着腰把肉送到伊格内修斯面前的。然后，他分配了其余血淋淋的鱼块，确保每个人都能获得平等的份额，同时也为自己留了一堆。

因为伊卡怀孕后身体太虚弱，无法帮助乔恩搬运鱼肉，所以他自己把鱼肉搬上悬崖，摆在房子后面被油熏黑的木桌上。尽管约瑟夫·博科几乎失明，但他还是想帮忙，费力地根据感觉切下一条条肉，但重头戏还是由乔恩完成的。他用一把砍刀将鱼排切成条状，并将它们挂在竹竿上。他不再像往年那样有诸多抱怨。在刺杀鲸鱼后，他觉得自己很强大，足以独自养家糊口，无论家人的依赖有多沉重。同时，部落的其他人也收到了馈赠的鱼肉礼物，这头鲸鱼几乎喂饱了所有人。

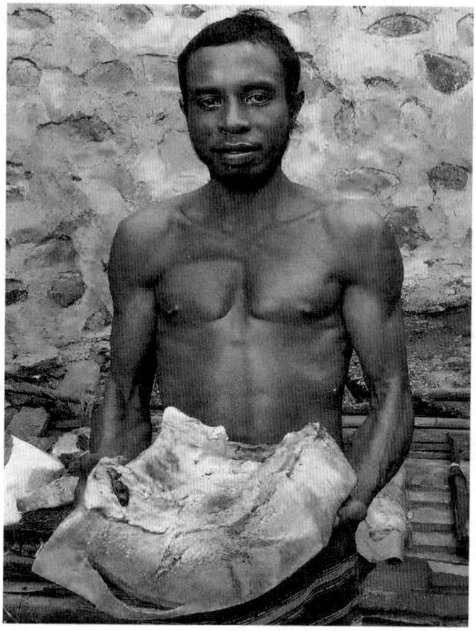

乔恩手捧一块他叉中的鲸鱼的肉。

今晚要举行天主教弥撒仪式，即一年一度的迷失灵魂弥撒。洗完澡后，乔恩独自来到海滩，因为伊卡拒绝露出她那令人尴尬的肚子，而他的外祖父母也爬不了楼梯了。和往年一样，唱诗班唱了起来："静静地划，静静地划／海浪在岸边荡漾／静静地梦，静静地梦／在人生的风口浪尖处做梦／在人生的风口浪尖处做梦。"乔恩在海滩上一个偏僻的角落里点燃了蜡烛，祈祷成为一名鱼叉手，与霍尼结婚，住在悬崖上的房子里，生下许多孩子，延续祖先之道。

贝纳请求神灵继续欢迎她回到部落中来。弗兰斯请求祖先保佑他的新船。本祈祷能捕获抹香鲸，伊格内修斯希望他的儿子在捕鲸时能平安归来。他们的祈祷与其他拉玛莱拉人的祈祷混合在一起，形成了祷歌，除了祖先，其他人都听不到。只要部落存在，这首祷歌就会一直唱下去，直到部落沉寂，因为人的心永远不会停止渴望。

那天晚上，海面风平浪静，为迷失的灵魂而发动的微型捕鲸船在西边的悬崖上列队行进，就像匆匆忙忙迎接外部世界的使节一样。有几支蜡烛沉没了，但今年拉玛莱拉人的大部分愿望都送到了岛屿之外，尽管只有许下愿望的男男女女才知道那些火焰中闪烁着什么心愿。

几乎所有的捕猎者都在等待，他们专注但空洞地盯着海平线的环圈，渴望着祖先的礼物。但是，水柱出现时，阳光照到鱼叉刚刚磨光的边缘闪闪发光时，祖先回到捕鲸者身边捕猎时，每个时刻都承载着生死一线的重量时，一切就都值得。对拉玛莱拉人来说，捕猎永远不会过时。

5月1日上午，在鲸鱼的骨架前，拉玛莱拉人举行了捕猎弥撒。因为当天是星期天，他们等到第二天黎明时分才启动普拉索沙邦号。当捕鲸船划出时，船员们并没有唱歌。以前，该部落曾一起唱歌。以前，拉玛莱拉人生活的方方面面都有歌声相伴。但是歌谣时代已经过去了。然而，当普拉索沙邦的船员们展开棕榈叶帆时，从远处看，祖先似乎又在狩猎了。岸上的拉玛莱拉人继续完成他们的工作时，也一直关注着海面，因为捕鲸船满载而归将预示着未来一年会有好运。

上午晚些时候，奥特用双筒望远镜监察普拉索沙邦号，这时他发现了领航鲸。根据祖先的说法，只有普拉索沙邦号能在捕猎季第一天捕猎，但奥特发出了捕鲸号召声。八条乔森冲了出来，它们的引擎发出刺耳的声音。被这一违规行为激怒的弗兰斯禁止贝迪奥纳的乔森加入。船队飞快地经过普拉索沙邦号，围住了这群鲸鱼。奥特的攻击通常是致命的，但今天他和另一名鱼叉手都没能将鱼叉头叉在鲸鱼身上。然后，领航鲸潜入水中，消失了。拉玛莱拉人还不知道，今年收获寥寥，就像前一年一样，只有六头抹香鲸，其他猎物明显减少，特别是蝠鲼。

通常情况下，一旦捕猎季开始，风就会从东面吹来。然而，这一天，在领航鲸消失后，回家的路上西风呼啸，并将堆积在火山顶上的云撕成了长带。但捕鲸者们的目光从未从海平线上移开。不管是什么，都会从海平线之外到达。他们只能等待，为未来的一切做好准备。

后记

2016年5月至2018年5月

在接下来的两年里，祖先之道遇到的最大威胁似乎被化解了。尽管乌兰多尼港终于在2017年年中完工，但还没有安排渡轮。新宣誓就职的官员们认为这个贫困地区的商业潜力不大，而且他们也不想与仍处于争执之中的努阿莱拉人和卢基人打交道。这些政客贬低整个项目，认为对立党是在白费力气。同时，萨雷斯无法从拉玛莱拉人和其他沿海部落采购足够的金枪鱼，出口这么一点鱼的利润微薄，所以他转而向莱沃勒巴的商业拖网渔船成吨地购买饵料鱼，并将其磨成动物饲料，他表示其中一些将运往美国。尽管一些年轻的拉玛莱拉人仍在搬走，但有一个核心群体会在村里度过余生。

霍尼的合同于2016年年底到期后，乔恩穿过群岛护送她回家。旅途中，乔恩见识到了印尼西部大都市污染的严重，打消了想在这些城市生活的念头。霍尼搬进了他的房子，帮助他照顾羸弱不堪的外祖父母。2017年公海捕猎季期间，乔恩获得了一条乔森的终身领导权，甚至被召去领导几条捕鲸船。尽管他在这些狩猎活动中未能捕获他的第一头抹香鲸，但很明显，没有人再叫他“山里人”。

2017年年底，乔恩和霍尼的儿子诞生了，他继承了曾祖父的名字，叫作小约瑟夫·博科。讽刺的是，这个孩子的出生导致他们无限期推迟办理正式的婚姻手续，因为要承认这个非婚生子，他们必须向天主教会重新提交文件，而他们认为当下有比这更紧迫的任务要完成。第二年的公海捕猎季开始时，乔恩有时会在乔森的竹制平台上测试这个蹒跚学步的孩子。在他看来，小约瑟夫·博科注定要成为一名鱼叉手。

阿洛和伊卡的婚姻很幸福，他们刚学会走路的女儿笑得和伊卡一样甜美。尽管伊卡在怀孕期间患上了抑郁症，但她最终又恢复了以前的活力。她很享受母亲这一身份，而且在霍尼来到拉玛莱拉后，她和阿洛搬到了阿洛父母的房子里，现在她的压力比照顾外祖父母和乔恩时小多了。与大多数同龄人一样，伊卡从未学习过编织，因为她和其他年轻的拉玛莱拉人主要是穿工厂生产的衣服，而不是用丛林棉纺成的传统纱笼。但最近，她请求阿洛的母亲教她纺织，因为尽管她已经接受了自己无法上高中的事实，但她也意识到自己的民族还有很多自己尚未掌握的迷人知识。至于阿洛，在担任乔恩的二级鱼叉手之后，他凭借自己的力量即将成为一名受人尊敬的鱼叉手，经常被召唤到各种乔森的竹制平台去帮忙。

随着年龄的增长，弗兰斯放弃了日常的捕鲸活动，但他仍然偶尔会召唤他人捕鲸。现在，他大部分时间都在向族里的年轻成员传授造船知识和萨满知识，乔恩的朋友安索是重点听众。虽然弗兰斯的女儿贝纳还没有确定一个对象，但她已经愉快地重新融入了部落。她也仍然能唱出凯蒂·佩里的《上个星期五晚上》的每个英文单词。

虽然在2016年鲸鱼召唤仪式那段时间，西普里似乎已经奄奄一息，但几个月过去了，他的健康状况大幅改善，这可能是因为他中风瘫痪的妻子在仪式前不久去世，为他卸下了重担。很快，西普里从马西亚努斯手中重新夺取了乌戎氏族的领导权，这对父子的关系因此变得更加紧张。现在西普里已经不需要在床边服侍妻子了，因此他开始频繁地从莱沃勒巴到拉玛莱拉主持各种神秘的仪式。

考虑到这一切，部落在2018年的天主教弥撒仪式上释放微型捕鲸船时，每个人都认为祖先会很高兴。仪式的第二天出现了更多的好兆头，在普拉索沙邦号的首次单独狩猎中，约瑟夫·图贝（Yosef Tubé）用鱼叉捕获了一条巨大的蝠鲼。接下来的一周里，整支船队取得了非凡的战绩，总共捕获了数十条鳐鱼和一头鲸鱼。

然而，并不是每个故事的结局都像我们预想的那样美好。公海捕猎季第二个星期结束之际，本在黎明时分率领着布里科洛隆氏族的捕鲸船卡尼巴尔号前行。捕鲸者们看到一团黑暗之物在海面上滑行，起初他们还以为这是一片云影，因为这条蝠鲼的翼展实在太长。当本举起他父亲的一根鱼叉时，船员中没有一个人怀疑这只巨大的动物超出了他的能力范围。自三年前本成为鱼叉手以来，他捕获了除抹香鲸以外的所有猎物，部落中的许多人已经认为，他是他这一代人中最伟大的鱼叉手。虽然达到这种地位已经让本很满意了，但掌握鱼叉手之道，懂得如何与部落人民和谐相处，更有意义。他和伊塔的爱情生活幸福美满。伊格内修斯已经正式退休，住在自己的房子里，怡然自得。早晨，伊格内修斯选择一条船让本领导，通常是卡尼巴尔号，如果出现鲸鱼，有时他会选择本而不是他的哥哥们来领导德摩沙邦号。在帮助船只出海后，伊格内修斯会在沙滩上打盹，等待他的儿子带着当天的渔获物归来。傍晚时分，本指导他的小儿子卡罗尔斯如何在冲浪时用鱼叉刺浮木，卡罗尔斯和其他男孩在练习时会假装自己是他。

那天，本跃起用鱼叉刺向蝠鲼时，他正处于巅峰状态。在往下落的过程中，阳光在他周围闪耀。他刺到了蝠鲼。蝠鲼反击，绳子猛地被拉紧。本迅速朝卡尼巴尔号游去。但离船仅剩几步之遥时，他大叫起来，然后被猛地拉到了水底，他所在的位置只剩下飞溅的泡沫和一圈圈荡漾开来的波纹。

卡尼巴尔号的船员们知道本的脚很可能被鱼叉的绳子缠住了，或者是蝠鲼用双翼捆住了他，于是大家与这头动物展开了拉锯战。但是，绳子突然变软了，他们卷起了断掉的绳子一端。那天的水异常清澈，一束束阳光照亮了空旷的上游地带，尽管船员们都在等待，但也没有任何东西从下面深不可测的黑暗中游上来。

他们飞奔回家，仿佛本只是暂时屏住了呼吸，每一秒都生死攸关。整支船队听到他们的消息后争相下水。捕鲸船和乔森在萨武海上搜寻了整整一个星期，因为如果鱼叉手的遗体没有被体面地埋葬，他的灵魂可能会不高兴，从而进行报复。但大海已经吞噬了他，不愿意交出他的身体。几年前乔恩·哈里奥纳侥幸逃脱的命运现在又降临到了本·布里科洛隆身上，并夺走了他的性命。

长老们每晚都在榕树下开会，讨论祖先为什么要带走本。人们提供了许多答案，但最后总是绕不开那个点——拉玛莱拉人是因为没有充分捍卫祖先之道而受罚。尽管祖先之道受到的一些威胁已经得到缓解，如乌兰多尼港和萨雷斯的生意，但新的威胁也到了一触即发的地步。拉玛莱拉人自己又开始动摇，因为智能手机价格降低、手机信号塔升级，许多拉玛莱拉人沉迷于互联网和社交媒体。现在山区部落越来越多地使用现金，在拉玛莱拉市场上以物易物的场景越来越少见。

更危险的是，包括大自然保护协会和海豚项目在内的一个西方保护主义者联盟正在推动印尼政府严格监管捕鲸活动。在此之前，根据对印尼相关法律的解读，拉玛莱拉人捕杀抹香鲸的活动是合法的，因为原住民群体有权继续开展维持生存的传统活动。印尼尚未签署的《国际捕鲸管理公约》也允许原住民群体开展可持续的自给性捕猎活动。但保护主义者认为，禁止捕鲸的法律取代了维护原住民权利的法律。而哪种法律具有优先权，这一点从未在法庭上得到检验。

虽然猎杀抹香鲸的合法性有待商榷，但可以肯定的是，拉玛莱拉人偷猎蝠鲼的行为是不合法的，因为印尼政府在2014年禁止了这种捕杀行为。然而，拉玛莱拉人几乎不知道这项立法的存在，直到2016年年底大家才意识到捕杀蝠鲼违法。当时一个保护环境的非政府组织与印尼警方合作，开展了一项诱捕行动，一名拉玛莱拉长老因出售蝠鲼的鳃而被逮捕，震惊了整个部落。该非政府组织的一位代表解释说，此次诱捕行动的目的不仅是阻止人们捕杀蝠鲼，也是阻止他们捕杀鲸鱼。

到了第二年，大自然保护协会公开表示，当拉玛莱拉人选择乔森而不是传统捕鲸船时，他们就已经放弃了自己的文化，所以应该鼓励他们停止捕杀鲸鱼。2018年，自然保护非政府组织与印尼政府一起起草了限制捕鲸的法规，要求该部落每年最多只能捕杀几头鲸鱼，甚至不能捕杀鲸鱼，并计划在2019年实施这些规则。尽管过去拉玛莱拉人曾联合起来抵制这些措施，但这次部落中的大多数人甚至没有意识到威胁，因为长老们虽然了解该法规的存在，但对是否要通知部落成员以及应该在多大程度上让他们参与这件事，他们还未能达成共识。

人们始终未能找到本的遗体。狩猎活动停止了数周，因为乔恩和其他许多年轻的鱼叉手都吓坏了，他们感觉到祖先对部落不满，他们担心自己也会在捕鲸时命丧黄泉。在为期四十天的哀悼期里，几乎每个拉玛莱拉人都留长了头发和指甲，因为本与许多人是亲戚，比如弗兰斯的妻子玛丽亚就是伊格内修斯的妹妹，本也与许多人是亲密的朋友，比如乔恩。最后，伊格内修斯、伊塔以及本的两个孩子在本的住所为他埋下了一个鹦鹉螺壳。对一个不朽的存在而言，这样的信物是微不足道、脆弱的。以前那里住的是一个儿子、丈夫、父亲和真正的鱼叉手，现在只剩下人们对他的深切怀念。原本是享受未来可期的喜悦，现在家人面临的悲痛将伴随他们的余生，占据他们的心房。

失去一种文化就像失去一条生命一样是永久性的，只不过有人去世时，我们说天上熄灭了一颗星星，而一种文化的消逝，更像是整个星座都被烧毁了，是构成它的每一个灵魂都消失了，是过去和未来的终结。

然而，对布里科洛隆氏族和其他哀悼的拉玛莱拉人来说，祖先之道的延续意味着本不会消失。每年在公海捕猎前的弥撒仪式上宣读在海上失踪的捕鲸者名单时，在一段时间内，本将首先被提及。作为祖先的一员，本将继续祝福或诅咒族人的生活。他仍然是部落的重要成员。

但是，只有当他们的后代尊重他们时，祖先才会有这样的效力。每天，拉玛莱拉人仍然选择遵循祖先之道，但做出这样的选择每天都在变得更加困难。他们的故事还没有结束。

关于本项目

当我在2011年第一次访问拉玛莱拉时，我惊讶地发现祖先之道仍然主宰着这个部落的生活。当时我刚刚在附近的一个岛上工作了近一年时间，眼睁睁地看着其他几种传统文化迅速屈服于全球化的压力。我和捕鲸船一起出海，目睹拉玛莱拉人按照规则分享猎物，还参与了祖先的仪式。在这些时刻，我知道自己正在经历一些重要而又濒临灭绝的事情。在我离开后，我很想念我所结识的朋友们，并为他们的未来感到担忧。

关于全球化，人们都在说越来越多的人因此变得更富有、更健康、受教育程度更高。这是真的，并且从许多重要的方面来说是一种福音，但这种说法忽略了数以百万计的原住民的经历。对他们来说，与工业世界的接触是痛苦的，甚至是致命的。从他们的角度看，现代化是什么样子的？如果我们没有因为这些人是“原始人”、认为他们生活中的动荡是“进步”而忽略他们的故事，我们会像重视我们自己的经历一样重视他们的经历吗？当然，在我看来，拉玛莱拉人有很多东西可以向所谓的先进国家的公民展示，从他们身上，我们可以看到曾经的自己，看到我们如何变成今天这个样子，以及我们未来还可以是什么样子。

2014年，我回到了拉玛莱拉，这一次是为了待上几个月。许多事情都已经改变了。但拉玛莱拉人并没有忘记我，他们衷心欢迎我回来。

在写这本书的时候，我总共和拉玛莱拉人待了大约一年时间。从2014年到2017年共访问六次，2018年进行了为期三周的跟踪调查。在那段时间里，我努力让自己尽可能地融入这个部落。我参加了几十次狩猎活动，尽管我总是“引鱼上钩”——这是拉玛莱拉人在笑话我晕船呕吐，我是第一个完整参加鲸鱼召唤仪式的外国人。我亲自煮了并尝了尝蝠鲼脑。我编织了绳索。我用鱼叉捕鱼。我睡在拉玛莱拉人的房子里。我在市场上以物易物。日复一日，我记录了还在世的拉玛莱拉人的故事以及他们祖先的故事。

人们书写他们在外国文化中的体验时，总会大肆宣扬自己多么受人喜爱，掩盖了日常生活那些杂乱无章的鸡毛蒜皮，显得自己是一个更完美的观察者。虽然我很幸运，青年们在新凯纳普卡号的庆典上把弗兰斯抛进海里后，也为我“洗礼”，让我成为一名族人，但在拉玛莱拉，我也有很多感到孤立和无知的时刻。最终，我在部落里有了完完整整生而为人应有的体验，结识了朋友，有时争吵，有时和好，并且体会到了生活在任何群体中都会有的起起落落。我认为自己这是在尽可能地成为部落的一部分，而不是高于或脱离拉玛莱拉人。

虽然我永远无法完全克服局外人的盲目和偏见，但我努力通过用心、仔细的报道将它们减少到最低限度。在写这本书时，我采访了一百多名拉玛莱拉人，其中许多人受访几十次。我的研究笔记超过了六十万字。我拍了两万多张照片。我的音频和视频记录长达几十个小时。我是少数几个精通拉玛莱拉方言的外来者之一，尽管我也用印尼语与他们进行交流，这门语言我说得很流利。在2017年访问拉玛莱拉期间，我将本书概述给书中提到的人物，核实了里面的大部分事实内容。合适的时候，我采纳了他们的建议和更正。我要说的是，作为一个外人，描述与自己截然不同的生活的资格，是我辛辛苦苦争取来的。

多亏有丰富的历史记录，我得以核查本书中提到的事实。为了确定日期，我仔细阅读了教堂保存的洗礼和葬礼名单。当地行政人员，从村长到学校校长，都友好地向我开放了档案阅读权限。我还查阅了两本不同的捕鲸年鉴，一本是由一位名叫弗兰西斯库斯·克拉夫（Fransiskus Keraf）的拉玛莱拉人所编辑的公开年鉴，另一本是由一位不愿透露姓名的捐赠者所保存的私密年鉴，这本更加完整。为了了解部落与最初的传教士、联合国粮食及农业组织和世界野生动物基金会之间的交流，我查阅了他们自己的报告。许多印尼官员和非政府组织工作人员慷慨地让我采访他们，讲述他们与拉玛莱拉人打交道的经历。大量的报纸文章和几部电影纪录片也为这本书提供了灵感。学术研究的宝藏尤其宝贵，尤其是罗伯特·H.巴恩斯、大卫·诺林、迈克尔·阿尔瓦德、小岛幸太郎、江上智子和安妮塔·伦德伯格的作品。最后，我有幸阅读了拉玛莱拉人写的关于他们自己的文章，特别是格雷戈里·克拉夫的论文《拉玛莱拉方言的形态》（*Morphology of the Lamaleran Dialect*）、雅各布斯·布里科洛隆正在撰写的专著，以及博纳·贝丁的作品。

在拉玛莱拉采访记录时，我遇到了几个独特的挑战。作为一个美国人，我时常感觉到自己拥有的财富比拉玛莱拉人多出太多，这并不公平。然而，拉玛莱拉人很亲切，或者说并不在乎，很少提到这一点。与部落生活在一起的记者和采访对象之间的经济关系相比通常情况更加密不可分。拉玛莱拉的文化重视互惠奉献，可以想象，和他们生活在一起时，我与他们交换了许多物品。我给他们香烟、刀具、潜水面罩、鱼钩和其他杂物，以及少量的钱，作为回报，我得到了大米、鲸鱼肉干和其他日常必需品，以及一些非必需品，如鹦鹉螺壳、编织品和天主教弥撒仪式中使用的那种微型捕鲸船。我向所寄宿的拉玛莱拉家庭支付了与游客在家庭旅馆支付的相同的费用。我尽力支付由日常需要产生的开销，不多也不少，以避免对任何人的生活产生不适当的影响。唯一的例外是，有几次我为其他家庭支付了费用，让他们把亲人带过山去接受急需的医疗服务。这些受惠者并不是本书中主要描述的人物。在这些情况下，我选择把做人放在首位，而不是做记者。

参加这个项目的拉玛莱拉人知道，他们不会得到报酬，而且他们可能不喜欢我写的关于他们的内容。尽管如此，他们还是愿意花上不计其数的时间接受我的采访，忍受着我不断的提问。因为他们相信，分享他们的故事可以创造关于他们文化的记录，并向日益冷漠的世界展示他们生活方式的丰富性，告诉世人为什么应该允许他们继续以自己的方式生活。在本书中，我努力保持隐身，希望读者在回忆这本书的时候，会想到乔恩、伊卡、弗兰斯、伊格内修斯、本和其余的拉玛莱拉人，以及其他数百万正在遭受类似动荡的原住民。我希望人们能够倾听他们的故事。我很荣幸能够讲述这个故事。

与另一种文化的人共同生活这么久，无论是谁都会习得他们的举止，与他们的思想和感情产生共鸣，这是一种令人不安但又很重要的经历，因为它再次强调，一个人并不是只能不可避免地选择一种生活方式，没有哪种文化是唯一正确的生活方式。我希望在读完这本书后，读者会少一点美国人或其他部落身份的思维，多一点人性，注意到生而为人的无数可能性，并且尊重每一种可能性。自从我回到美国，拉玛莱拉人的话语就一直在我的大脑中回响，不断提醒我，唯一能理解他们的外人生活在半个地球之外，还提醒我，世界上有很多种生活方式，比我日常生活中所遇到的更多。

每次我离开拉玛莱拉时，拉玛莱拉的人总是告诉我尽快“回家”。Balik这个“家”字是一个特殊的动词，它将英语中需要一整个短语（to come home）才能表达的情感浓缩在一个词中，因为该部落经常使用这个词，而且回家这个概念能引起他们的巨大共鸣。我总是回答：“Goé bera balik（我会尽快回家）。”

词汇表

拼写拉玛莱拉语言的单词是一项复杂的任务，因为没有针对该语言的标准词典。在翻译拉玛莱拉单词时，我依靠格雷戈里厄斯·克拉夫（Gregorious Keraf）的*Morfologi Dialek Lamalera*、彼得·D.巴陶纳（Peter D. Bataona）的*Kamus Istilah Lamalera-Inggris*和罗伯特·H.巴恩斯（Robert H. Barnes）的《印度尼西亚的海洋捕猎者》（*Sea Hunters of Indonesia*）。但这些参考文献里的拼写并不统一，例如，三部作品在不同的地方将“téna”写成“tena”“téna”或“ténã”。拉玛莱拉人自己的拼写也很随意：乔恩就是一个例子，他随意地将自己的名字写成“Yohanez”或“Yohanes”。

巴恩斯很好地代表了英语母语者和专业人类学家是如何拼写单词的，因此，大部分情况下我遵循巴恩斯的拼写方式，语法规则则遵循克拉夫和巴陶纳的。但也有很多例外。拉玛莱拉人在拼写自己的名字时不会加上口音符号，所以我大多时候采用拉玛莱拉人的名字拼写方式，而不是巴恩斯那种带有正式口音符号的拼写方式。巴恩斯对拉玛莱拉的研究比我早了近三十年，我有时觉得他的拼写和措辞过时了，所以在某些情况下我采取了更新的说法。对以前没有记载过的单词，我尝试根据巴恩斯的口音系统来翻译它们，但我并不是专业的语言学家，若有差错，请见谅。

Ata mola：拉玛莱拉的造船匠。

Auto：在村庄和莱沃勒巴之间运送拉玛莱拉人的公共汽车，通常是改装后的自卸卡车。

Baleo：巴里奥。召唤拉玛莱拉人上岸捕杀抹香鲸的号召声。

Běfãnã: 鲸鱼肉礼物，取自个人分得的鲸鱼肉份额，是祖先指示拉玛莱拉人彼此分享好运的实际体现。

Bělelã: 海洋双吻前口蝠鲼。

Bereung alep: 木制捕鲸船或小型拉玛莱拉船的二级鱼叉手，直译为“鱼叉手的朋友”。

Boli Sapang: 波利沙邦号。哈里奥纳氏族的木制捕鲸船，乔恩通常就在这条船上捕鲸。

Bōu：库氏蝠鲼。

Demo Sapang：德摩沙邦号。布里科洛隆氏族的伊格内修斯旁系的木制捕鲸船。

Dolo：一种传统的拉玛莱拉舞蹈，如今在拉玛莱拉人的节日和派对上仍然可以看到这一表演。

Dpa：拉玛莱拉的长度单位，指从一个人的胸部中心到他伸出的手臂的指尖那么长。这一单位在引入公制测量单位之前使用，如今拉玛莱拉人有时仍然使用。

Duri：拉玛莱拉人的剥皮刀，由部落的铁匠锻造，长约两英尺。

Hâmmâlollo: 鱼叉手所站的平台，是一个从木制捕鲸船船头往外伸出的竹制平台。

Ige Gerek: 鲸鱼召唤仪式。由“大地之主”在每年四月底举行，目的是召唤鲸鱼。

Jonson：乔森，一种由舷外发动机驱动的新型小型拉玛莱拉船。

Kāfé kotekĕlema：巨大的鱼叉头，用于刺杀抹香鲸。

Kebako Pukã：凯巴科普卡号，原始的木制捕鲸船。拉玛莱拉人祖先的家园被海啸摧毁后，他们就是乘坐这种船逃离家园的。现代的所有木制捕鲸船仍然是按照它的蓝图制造出来的。

Kefela：拉玛莱拉语中对山区居民的称呼，有时在部落中是用来侮辱人的一种表达。

Kélik：鱼叉手分到的鲸鱼肉的一部分，他不能吃这一部分，必须送给他人，否则就会受到诅咒。

Kéna Pukã: 凯纳普卡号。米库兰古·贝迪奥纳氏族（即弗兰斯的氏族）的木制捕鲸船。

Kotekĕlema：抹香鲸，也被称为祖先的礼物。英文中的学名为Physeter macrocephalus。

Labalekang: 拉巴莱康火山。位于拉玛莱拉岛背后的火山，更正式的名字是伊莱拉巴勒康。

Lamafa：木制捕鲸船或小型拉玛莱拉船的首席鱼叉手。

Léfa：公海捕猎季，从5月到9月，此时季风已经结束，抹香鲸聚集在拉玛莱拉附近，天气也很好，适合捕猎。拉玛莱拉人每年大部分捕杀抹香鲸的活动都发生在这期间，尽管他们也有机会在其他时间捕猎。

Leka：鱼叉手领导一条船的终身权利，正式标志是鱼叉手将鱼叉存放在船上。

Lika Telo: “三巨头”氏族，克罗哈玛儿子的直系后裔。他们是拉玛莱拉社会的贵族，他们的首领履行许多重要的民事和传统职能。

Lords of the Land：“大地之主”。乌戎氏族的领袖，拉玛莱拉的原住民，据说仍然拥有萨满教的力量，包括召唤抹香鲸的能力。

Materos：捕鲸船上的普通船员，包括桨手和舀船舱水的人。

Misa Arwah：鲸鱼召唤仪式之后的天主教弥撒仪式。

Mōku：无刺蝠鲼。

Munga: 以六来计数的单位，是拉玛莱拉计数的基础，也是以物易物经济的基本单位。

Nuba Nara：努巴奈拉，神圣的石头，是“大地之主”的力量所在。

Oa dances：奥亚舞，一种现已失传的拉玛莱拉舞蹈，曾经每周六晚上，求爱的年轻人会在村庄广场上表演这种舞蹈。

Sirih pinang：蒌叶槟榔。用蒌叶、槟榔果和粉状珊瑚混合而成的食品，咀嚼时会产生类似吸烟的兴奋感，拉玛莱拉女性普遍食用该食品。将它提供给客人也是印度尼西亚东部人民热情好客的标志，在这些场合男人也可能会咀嚼该食品。

Talé tou， kemui tou， onã tou， mata tou：拉玛莱拉人祖先的说法，意思是“同一个家庭，同一颗心，同一个行动，同一个目标”。它提醒拉玛莱拉人，部落的团结是最重要的。

Téna：传统的大型拉玛莱拉木制捕鲸船。

Tobo Nama Fata：海滩理事会，每年在鲸鱼召唤仪式之前举行，拉玛莱拉人在会上制定来年捕鲸的规则。

Tuak：棕榈酒。

Umã：个人分得的鲸鱼肉份额，作为在捕鲸船上工作的奖赏或作为氏族成员得到的恩赐。拉玛莱拉社会中的基本所有权单位。

VJO：乔恩为萨雷斯管理的小型拉玛莱拉船。